扬州大学精品本科教材

邱爱民　著

XINGZHENG ZHIFA ZHENGJU FAXUE

行政执法证据法学

中国法制出版社
CHINA LEGAL PUBLISHING HOUSE

目录 Contents

第一章　行政执法证据与证据法学

本章概要

行政执法是指行政执法机关依据法律、法规和规章，针对特定公民、法人和其他组织作出的行政许可、行政处罚、行政强制、行政征收、行政收费、行政检查等行政行为。行政执法行为的法治要求是“以事实为根据，以法律为准绳”，依靠行政执法证据准确查明案件事实是必要前提和客观基础。行政执法证据是指一切有助于行政执法主体查明案件真实情况的事实和材料。对如何收集和运用行政执法证据来查明案件事实这一专门活动进行规制和调整的法律原则和法律规则，即为行政执法证据法。行政执法证据法学则是一门研究行政执法证据收集与运用，以及行政执法证据法的法学分支学科。

一、行政执法及其核心事项

1. 行政执法的概念

行政执法是指行政执法机关依据法律、法规和规章，针对特定公民、法人和其他组织作出的行政许可、行政处罚、行政强制、行政征收、行政收费、行政检查等行政行为。行政执法不包括行政立法、行政决策，以及行政调解、行政仲裁等行为。

（1）学理支持

行政法学界以行政权作用的表现方式和实施行政行为所形成的法律关系为标准，将行政行为划分为行政立法行为、行政执法行为和行政司法行为。其中，所谓行政执法行为，是指行政主体依法实施的直接影响相对方权利义务的行为，或者对个人、组织的权利义务的行使和履行情况进行监督检查的行为。行政执法形成的法律关系是以行政主体为一方，以被采取措施的相对方为另一方的双方法律关系。行政执法行为具体包括行政许可、行政确认、行政奖励、行政处罚、行政强制、行政合同、行政监督检查等行为。[①] 行政立法归属于抽象行政行为；行政执法行为和行政司法行为共同构成具体行政行为。

（2）实务支持

《福建省行政执法条例》第 3 条第 1 款规定，行政执法是指行政执法机关针对特定公民、法人和其他组织作出的行政许可、行政处罚、行政强制、行政确认、行政征收征用、行政检查等行为。《河南省行政执法条例》第 3 条第 1 款规定，行政执法是指行政执法机关在对公民、法人和其他组织实施行政管理活动中，执行法律、法规、规章的行为。《江苏省行政程序规定》第 39 条指出，行政执法是指行政机关依据法律、法规和规章，作出的行政许可、行政处罚、行政强制、行政给付、行政征收、行政确认等影响公民、法人或者其他组织权利、义务的行政行为。

2. 行政执法的具体行为

《中共中央关于全面推进依法治国若干重大问题的决定》对严格规范公正文明执法提出如下要求：明确具体操作流程，重点规范行政许可、行政处罚、行政强制、行政征收、行政收费、行政检查等执法行为。该政策文件的表述采用了“列举+概括”的表达方式，一方面用“等”涵盖省略的其他行政执

---

① 罗豪才、湛中乐主编：《行政法学》（第四版），北京：北京大学出版社 2016 年版，第 130-131 页。

法行为；另一方面明示行政许可、行政处罚、行政强制、行政征收、行政收费、行政检查六类具体的行政执法行为。在此六类具体行政执法行为中，行政检查、行政处罚和行政强制无疑居于中心位置。姜明安教授曾经指出，在行政实务界，人们一般习惯于将监督检查、实施行政处罚和采取行政强制措施一类行为方式称为“行政执法”。①

（1）行政许可

《行政许可法》第 2 条明确指出，行政许可是指行政机关根据公民、法人或者其他组织的申请，经依法审查，准予其从事特定活动的行为。

（2）行政处罚

《行政处罚法》第 2 条指出，行政处罚是指行政机关依法对违反行政管理秩序的公民、法人或者其他组织，以减损权益或者增加义务的方式予以惩戒的行为。第 9 条规定，行政处罚的种类包括：警告、通报批评；罚款、没收违法所得、没收非法财物；暂扣许可证件、降低资质等级、吊销许可证件；限制开展生产经营活动、责令停产停业、责令关闭、限制从业；行政拘留；法律、行政法规规定的其他行政处罚。

（3）行政强制

《行政强制法》第 2 条指出，行政强制包括行政强制措施和行政强制执行。行政强制措施，是指行政机关在行政管理过程中，为制止违法行为、防止证据损毁、避免危害发生、控制危险扩大等情形，依法对公民的人身自由实施暂时性限制，或者对公民、法人或者其他组织的财物实施暂时性控制的行为。行政强制执行，是指行政机关或者行政机关申请人民法院，对不履行行政决定的公民、法人或者其他组织，依法强制履行义务的行为。该法第 9 条还规定行政强制措施的种类包括：限制公民人身自由；查封场所、设施或者财物；扣押财物；冻结存款、汇款；其他行政强制措施。

---

① 姜明安著：《行政法》，北京：北京大学出版社 2017 年版，第 283 页。

(4) 行政检查

行政检查包括三种含义：其一，常规行政执法检查，亦称执法巡查、行政执法检查，是指行政机关对相对人以及执法场所的日常监测、巡查活动，目的在于发现违法事实、及时纠正违法事实。其二，个案行政检查，属于调查取证的一项专门活动，对相关场所、物品进行勘查、调查，目的是发现证据、提取证据。其三，行政执法监督检查，亦称行政执法法制监督，是指上级行政机关对下级行政机关执法活动是否合法规范的监督、了解，目的是促使下级行政执法机关依法行政。

3. 行政执法的核心事项

《国务院办公厅关于全面推行行政执法公示制度执法全过程记录制度重大执法决定法制审核制度的指导意见》指出，法制审核的内容包括：行政执法主体是否合法，行政执法人员是否具备执法资格；行政执法程序是否合法；案件事实是否清楚，证据是否合法充分；适用法律、法规、规章是否准确，裁量基准运用是否适当；执法是否超越执法机关法定权限；行政执法文书是否完备、规范；违法行为是否涉嫌犯罪、需要移送司法机关等。这七项内容就是行政执法的核心事项，决定其合法性及法治程度的核心事项。要而言之，亦可归结为三个方面：

(1) 事实认定：清楚；

(2) 法律适用：准确、适当；

(3) 程序操作：合法、规范。

执法主体合法、未超越法定权限、执法人员具有执法资格、程序合法、文书完备规范和行、刑衔接等，皆可归属于程序操作事项。其中的事实认定清楚，需要行政执法机关合法规范地收集与运用行政执法证据，依据证据来查明案件事实。

二、行政执法证据的语词与概念

1. 证据的语词

证据一词在汉语中的准确起源已经很难考证。

（1）在古汉语及古代法律文献中，证据二字往往是分开使用的，其中："证"字犹如现代的证据，但多指人证；"据"字则意为依据或者根据。比如，《辞源》解释"證（证）"字时指出其含义之一为"证据，根据"；解释"証（证）"字时指出"通'證'，证据"。解释"據（据）"字时指出其含义包括"凭证""作为凭证的书面文件"。[①] 又如，《唐律·断狱》"八议请减老小"条中就多有"据众证定罪"之用语。《唐律·诈伪》"证不言情"条亦有此语。[②]《宋刑统·断狱律》有"不合拷讯者取众证为定"之规定。[③]

（2）古代汉语文献中，证据二字合用，比较少见，其含义有两种：一是名词性用法，指"证明事实的根据"，如晋·葛洪著《抱朴子·弭讼》有述："若有变悔而证据（證據）明者，女氏父母兄弟，皆加刑罪。"二是动词性用法，指"证明，考据"，如唐·韩愈《昌黎集三二·柳子厚墓志铭》中夸赞柳宗元"俊杰廉悍，议论证据（證據）今古，出入经史百子"。其中的"证据"就是动词用法，意思为"据史考证"或"据实证明"。[④] 在《唐律·断狱》"官司出入人罪"条也有"虚立证据（證據）"的表述，此处的"证据"也是名词用法。

（3）20世纪初，随着清末变法修律和白话文的推广，证据二字才越来越多地合并为一个词使用，而且多出现在与法律事务有关的文字中。例如，

---

① 广东、广西、湖北、河南辞源修订组，商务印书馆编辑部编：《辞源（修订本重排版）》，北京：商务印书馆2010年版，第1441、3145、3184页。

② 《唐律疏议》，岳纯之点校，上海：上海古籍出版社2013年版，第467-469页。

③ （宋）窦仪等详定，岳纯之校证：《宋刑统校证》，北京：北京大学出版社2015年版，第395页。

④ 参见广东、广西、湖北、河南辞源修订组，商务印书馆编辑部编：《辞源（修订本重排版）》，北京：商务印书馆2010年版，第3185页。

1906 年 4 月 25 日（光绪三十二年四月初二）由修订法律大臣沈家本、伍廷芳具奏进呈的大清《刑事民事诉讼法（草案）》中，就大量出现“证据”一词，其中第 74 条“承审官确查所得证据已足证明被告所犯之罪，然后将被告按律定拟”，体现了证据裁判规则和刑事定罪证明标准。① 又如，南京临时政府于 1912 年 3 月 2 日颁布的《大总统令内务司法两部通饬所属禁止刑讯文》中规定：“不论行政司法官署，及何种案件，一概不准刑讯。鞫狱当视证据之充实与否，不当偏重口供。其从前不法刑具，悉令焚毁。”② 这也是后来“重证据，不轻信口供”原则的发端。

证据在英文中的最佳对应词汇是 evidence，如美国《联邦证据规则》就使用了这一词汇：The Federal Rules of Evidence。英国人沃克编的《牛津法律大辞典》（The Oxford Companion to Law）也收录了 evidence 一词，且解释极为详细。③

2. 证据的概念

（1）学术见解

早在 21 世纪初，我国就有学者整理归纳了证据法学界关于“证据”概念认知的各种学说观点，发现居然有 14 种之多，包括：事实说；材料说；根据说；信息说；统一说；定案证据说；两义说（事实、材料）；方法（手段）说；结果说；原因说；证明说；反映说；综合说（事实、方法）；多义说。④ 其中事实说、材料说、根据说和信息说为四大主要观点。事实说把证据界定为一种用作证明的事实。材料说把证据界定为证明案件事实的材料。根据说

---

① 吴宏耀、种松志主编：《中国刑事诉讼法典百年》（上册），北京：中国政法大学出版社 2012 年版，第 11-37 页。

② 载于 1912 年 3 月 2 日《临时政府公报》第 27 号。详见中国科学院近代史研究所史料编译组编：《辛亥革命资料》，中华书局 1961 年版，第 215 页。

③ ［英］戴维·M. 沃克著：《牛津法律大辞典》，李双元等译，北京：法律出版社 2003 年版，第 399-400 页。

④ 详见高家伟、邵明、王万华著：《证据法原理》，北京：中国人民大学出版社 2004 年版，第 3 页。这里主要是从诉讼证据法角度的考察。

则把证据界定为证明案件事实的根据。根据说在行政执法证据法文件中有大量的隐性存在，如《行政处罚法》第 46 条第 2 款规定，证据必须经查证属实，方可作为认定案件事实的根据。信息说认为证据是与案件事实相关的，用于证明所主张事实之存在可能性的信息。[①]

（2）工具书的解释

词典作为工具书，具有权威性、通俗性和广泛的使用性。工具书对于证据的解释，在法律实务和法学研究领域应当具有重要借鉴价值。例如，第六版《辞海》（彩图本）对证据的解释是：司法机关在办案中搜集的，能够证明案情真相的事实或材料，是分析和确定案情、辨明是非、区分真伪的根据。[②] 又如，第七版《现代汉语词典》把证据解释为："名词，能够证明某事物的真实性的有关事实或材料。"[③] 据此，工具书从事实说、材料说和根据说的角度理解和界定什么是证据。

《辞海》既把证据定义为能够证明案情真相的事实或者材料，又指出证据是分析和确定案情的根据。二者有无矛盾？其实没有矛盾。信息说、事实说、材料说与根据说彼此没有本质的冲突，只不过谁更精准而已。证据是证明的根据，那么进一步可以提问"证据为什么能够成为证明的根据呢"？答案是：证据留存着当初发生的案件事实的全部或者部分信息。正是这些留存的信息帮助事实认定者查明了、复制出了、证实了过去发生的案件事实的真相。除行政许可、行政给付等少数执法行为外，从时间的角度去看，所有的案件事实都是过去时。过去曾经发生的案件事实，如何展现在当下、呈现在面前呢？靠证据的复制。过去案件事实的信息是如何得以留存的？信息的载体是什么？是通过事实类和材料类证据得以留存的；信息的载体包括事实类证据和材料类证据。换言之，那些留存着过去案件事实信息的证据，就其生成或者出现

① 张保生主编：《证据法学》，北京：中国政法大学出版社 2009 年版，第 12 页。

② 夏征农、陈至立主编：《辞海：第六版彩图本》，上海：上海辞书出版社 2009 年版，第 2923 页。

③ 中国社会科学院语言研究所词典编辑室编：《现代汉语词典》（第七版），北京：商务印书馆 2016 年版，第 1673 页。

的实际状况而言，大体可分为事实类证据和材料类证据。在诉讼程序和行政执法程序中，事实类证据尽管具有原始性，但总体数量并不多，而且往往需要借助于各种材料才能保存或展示，所以办案程序就成了“做材料”的过程。故而，材料类证据占比较大。综合比较下来，还是“根据说”最为可取，内涵通俗易懂；外延周全完整；立场中性、覆盖真假。但是，证据之所以能作为根据，还是通过事实类证据和材料类证据这些载体才能实现的。有些根据是事实，有些根据是材料，事实根据往往转化为材料根据。

（3）文件中的规定

行政执法证据法专门文件都倾向于材料说，把证据界定为查明案件事实的材料，如《环境行政处罚证据指南》第 2.2 条规定；原《价格行政处罚证据规定》第 3 条规定；[①]《海事行政执法证据管理规定》第 3 条第 1 款规定；《公安机关办理行政案件程序规定》第 26 条第 1 款规定等。

3. 行政执法证据的概念

（1）行政执法证据与行政执法证据材料可以混同使用

在行政执法程序中，证据与证据材料是一回事。“证据材料”是较早就出现的一个法律术语。1956 年 10 月 17 日最高人民法院颁布的《各级人民法院民事案件审判程序总结》和《各级人民法院刑事案件审判程序总结》就使用了这一词汇。1963 年在起草《刑事诉讼法草案》的过程中，就有关于“证据”和“证据材料”应否区分的争论。[②] 1976 年之后，这种争议继续存在。究其原因，主要是因为我国刑事诉讼法一方面把证据界定为事实；另一方面又强调证据必须经过查找属实，才能作为定案的根据。这就产生了证据到底是不是事实的怀疑。为了解决这种疑问，学术界提出把真假混杂的证据称之

---

① 原《价格行政处罚证据规定》因机构改革和职能划分于 2019 年 3 月 31 日被国家发展和改革委员会令第 24 号废止。但是，该文件的制度史意义和学术价值仍然存在。故本书仍然将其作为学术立论之资料。特此说明。

② 吴宏耀、种松志主编：《中国刑事诉讼法典百年》（中册），北京：中国政法大学出版社 2012 年版，第 744-745 页。

为“证据材料”；把查证属实作为定案根据的证据称之为“证据”。但是，随着2012年《刑事诉讼法》的修改，把证据表述为用于证明案件事实的材料，这种证据与证据材料加以区分的背景和理由都不存在了。所以，通常情况下，“证据材料”与“证据”可以作为同一概念，可以混同使用、等同替代。例如，《公安机关办理行政案件程序规定》第33条即如此，该条指出：刑事案件转为行政案件办理的，刑事案件办理过程中收集的证据材料，可以作为行政案件的证据使用。这句话中同时出现了证据材料、证据两个词汇，含义基本一致。当然，严格来讲，事实类证据和材料类证据及证据材料的区别还是有一些的，如存在、出现的时间和空间不同；收集提取的合法性要求不同；等等。不过，在司法和执法实践中，尤其是统称场合、不具体指哪一证据种类的情形下，这些区别可以忽略不计。

（2）行政执法证据的含义及其理解

行政执法证据是指一切有助于行政执法主体查明案件真实情况的事实和材料。

基于词典等工具书的界定和《行政处罚法》第46条，以及其他规范文件对行政执法法定证据种类的规定，应当选择“事实和材料”作为界定行政执法证据含义的“属概念”。前引许多规范文件把行政执法证据单纯地界定为材料，肯定是不符合有关法定证据种类的立法条文规定的。在法定的证据种类中，显然许多证据种类不是材料，而是客观存在的事实。尽管事实类证据在卷宗中需要转化为材料，但不能因此就否定其存在。如果没有事实基础，那又如何转化呢?《云南省行政处罚程序规范》第13条要求据以认定事实的证据，应当是客观存在的事实材料并与待证事实相关，并依法取得。这里把事实材料并用，值得关注。

把行政执法证据界定为事实和材料，就是要破除证据是材料的不周全定义。所谓事实类证据，就是当初案件发生时就客观存在于案件环境之中或者直接感知案件事实的实物或人员。在我国行政执法法定证据种类里，物证、书证、视听资料、电子数据、当事人、违法嫌疑人、被侵害人、证人，都是事实类证据。所谓材料类证据，是当初案件发生时不存在，而在案件处理过程中陆续形成或者出现的信息载体，诸如文字材料、电子音像材料、实物示意材料等。材料类证据的根本来源或者说基础还是当初案发时的实物或者人员，只不过添加了法律程序的因素，在法律程序中生成，它们有些属于我国立法文本中的法定证据，如鉴定意见、勘验笔录、现场笔录等；有些属于法定证据的示意物、固定品、复制件，如物证的复制品或照片、书证的复印件或影印件、证言和当事人陈述的书面记录或者电子音像记录、视听资料和电子数据的拷贝等。

三、行政执法证据法学理论体系

长期以来，我国的证据法学都存在一个有意或者无意的现象，就是把证据法学等同于诉讼证据法学；把诉讼证据法学等同于刑事诉讼证据法学。尽管有学者提出过证据法学应当包括诉讼证据法学和非诉讼证据法学。但是具体的研究和表述中，在法条引用和案例佐证时就会发生偏向。为了规范行政执法证据收集和运用活动，为了科学构建行政执法证据法体系，有必要建立行政执法证据法学。①

1. 行政执法证据法学的含义

行政执法证据法学是对行政执法证据收集与运用的规范文件与实务操作进行理论概括的法学分支学科。它是证据法学的一个分支，包含于证据法学大的体系之内。它与行政法学、行政程序法学、行政执法程序法学具有一定的交叉关系，但不是包含于关系。

2. 行政执法证据法学的研究对象

有没有独立的研究对象和研究方法，是判断一门学科能否独立的两项重

① 本部分内容曾经以《论行政执法证据法学理论体系的建构》为题，刊载于《扬州大学学报（人文社会科学版）》2021年第4期，第32-43页。

要指标。如同证据法学有专门的研究对象，行政执法证据法学也有自己的研究对象。众所周知，法学的产生和发展依赖三项基本条件：立法文献的积累；司法实例的积累；专门从事研究的人员。证据法学也不例外，行政执法证据法学同样如此。因此，应当把法条、案例和理论作为学习和研究法律学问的路径，也是任何应用法学学科门类基本的研究对象。有鉴于此，行政执法证据法学的研究对象包括如下三方面：

（1）有关行政执法证据收集与运用的规范

行政执法证据收集与运用的规范，在广义上亦可称为法条。但是，严格地说，行政执法证据法规范不完全都是具有法律效力的法律规范，许多规范还不能称之为法律条文。在我国，由于行政执法法治化建设的进程相对较短，从行政管理到行政执法的转变也就三十多年的时间，因此，关于行政执法证据收集和运用的、具有法律效力属于立法规范的证据法规范文件只是较少的一部分。相反，直接调整和规制行政执法证据收集与运用的规范性文件许多都是法律、法规（行政法规和地方性法规）、规章（部门规章和地方政府规章）之外的规范性文件。根据宪法和行政法的相关规定，这些规范性文件是有普遍约束力的，亦是行政执法证据法的法源之一。因此，行政执法证据法学需要对它们加以研究。构建中国特色的行政执法证据法学必须既关注具有法律效力的规范性文件，又关注不具有法律效力的规范性文件。在规制行政执法证据收集与运用上，它们都是法条。

（2）有关行政执法证据收集与运用的实践

行政执法证据法学与证据法学一样，属于法学学科门类中的应用法学，是与法律的实施密切关联的分支学科。应用法学的特点就是紧扣法律实践，其理论体系的构建既立足于实践又指导实践。行政执法证据法学只有抓住行政执法证据收集与运用的实践才具有生命力，才具有成为独立学科的可能性。因此，行政执法证据法学一方面要研究不同执法领域的证据收集与运用问题，尤其是综合行政执法领域，包括但不限于城市管理、市场监管、生态环境、文化市场、交通运输、农业等综合执法领域；另一方面要研究不同执法行为和不同执法程序中的证据收集与运用问题，特别是行政处罚、行政强制、行政检查等方面。

行政执法证据收集与运用的实践，对于学术研究而言，具有两个方面的关注价值。其一，好的经验；其二，存在的不足问题或者教训。从现有各级政策、文件要求行政执法人员培训上岗、持证上岗来看，可以说存在的问题比经验多。不断重复的加强培训、持证上岗的要求，说明执法人员的业务素质和执业技能是非常重要的事项，其中当然也包括证据收集与运用的技能。例如，2012 年交通运输部政策法规司组织编写并由人民交通出版社出版的一套《交通运输行政执法人员培训教材》中就有《交通运输行政执法证据收集与运用》。又如，上海市城管执法培训教材编委会组编并由人民法院出版社出版的城管执法培训教材中就有《城管执法证据收集与运用》。之所以要培训行政执法人员收集与运用证据的能力，恰恰说明在实践中行政执法人员有待加强这种能力。行政执法证据收集与运用方面存在的问题、失败案例，是行政执法证据法学特别应当加以关注的研究对象。

（3）有关行政执法证据收集与运用的理论

应当说，尽管至今没有出现名为《行政执法证据法学》的著作，但我国法学界、行政法学界、证据法学界研究行政执法证据的著述还是开始逐渐增多，分别以“行政证据”“行政证据制度”“行政程序证据制度”“行政程序证据规则”“行政证据规则”“行政执法证据”“行政处罚证据”等名称展开研究并出版相关著作。此外，在行政程序或者行政执法程序的研究中也有涉及行政执法证据收集和运用的。甚至在新兴的“行政执法学”中也不得不谈及行政执法证据问题。这些关涉行政执法证据收集与运用的理论，也是行政执法证据法学应当研究的对象。昨日的理论是今日研究的基础和对象；今日的理论是明日研究的基础和对象。法学就是这样不断前行、不断发展、不断成熟、不断完善的。

现有行政执法证据法学理论研究有三个倾向需要加以纠正。其一，对于外国行政程序法典中的规定或者法条引用得多，却不太关注中国自身的行政执法证据法。国家层面的法律、行政法规、国务院部门规章、国务院各部门规范性文件很少被作为研究对象、研究资料、研究基础。地方性法规、地方政府规章、地方各级政府的规范性文件更是难觅踪迹。中国的问题就应当以中国的资料为基础，中国的行政执法证据法学就应当把中国的法条、案例和理论作为研究对象。其二，对诉讼证据法学的借鉴与移植过多，缺乏行政执法证据法学自己的观点、思想、制度设计、问题对策。这种现象是与第一种现象密切关联的。因为没有搜集、查阅、研究中国自己的行政执法领域的相关证据法规范，所以就简单地以诉讼证据法来填补、来代替。其三，理论体系的建构比较模糊、凌乱，相关章节的逻辑顺序不符合行政执法中证据收集与运用的客观状况。个别著述以大量的案例、法律文书格式样式、统计报表等充斥其中。不是说案例、文书、图表不重要，而是不宜喧宾夺主。作为一门法学分支学科，再细微也是法学学科，行政执法证据法学还是应当以规范、实践、理论为研究对象，以学理论述、叙述、阐述，以论证与反驳、演绎与归纳为根本表现形式。

3. 行政执法证据法学的内容体系

行政执法证据法学是证据法学的一个小分支，它的内容体系是否应当照搬或者主要借鉴证据法学的体系结构呢？完全没有必要。考察以“行政执法证据”为书名关键词的著作，可以发现一个共性，那就是这些著作都不分编（篇），而是分为若干章。例如，2012 年人民交通出版社出版的《交通运输行政执法证据收集与运用》，包括第一章行政执法证据概述；第二章证明责任；第三章证明对象和证明标准；第四章交通运输行政执法证据的收集；第五章交通运输行政执法证据的复核和运用；第六章典型交通运输行政执法案件的证据收集及认定；附录。

行政执法证据法学的实质内容应当包括两大部分。其一，总论。主要阐述行政执法证据、行政执法证据法及其基本原则和主要规则、行政执法证据法学等基础理论问题。其二，分论。围绕行政执法证明或者查明的六大构成要素，重点阐述证据及证据运用的过程。分论部分前后包括：行政执法证明或者查明的概念与构成要素；行政执法案件的待证事实（证明对象）；行政执法查明职责（证明责任）；行政执法证明标准；行政执法证据种类；行政执法证据分类；行政执法证据属性；行政执法调查取证概述及人证收集、物证收集、书证收集、科学证据的生成与收集；行政执法证据分析；行政执法证据整理与提交；行政执法听证程序与质证。相比于诉讼证据法学，行政执法证据的分析判断应提前至取证之后加以介绍。证据分析与事实认定，尤其是事实认定（认证），在诉讼程序中是最后一个证据运用的阶段。但是，在行政执法程序中，它是一个贯穿始终的问题。取证与析证常常彼此轮回；理证与举证、听证与质证其实也离不开析证。本书构建的行政执法证据法学内容体系包括十六章，其中第一章至第三章为总论部分；第四章至第十六章则为分论部分。

另外，行政执法证据法规范文件要目和参考文献，提供进一步自主学习的“法条”和理论著作（含案例汇编类书籍）。每章附录案例作为实践素材以供教学参照。① 在实际教学计划安排时，每一章即为一专题，每章的四个问题就是具体的讲授纲目。

四、行政执法证据法学的学习方法

1. 行政执法证据法学的学习资料

考察法学产生的基础和背景，以及法学发展的历程，就可以知道包括行政执法证据法学在内的所有法学学科，其学习和研究方法都应当是“三管齐下”学习法，即从如下三个方面寻找学习资料和展开学习、研究工作。

---

① 为了避免不必要的名誉权、隐私权等纠纷，本书中的所有案例，无论是作者直接感知，还是间接获得，皆作了适度改编，隐去真实发生地地域名、行政执法机关专有名称、当事人姓名或者单位名称，请勿“对号入座”，也向部分案例的原始提供者表达敬意和歉意！

（1）规范文件条文

我国《立法法》所指的“法”是宪法、法律、行政法规、地方性法规、自治条例和单行条例、国务院部门规章、地方政府规章。行政执法证据法之“法”应当适度扩张到省部级规范性文件，甚至可以考量部分享有立法权的“设区的市、自治州”一级的规范性文件。理论上讲，规范性文件对行政执法证据法的规定，可分独立文件式和混合文件式。所谓混合文件式就是在其他规范文件中有部分涉及行政执法证据法的条文；所谓独立文件式就是指该规范文件是专门针对行政执法证据收集或者运用而制定的。前者如《交通运输行政执法程序规定》；后者如《海事行政执法证据管理规定》。

（2）典型案例

一方面，典型案例的最大价值在于它们是活的法律规范，直观形象地展示了行政执法程序中证据运用和证明活动的全过程及其结果。所以，《国务院办公厅关于全面推行行政执法公示制度执法全过程记录制度重大执法决定法制审核制度的指导意见》就提出要加强和完善行政执法案例指导制度建设。《法治政府建设实施纲要（2021—2025 年）》则明确要求建立行政执法案例指导制度，国务院有关部门和省级政府要定期发布指导案例。通过对典型案例的分析，可以更加鲜活地理解行政执法证据法规范。另一方面，行政执法典型案例也为行政执法证据法规范的制定与完善提供实务基础。作为一门应用性证据法学分支学科，行政执法证据法学的学习和研究不能忽视案例。行政执法证据法学理论的价值在于可以指导执法实践。

作为行政执法证据法学学习和研究之基础资料的典型案例，应当作出必要的取舍。首先，选取省部级行政执法机关自行梳理公布的典型案例。许多行政执法部门会定期公布上一年度本部门行政执法的典型案例，通过媒体加以发布。例如，2020 年 3 月 2 日，北京市文化市场行政执法总队就公布了 2019 年度北京市文化市场综合执法十大案件。也有行政执法部门以专门文件形式公布典型案例。又如，2021 年 3 月 1 日，《农业农村部关于发布第一批农业行政执法指导性案例的通知》（农法发〔2021〕3 号）所公布的 10 起行政执法指导性案例；2022 年 1 月 12 日，《农业农村部关于发布第二批农业行政执法指导性案例的通知》（农法发〔2022〕1 号）又公布了 8 起行政执法指导性案例。2020 年 12 月 14 日，《国家知识产权局关于发布第一批知识产权行政执法指导案例的通知》（国知发保字〔2020〕52 号）发布了第一批知识产权行政执法指导案例（指导案例 1—5 号）。2022 年 3 月 29 日，国家知识产权局发布了第二批知识产权行政执法指导案例（指导案例 6—8 号）（国知发保字〔2022〕17 号）。其次，选取省部级行政执法机关主持编写并公开出版的执法典型案例。例如，国家文物局主编、文物出版社 2013 年 1 月出版的《文物行政执法案例选编与评析（第二辑）》，汇编了 2006 年至 2008 年全国文物行政处罚案件 66 起。中国法制出版社于 2021 年 12 月出版了司法部行政执法协调监督局编写的《全国行政执法典型案例（第一辑）》，共计 50 件典型案例，分行政处罚（41 件）、行政许可（3 件）、行政强制（2 件）和行政执法监督（4 件）四类。再次，选取最高人民法院和最高人民检察院公布的涉及行政执法的典型案例。例如，2020 年 12 月 15 日，最高人民法院公布了 8 起耕地保护典型行政案例。2021 年 1 月 28 日，最高人民检察院公布了 2020 年度十大行政检察典型案例。最后，选取其他来源的行政执法案例。这类案例来源的途径很多，诸如执法教材、新闻媒体和法律网站等。例如，李媛辉主编、中国林业出版社 2020 年 11 月出版，作为国家林业和草原局普通高等教育“十三五”规划教材的《林业行政执法案例教程》。当然，学习和研究人员自己通过实证调研获取的典型案例更具有直接性。

（3）既有理论成果

虽然行政执法证据法学作为独立学科目前尚未建立起来。但是，有关行政执法证据和证明的学术积累还是存在的。这些学术文献主要表现为期刊论文和专门著作。相较而言，在党的十八届四中全会前后，国内有一些学者，主要是行政执法系统的工作人员，开始关注行政执法中的证据收集和运用问题，也有不少著作和学术论文问世。

2. 行政执法证据法学的学习方法

在学习和研究方法上，行政执法证据法学与证据法学应当没有根本区别。针对行政执法证据法学的研究对象，行政执法证据法学的学习和研究方法包括但不限于下列几种。

（1）文本分析的方法

文本分析主要是针对规范性文件的解读。如上所述，欠缺对我国自身的有关行政执法证据收集与运用的规范文件进行搜集、整理、解读，是目前研究领域的一个不良现象。构建中国的法学，研究中国的法律问题，服务中国的法律实践，当然不能闭门造车。但是，根本的、本原的、基础的研究对象和文献，还应当是我国现有的有效法律文件和规范性文件。作为一个成文法国家，这些文件是相关法律制度构建的依据。对这些文件进行文本分析应当是最原始的行政执法证据法学研究方法。众所周知，罗马法复兴经历了注释法学派和评论法学派两个阶段，是注释法学派揭开了复兴罗马法的序幕，是注释法学派在复兴罗马法的运动中，起到开创作用。注释法学派对《国法大全》进行研究的基本方法就是文本分析，对文本进行注解和说明。毫无疑问，文本分析是法学研究的基本功。

（2）案例分析的方法

美国法学家霍姆斯曾经说过一句名言，“法律的生命不在于逻辑，而在于经验（Legal proverb the life of law is not in logic，but in practice）”。① 实践和现实是法治生命力的源泉。行政执法证据法不管是法律文件的规定还是非法律文件的表达，只有在行政执法实践中才具有活力。同时，行政执法中证据收集和运用的实例会反显行政执法证据法的不足和疏漏。因此，案例分析也是行政执法证据法学的研究方法。案例分析方法就是搜集、整理、分析研究执法实务案例，尤其是失败的行政执法证据收集与运用案例。

---

① 详见［美］霍姆斯著：《法律的生命在于经验：霍姆斯法学文集》，明辉译，北京：清华大学出版社 2007 年版。

（3）比较分析的方法

比较分析是从纵向和横向两个维度研究行政执法证据收集与运用的制度设计及其实务效果。在这种方法之下，域外的资料，包括文本、案例和理论具有了参考资料的价值，对比研究的素材。有学者指出，在进行纵向比较研究时，应做到着重现在，兼顾过去，注重创新与继承的结合。在进行横向比较研究时，应做到以我国为主，适当借鉴外国证据制度、证据理论和诉讼实践。[①] 比较研究的目的在于发现历史演变、寻找相同与不同，以便认知当下、完善现有。例如，比较《行政处罚法》的立法史，1996 年 3 月 17 日通过；2009 年 8 月 27 日第一次修正；2017 年 9 月 1 日第二次修正；2021 年 1 月 22 日重新修订并于 2021 年 7 月 15 日起施行。通过历史比较，就能厘清相关制度的来龙去脉，如行政处罚证据种类的规定，就是 2021 年 1 月 22 日修订文本中才有的。

（4）体系分析的方法

行政执法证据法是一个体系，行政实体法和行政程序法亦是一个体系；行政执法证据法学是一个体系，证据法学亦是一个体系。所谓体系分析，就是在行政执法证据法学研究时考虑完整的实务体系与学术体系。就实务而言，研究行政执法证据法的制定与实施，既要考量自身体系的完整，又要考量其与行政实体法和行政程序法的有机衔接，在更大制度中的体系完整。就学术而言，构建行政执法证据法学应当考虑完整体系，同时要将其放置于证据法学这个更大的体系背景之下。从更广义的角度说，体系分析的研究方法不仅要求从整体与部分的关系上研究行政执法证据收集与运用的问题，甚至还需要逐步扩展视野，在行政执法、依法行政、行政体制改革、建设法治国家等大环境中考察、思考、分析和研究。

① 参见樊崇义主编：《证据法学》（第六版），北京：法律出版社 2017 年版，第 12 页。

本章典型案例

1-1：政府部门印发《整治违法建设通告》属于过程性行为，不是发生法律效力的行政执法行为

某日，某市自然资源局和城市管理局印发《整治违法建设通告》，告知将对某老年公寓的违法建筑予以查处。此通知印发后，多位违法建筑承租户提起了行政诉讼，认为该通告存在事实认定和法律适用错误的问题，应予撤销。该案经一审、二审和再审。各级人民法院均认为政府部门印发的《整治违法建设通告》不是具体的行政强制措施或者行政处罚行为，仅属于为作出行政行为而实施的宣传、准备工作。此阶段性行为，不对当事人权利义务产生影响，并无不当，不具有可诉性。

该案在如何判断行政执法行为上具有典型意义。2018 年 2 月 6 日公布的《最高人民法院关于适用〈中华人民共和国行政诉讼法〉的解释》第 1 条第 2 款第 6 项指出，行政机关为作出行政行为而实施的准备、论证、研究、层报、咨询等过程性行为，不属于人民法院行政诉讼的受案范围。究其原因，即这些过程性行为，不具有实际行政执法行为的构成要素，尚不足以成立行政执法行为。

1-2：行政处罚欠缺证据而被法院判决撤销

某年年初，村民孙某与村委会签署协议承包村里的土地建设养殖场，并依约向村委会缴纳土地租赁费用。十九年后的 11 月 22 日，某市某区综合行政执法局向孙某下达《责令限期拆除通知书》，将该养殖场认定为违法建筑，并要求孙某于当年 12 月 4 日前自行拆除。该年 12 月 10 日和 17 日，该综合行政执法局分别又向孙某下达了《行政处罚告知书》和《行政处罚决定书》。此后，孙某委托北京某律师事务所律师为其提供法律帮助。在律师指导帮助下，孙某将该综合行政执法局告上了法院，要求撤销该综合行政执法局作出的行政处罚。起诉理由是：该综合行政执法局对涉案建筑物的建造时间以及是否位于城市规划区内未作出认定，亦没有提供确实充分的证据证明涉案建筑系违法建筑，故其作出的《行政处罚决定书》缺乏事实依据、职权依据，应当予以撤销。最终，受理案件的人民法院支持了律师的观点，作出了撤销被告某市某区综合行政执法局于该年12月17日作出的《行政处罚决定书》的判决。

该案在认知和理解行政执法证据的重要性上具有典型意义。任一行政执法行为，都应当坚持以事实为根据、以法律为准绳。认定案件事实，必须有确实、充分的证据作为支撑。否则，行政执法行为没有事实依据、主要证据不足，就会被人民法院判决撤销。证据既是当事人维护自身合法权益的工具，也是行政执法机关准确认定案件事实的根据。

1-3：材料类证据不能反映客观事实，行政处罚被撤销

某日，某市城管综合执法部门接到群众举报，张三在自家院墙外违法搭建披屋，严重影响街巷通行。执法部门派出二名工作人员前往现场勘查，用数码相机拍摄几张违法建筑的照片。因为张三拒绝接受调查，执法部门便与举报群众进行了谈话。此后根据现场照片和证人（举报人）证言笔录，认定张三有违法建设的行为，对张三作出了行政处罚。张三后来一夜之间拆除搭建的披屋，并将城管综合执法部门诉至人民法院，以行政处罚没有事实依据为由，请求法院判决撤销。在法庭上，张三及其代理人对城管综合执法部门拍摄的照片提出如下质证观点：这几张照片只见一间披屋，没有具体空间位置的显现，难以识别出是哪里的违法建筑物，根本不能证实张三在自家院墙外实施了违法建设行为。张三并且提出人民法院可以勘验现场，自家院墙外没有任何违法建筑。法院与城管综合执法部门及张三等共同勘验现场时，果然没有发现任何违法建筑物。最终法院以行政处罚事实不清、证据不足为由，判决予以撤销。

在本案中，张三违法搭建的披屋属于事实类证据，实物证据，不动产物证，它是张三违法行为的产物，伴随张三的违法建设行为而生成。城管综合执法部门工作人员拍摄的照片属于材料类证据，物证照片，它是在行政调查程序中生成的。材料类证据作为事实类证据的替代品、示意物，应当能够完整地反映物证本体的客观性、相关性，留存全部信息。但是，本案的几张照片拍摄极不规范、极不科学，照片中全是违法建筑物，周围没有参照物，没有具体空间位置的显现。一旦该照片中的摄入“物”被人为拆除，该照片便成了无根之木、无源之水。所谓的违法事实也就难以查清了。

本章复习思考题

1. 简述行政执法的内涵和外延。
2. 简述行政执法证据的定义及其理解。
3. 简述行政执法证据法学的研究对象和内容体系。
4. 简述行政执法证据法学的学习资料和学习方法。

第二章　行政执法证据法

本章概要

行政执法证据法是规制行政执法程序中证明（查明）活动或者事实认定的法律原则和法律规则。行政执法证据法不能简单归入行政实体法或者行政程序法之中，证据法与实体法或程序法至少是交叉关系，绝不能理解为包含于关系。行政执法证据法的基本内容或者构成要素是指关于行政执法证据收集与运用的法律概念、法律原则和法律规则。虽然我国现在还没有全国统一的行政程序法或者行政证据法专门法典。但是，在许多政策、法律、行政法规、地方性法规和行政规章中，在一些非法律规范性文件中，行政执法证据法规范是大量存在的。行政执法证据法基本原则包括证据认定原则、自由心证原则、合法运用原则和诚实信用原则四项。

一、行政执法证据法的概念与性质

1. 行政执法证据法的概念

行政执法证据法是证据法的分支部门，证据法（Evidence Law；Law of Evidence）是规制证明活动或者事实认定的法律原则和法律规则。行政执法证据法，亦称行政程序证据制度或者行政证据制度、行政程序证据规则或者行政证据规则。行政执法证据法是规制行政执法程序中证明（查明）活动或者事实认定的法律原则和法律规则。

《立法法》所指的“法”是宪法、法律、行政法规、地方性法规、自治条例和单行条例、国务院部门规章、地方政府规章。行政执法证据法之“法”除了包括这些正式的法之外，还包括各种规范性文件中的相关规定。

行政执法证据法的属概念不宜选择“法律规范的总和”“法律规范的总称”或者“法律规范的体系”。国内不少学者在界定部门法的含义时喜欢使用“某部门法是指调整什么的法律规范的总和（总称或者体系）”这样的固定语句。这种表达在基本的主谓宾搭配上是不严谨的，部门法是法律规范的总和不恰当。部门法是法律规范，部门法是法律原则和法律规则才是可取的。[①] 从表现形式看，证据法是法律规范，是法则；从实在内容看，证据法是法律概念、法律原则、法律规则这三个要素的有机结合。概念、规则（规范）、原则是法律的三要素。其中概念固然重要，但它不直接调整社会关系、规制人类行为，因为法律概念并不规定具体的事实状态和具体的法律后果，它只是描述法律现象、提高法律的明确性和确定性。[②] 有鉴于此，在界定什么是行政执法证据法时，既不宜使用法律规范的总称、法律规范的总和，也无须突出法律概念，只要强调其是规制证明（查明）活动或者事实认定的法律原则和法律规则即可。英国证据法学者克里斯托弗·艾伦（Christopher Allen）曾经指出，“证据法是原则、规则和自由裁量权的混合物”。[③]

2. 行政执法证据法的性质

行政执法证据法是独立的分支部门法。行政执法证据法不能简单归入行政实体法或者行政程序法之中，证据法与实体法或程序法至少是交叉关系，绝不能理解为包含于关系。换言之，实体法中有证据法规范，程序法中也有

---

① 刘大生：《世界法学七大奇观：为〈法律层次论〉出版三周年而作》，载《福建法学》1997年第2期，第1-4页。

② 公丕祥主编：《法理学》，上海：复旦大学出版社2002年版，第343-344页。

③ ［英］克里斯托弗·艾伦著：《英国证据法实务指南》（第四版），王进喜译，北京：中国法制出版社2012年版，第25页。

证据法规范。民国时期学者周荣先生曾经指出，证据法究应于实体法中，抑或属于诉讼法中，学者主张不一。实体法为规定人民权利义务之法则，诉讼法为规定诉讼手续之法则。多数国家立法例，认证据法为诉讼法之一部，然于实体法中每多举证责任之规定。吾国法亦然。最近有学者主张，另列证明法，与实体法、诉讼法三者鼎足而立。因证据法之性质，乃介于实体法与诉讼法二者之间者，既不如实体法之对象为法律关系，亦不如诉讼法之对象为手续关系，其对象实为事实关系，盖为研究事实之法律也。非法律关系，故不应规定于实体法中；非单纯手续关系，故不应规定于诉讼法中；则应另列一门矣。依愚所见，诚不失为较佳之编制也。① 国外也有学者主张证据法乃研究事物真伪之实体法也，得与规定权利义务之实体法及标明诉讼手续之程序法，鼎足而立。②

（1）证据法不同于实体法，它保障实体公正的实现

实体法是规定和确认权利和义务以及职权和责任为主要内容的法律，如宪法、行政法、民法、商法、刑法等。授予、界定或者约束权利（权力）、义务和责任（职责）的实体法规范，在逻辑结构上包括两个部分：构成要件事实和法律效果。构成要件事实是抽象的、一般意义上的行为或事件；法律效果就是该构成要件事实成就时的权利、义务、责任之安排。证据法与实体法的最本质差异在于：实体法规定或者赋予特定主体在特定情形下所享有的法律权利、义务、责任。实体法是一种立法或判例上的抽象规范，即国家制定或者认可的行为规范。证据法规定事实认定或者证明，它是规范与引导具体案件或法律事务之事实证明的原则或者规则。申言之，证据法事关实体法之适用前提条件有无成就，也就是实体法中抽象规定的一般性的构成要件事实（行为与事件）是否在当下案件或法律事务中得以实现。如果实体法中抽象的构成要件事实在当下案件或法律事务中实现了，那毫无疑问，该实体法规范

---

① 周荣编著：《证据法要论》，吴宏耀点校，北京：中国政法大学出版社 2012 年版，第 2-3 页。

② 参见东吴大学法学院编：《证据法学》，吴宏耀、魏晓娜点校，北京：中国政法大学出版社 2012 年版，第 2 页。

中的权利、义务、责任即得以发生或者落实。于是，实体法调整社会关系的目的就实现了。

（2）证据法不同于程序法，它保障程序正义的实现

程序法是规定以保证权利和职权得以实现或行使，义务和责任得以履行的有关程序为主要内容的法律，如行政诉讼法、行政程序法、民事诉讼法、刑事诉讼法、立法程序法等。证据法与程序法的关系在于：证据法所规制的对象——证明活动存在于法律程序之中，或者说证明本身就是一个程序过程。但是，证据法规范，调整证明活动的法律原则和法律规则，却并不完全存在于程序法之中。从法律适用的角度看，程序法是关于大前提（实体法法律规范）与小前提（案件事实或法律事务）相结合，得出结论（裁判或者处理意见）的法律规范。程序法调整作为大前提的实体法规范的发现与确立、作为小前提的案件事实或法律事务的存在，以及法律推理得出裁判或者处理意见的活动，其中包括事实认定或者证明活动。但是，诸如证明对象、证明责任、证明方法，乃至证据种类，在实体法中多有规定。证据法不能简单地包含于程序法。尽管证明存在于法律程序中，但规制证明活动的证据法规范不完全存在于程序法之中，二者不可等同、混同。证据法与程序法的差异就在于证据法规范不完全存在于程序法规范之中。存在于程序法之中的证据法保障着程序正义的实现，诸如证据裁判原则、法律真实观、非法证据排除规则、自由心证规则等，都保障着裁判过程的公平和正义。

二、行政执法证据法的渊源体系

行政执法证据法的渊源体系可以分为正式法源、规范性文件，以及部分案例。

1. 行政执法证据法的正式法源

我国行政执法证据法在正式法源方面，没有国家法律层面上的独立法典或者专门文件。有关行政执法证据法的规范条文散见于下列法律文件之中，

它们构成我国行政执法证据法的正式的成文渊源体系。

（1）宪法

2011 年 10 月 27 日，国务院新闻办公室发布《中国特色社会主义法律体系》白皮书，其中指出宪法是中国特色社会主义法律体系的统帅。宪法是国家的根本法。中国宪法在中国特色社会主义法律体系中具有最高的法律效力，一切法律、行政法规、地方性法规的制定都必须以宪法为依据，遵循宪法的基本原则，不得与宪法相抵触。从证据法的角度考察，宪法中的证据法规范主要是事关人权保护及相应的取证合法性的规定。例如，《宪法》第 39 条规定，中华人民共和国公民的住宅不受侵犯。禁止非法搜查或者非法侵入公民的住宅。这些规定为取证合法性奠定了宪法基础。凡是违反这些规定而取得的证据，都应当作为非法证据加以排除。

（2）全国人大及其常委会制定的法律

许多行政法领域的法律文件，都存在或多或少的证据法规定。例如，《治安管理处罚法》第四章处罚程序，第一节第 77 条至第 90 条专门规定“调查”，其中第 79 条规定，公安机关及其人民警察对治安案件的调查，应当依法进行。严禁刑讯逼供或者采用威胁、引诱、欺骗等非法手段收集证据。以非法手段收集的证据不得作为处罚的根据。第 87 条第 1 款规定，公安机关对与违反治安管理行为有关的场所、物品、人身可以进行检查。第 89 条第 1 款规定，公安机关办理治安案件，对与案件有关的需要作为证据的物品，可以扣押。第 90 条规定，为了查明案情，需要解决案件中有争议的专门性问题的，应当指派或者聘请具有专门知识的人员进行鉴定；鉴定人鉴定后，应当写出鉴定意见，并且签名。这些都是事关调查取证的法律规定。《行政许可法》第 46 条至第 47 条规定的听证，毫无疑问也是证据法规范，其中规定申请人、利害关系人可以提出证据，并进行申辩和质证。这里的举证和质证都是证据运用的基本环节。

（3）国务院行政法规

对于证据法规范来说，国务院行政法规的规制是混合式的，即国务院并没有专门的证据运用的行政法规文本，而是在有关行政法规文本中存在若干证据法规定。例如，《医疗纠纷预防和处理条例》第 16 条规定，患者有权查阅、复制其门诊病历、住院志、体温单、医嘱单、化验单（检验报告）、医学影像检查资料、特殊检查同意书、手术同意书、手术及麻醉记录、病理资料、护理记录、医疗费用以及国务院卫生主管部门规定的其他属于病历的全部资料。患者要求复制病历资料的，医疗机构应当提供复制服务，并在复制的病历资料上加盖证明印记。复制病历资料时，应当有患者或者其近亲属在场。医疗机构应患者的要求为其复制病历资料，可以收取工本费，收费标准应当公开。患者死亡的，其近亲属可以依照本条例的规定，查阅、复制病历资料。这是关于书证（病历）查阅、复制的规定。第 24 条第 1 款规定，发生医疗纠纷需要封存、启封病历资料的，应当在医患双方在场的情况下进行。封存的病历资料可以是原件，也可以是复制件，由医疗机构保管。病历尚未完成需要封存的，对已完成病历先行封存；病历按照规定完成后，再对后续完成部分进行封存。医疗机构应当对封存的病历开列封存清单，由医患双方签字或者盖章，各执一份。这是关于病历保全及使用的规定。第 34 条第 1 款规定，医疗纠纷人民调解委员会调解医疗纠纷，需要进行医疗损害鉴定以明确责任的，由医患双方共同委托医学会或者司法鉴定机构进行鉴定，也可以经医患双方同意，由医疗纠纷人民调解委员会委托鉴定。这是关于科学鉴定的规定。

（4）国务院部门规章

《立法法》第 91 条第 1 款规定："国务院各部、委员会、中国人民银行、审计署和具有行政管理职能的直属机构以及法律规定的机构，可以根据法律和国务院的行政法规、决定、命令，在本部门的权限范围内，制定规章。"部门规章对证据的规定有混合式和专门的单行文件。部门规章关于证据的专门文件相对较少，如《司法鉴定程序通则》等。部门规章混合证据法规范的文件则相对较多，如《交通运输行政执法程序规定》第四章为调查取证，包括一般规定、证据收集、证据先行登记保存、证据审查与认定四节，22 个条文；第五章行政强制措施，包括查封、扣押证据等，8 个条文；第六章行政处罚，

第三节专门规定听证程序，19 个条文；第九章涉案财物的管理，涉及物证的保管链条。

（5）地方性法规

地方性法规和地方政府规章中有无证据法规范呢？能不能有证据法规范呢？我国有学者指出“地方性法规则不宜规定证据问题，因为证据制度是司法制度的一部分，而司法制度在单一制国家应当由国家立法机关统一立法，如果允许各地制定自己的证据规范，就意味着在不同地区进行诉讼会适用不同的证据规则，这显然会破坏国家法制的统一”。[①] 这种观点值得商榷。很显然，证据运用不限于司法领域；证据法也不能等于诉讼证据法。在行政执法、仲裁、调解等法律程序中，有证据运用问题，也有证据法规范问题。例如，在城管执法领域，中共中央、国务院发布的《关于深入推进城市执法体制改革、改进城市管理工作的指导意见》中，只是原则性规定城市管理部门可以实施与法律法规规定的行政处罚权有关的行政强制措施，但没有明确规定城管综合执法是否可以查封、扣押物证。《城市管理执法办法》第 29 条隐含着城市管理执法主管部门可以查封、扣押物品。但是根据《行政强制法》第 10 条的规定，查封、扣押措施只能由法律、行政法规和地方性法规规定，故住房和城乡建设部发布的规章无权规定查封、扣押。此时，在国家法律、行政法规查无明文规定的情况下，城管执法部门如果需要通过查封、扣押物证来收集证据，则必须依赖地方性法规赋权，否则有违法治原则。在城管综合执法调查收集证据的措施或者手段上，许多地方性法规明确规定了可以查封、扣押物品，这就是证据法规范。例如，《上海市城市管理行政执法条例》第 21 条第 1 款就指出：“城管执法部门以及乡、镇人民政府查处违法行为时，可以依法扣押与违法行为有关的物品。”又如，《合肥市城市管理条例》第 47 条第 1 款第 4 项规定，城市管理行政执法，可以依法查封、扣押与违法行为有关的场所、工具和其他物品。地方性法规专门规定证据的文件几乎没有，但

① 李浩主编：《证据法学》，北京：高等教育出版社 2009 年版，第 11 页。

是许多行政执法的地方性法规中包含大量的证据法规范也是一个不争的事实。例如,《河南省行政执法条例》第三章行政执法程序中就有取证、听证、析证和认证的规定。

（6）地方政府规章

《立法法》第 93 条第 1 款规定："省、自治区、直辖市和设区的市、自治州的人民政府，可以根据法律、行政法规和本省、自治区、直辖市的地方性法规，制定规章。"地方政府规章中专门规定证据法的文件也没有，但是许多涉及行政执法的地方政府规章中混合有大量的证据法规范。例如,《湖南省行政程序规定》第四章行政执法程序第三节调查和证据，规定了取证、析证和听证。又如,《黑龙江省行政执法程序规定》第四章专门规定行政执法程序中的调查取证，包括取证原则、取证方式及其操作，第五章还专门规定了陈述、申辩和听证。

（7）司法解释

有关行政诉讼证据制度的司法解释亦可作为行政执法证据法的渊源。究其原因，乃在于行政执法证据收集与运用、行政执法程序中的事实认定，一旦被诉至人民法院，就面临着人民法院的司法审查。而人民法院在行政诉讼中对被诉案件证据收集与运用行为的审查、对被诉案件事实认定的研判，常常是依据行政诉讼法及配套司法解释开展的。如果在行政执法程序中就能够主动依照行政诉讼证据的法律及其司法解释进行行政执法证据的收集与运用，则在行政诉讼中就会被人民法院支持。有关行政诉讼证据的司法解释也分为混合式和独立文件式。前者如《最高人民法院关于适用〈中华人民共和国行政诉讼法〉的解释》，其中第四部分，第 34 条至第 47 条专门规定证据问题；后者如《最高人民法院关于行政诉讼证据若干问题的规定》。其实，许多涉及行政执法证据的行政规章、规范性文件，基本上都受到了《最高人民法院关于行政诉讼证据若干问题的规定》的影响，采纳了这一司法解释中的不少制度构建。

2. 规范性文件中的行政执法证据法规范

根据《行政诉讼法》第 63 条的规定，规范性文件不能作为人民法院审理行政案件、作出行政裁判的法律依据。人民法院审理行政案件、作出裁判的法律依据只有法律（狭义，专指全国人大及其常委会制定的法律文件）、行政法规、地方性法规、自治条例和单行条例。规章在行政审判中仅具有参照价值。根据《行政诉讼法》第 53 条的规定，规范性文件不仅不能作为依据或者参照，还可能面临着司法审查。但是，换个角度考虑，也不能因此否定规范性文件所具有的约束力和行政管理、行政执法之价值。

根据《立法法》的规定，判断一个文件是不是规范性文件，有两个依据：一是制发主体有无立法权；二是该文件的公开方式。由国家主席签署、主席令公布的为法律；由总理签署、国务院令公布的为行政法规；省级人大主席团发布公告予以公布的是省级人大制定的地方性法规，省级人大常委会、设区的市级人大常委会、自治地方人大常委会发布公告予以公布的是省级人大常委会制定的地方性法规、设区的市级人大及其常委会制定且经过批准的地方性法规、自治地方人大制定经过批准的自治条例和单行条例；国务院各部门首长签署命令予以公布的是部门规章；省长、自治区主席、市长或自治州州长签署命令予以公布的是地方政府规章。除此之外，以通知等形式印发或者下发的都是规范性文件。

就行政执法证据法的渊源来说，许多规范性文件发挥着比正式法源还要全面、具体的功效。理论上讲，规范性文件对行政执法证据法的规定，也分独立文件式和混合文件式。所谓混合文件式就是在其他规范性文件中有部分涉及行政执法证据法的条文；所谓独立文件式就是指该规范性文件是专门针对行政执法证据收集或者运用而制定的。例如，《消防救援机构办理行政案件程序规定》就是混合式行政执法证据法文件。[①] 其中第三章调查取证，第 33 条至第 72 条，是关于取证和析证的规定；第六章听证程序，第 93 条至第 110 条，是关于举证和质证的规定。

作为行政执法证据法的法源之一，规范性文件也以独立文件式为最佳。这些事关行政执法证据法的独立文件主要有：

（1）综合性的行政执法独立文件。所谓综合性，是指这些规范性文件较为详细地规定了行政执法证据收集与运用的完整环节和全面内容。诸如《环境行政处罚证据指南》、原《文化市场行政处罚案件证据规则（试行）》、原《常见文化市场行政处罚案件执法取证指引（试行）》[②]、原《价格行政处罚证据规定》、《海事行政执法证据管理规定》、《安徽省行政执法证据收集与运用指引（试行）》等。

（2）单一性的行政执法独立文件。所谓单一性，是指这些规范性文件仅仅规定行政执法证据收集与运用的某一环节或某方面内容。诸如《财政部门证据先行登记保存办法》、公安部《公安机关鉴定规则》、《上海市城管执法调查取证规则》、《国家版权局关于进一步做好著作权行政执法证据审查和认定工作的通知》、《江苏省行政处罚听证程序规定》、《广播电视行政处罚听证规则》等。

3. 案例在行政执法证据法中的地位

对于判例法（Case Law），《牛津法律大辞典》是这样解释的：指代司法判例中所确定的法律原则和规则的一般用语，是根据以往法院和法庭对具体案件的判决所作的概括提炼。在英美普通法中，判例法在法律的发展中是一

---

① 根据《立法法》第 96 条第 1 款规定，凡不是由部门首长签署命令予以公布的国务院部门文件，皆不得称之为部门规章。该文件以应急管理部通知的形式印发，而不是通过命令的形式公布，故应当归属于规范性文件。

② 原《文化市场行政处罚案件证据规则（试行）》、原《常见文化市场行政处罚案件执法取证指引（试行）》已于 2019 年 8 月 19 日被《文化和旅游部关于行政规范性文件清理结果的公告》废止。但是，该文件的制度史意义和学术价值仍然存在。故本书仍然将其作为学术立论之资料。特此说明。

个带有根本性而且仍然是一个非常重要的因素，它也是法律原则的一个主要渊源。判例法的实质不在于对以前判例的汇编，也不在于法官和其他裁判者在此后的案件审理中能够从先前的判例中得到帮助或指导，而在于把先前的判例视为一种规范，并且期望从中抽象出那些依惯例应该并在某些情况下必须遵循和适用的原则或规则。①

对于大陆法系的证据法，以及中国的证据法，判例法能否成为渊源之一，是有分歧的。大多数人有意无意忽视判例或者案例的渊源价值，以不提此事作为否定态度的表达。当然，也有人支持把判例法作为证据法的渊源之一。我国曾有学者赞同大陆法系的证据法也包括判例法的观点，该论者还指出，由于历史原因，我国现行的“证据法”条款基本体现在成文法之中。具有法律效力的或者指导性的证据判例或案例，似乎从来就没有出现过。但是，这只不过是一个表面化结论。如果深入剖析各种证据法律文件，特别是针对个案请示作出的司法解释，人们也能够找到典型证据案例的影子。该论者特别主张我国未来的证据立法一方面要坚持证据成文法模式，另一方面也不能排斥合理吸收和借鉴证据判例法模式的优点。②

《国务院办公厅关于全面推行行政执法公示制度执法全过程记录制度重大执法决定法制审核制度的指导意见》提出要加强和完善行政执法案例指导制度建设。《法治政府建设实施纲要（2021—2025 年）》则明确要求建立行政执法案例指导制度，国务院有关部门和省级政府要定期发布指导案例。2020 年 9 月 16 日司法部办公厅印发了《关于征集行政执法案例的通知》（司办通〔2020〕75 号），要求各地区、国务院各部门，报送本地区、本部门近三年来在行政处罚、行政许可、行政强制、行政确认、行政征收、行政给付等执法领域发生的，具有普遍指导意义的行政执法案例和执法监督案例。31 个省（区、市）、新疆生产建设兵团司法厅（局）和国务院 26 个部门报送了 235 个案

---

① ［英］戴维·M. 沃克著：《牛津法律大辞典》，李双元等译，北京：法律出版社 2003 年版，第 175 页。

② 何家弘主编：《证据法学研究》，北京：中国人民大学出版社 2007 年版，第 72-73 页。

例。经过初审、专家评审、复审，司法部行政执法协调监督局选取了50件案件作为典型案例编辑出版，于2021年12月由中国法制出版社正式出版发行。[①]可以说，具有中国特色的行政执法案例指导制度正在建设之中。这也说明了案例作为行政执法证据法渊源的正当性。

三、行政执法证据法的基本内容

1. 行政执法证据法的构成要素

世界各国证据法的宏观体系，无非是由成文法和判例法两部分组成。我国行政执法证据法也是以成文法为其表现形式或者载体。

现代成文法在结构上包括名称（标题）、内容和表达符号（诸如题注，目录，总则、分则、附则，各部分的小标题，序言，编、章、节、条、款、项、目，附录，有关人员的签署等）三部分组成。法的内容包括规范性内容和非规范性内容。规范性内容就是通常所说的法律规范，它规定人们行为的法定模式和法定后果，是成文法的核心，大多数条文都是表达的规范性内容。规范性内容是成文法必备的内容，主要集中于分则部分。非规范性内容是指关于立法目的、立法依据、通过机关和通过时间、批准机关和批准时间、公布机关和公布时间、法的施行日期、授权立法、法的废止等事务性的规定。非规范性内容一般在法律文件的首部和尾部，即总则、附则部分。

成文法内容的主体部分为规范性内容。规范性内容在形式上表现为法律条文，但是其实质构成要素却是法律概念、法律原则和法律规则。行政执法证据法的构成要素就是指通过成文法条文所体现的、关于行政执法证据收集与运用的法律概念、法律原则和法律规则。

---

① 《"执法宝典"让行政执法人员执法有底气》，载司法部网站，http：//www.moj.gov.cn/pub/sfbgw/fzgz/fzgzxzzf/fzgzxzzfxtjd/202204/t20220415_452953.html。

2. 行政执法证据法中的法律概念

（1）行政执法证据法中的法律概念的含义和组成

《现代汉语词典》解释“概念”为“思维的基本形式之一，反映客观事物的一般的、本质的特征。人类在认识过程中，把所感觉到的事物的共同特点抽出来，加以概括，就成为概念”。[①] 不错，概念是反映思维对象特有属性的思维形式。概念与语词既有联系又有区别。明确概念的逻辑方法主要有三种，即限制与概括（体现内涵和外延的反变关系）、定义（揭示内涵）、划分（明确外延）。[②] 概念通过语词来表达，语词是指“词、词组一类的语言成分”。所以表达概念可以是一个词，也可以是一个词组。[③]

行政执法证据法中的法律概念，也可以称为“行政执法证据法概念”，就是指在行政执法证据法各规范文件中使用的、与证明（查明）或者证据运用有关的法律概念，其表现形式是各种语词或者词组。例如，《海事行政执法证据管理规定》第 3 条第 1 款指出，海事行政执法证据（以下简称证据）指海事管理机构收集和核实的证明海事行政执法案件事实情况的材料。这里就出现了“证据”“证明”“案件事实”等行政执法证据法的核心概念、基础概念。行政执法证据法的规范体系就是建立在事实、证明、证据这三个核心概念基础上的，由此三个概念逐步推进而成就一个庞大的规范体系。

行政执法证据法中的法律概念主要围绕行政执法中的事实认定或者证明（查明）来构建和组成，如原《价格行政处罚证据规定》第 3 条使用的“价格违法案件事实”一词，是关于证明对象的概念。《行政处罚法》第 40 条中的“必须查明事实”或者“查明事实”是事关证明责任的概念。《医疗保障行政处罚程序暂行规定》第 19 条第 1 款指出，办案人员应当依法收集的证据

---

① 中国社会科学院语言研究所词典编辑室编：《现代汉语词典》（第七版），北京：商务印书馆 2016 年版，第 419 页。

② 详见张晓光主编：《法律专业逻辑学教程》，上海：复旦大学出版社 2007 年版，第 12-25 页。

③ 参见中国社会科学院语言研究所词典编辑室编：《现代汉语词典》（第六版），北京：商务印书馆 2012 年版，第 212、1590 页。

包括：书证；物证；视听资料；电子数据；证人证言；当事人的陈述；鉴定意见；勘验笔录、现场笔录。这里的概念都是法定证据种类的法律专门概念。《公安机关办理行政案件程序规定》第七章标题使用的“调查取证”、第八章标题使用的“听证”概念，是关于证明过程或者证据运用各环节的概念。《市场监督管理行政处罚程序规定》第 3 条要求的“事实清楚、证据确凿”；第 19 条第 1 款第 1 项规定的“有证据初步证明”；第 54 条第 1 项要求的“事实清楚、证据充分”，都是关于本证证明标准的概念。

（2）行政执法证据法中的法律概念的解释

对于行政执法证据法中的法律概念，制定者在规范文件中有界定或者明确含义的，基本上按照此等界定或者明确含义理解即可。但是对于没有界定或者明确含义的证据法概念，就需要进行解释。许多事关行政执法证据法的文件都有大量的自我概念解释，如原《文化市场行政处罚案件证据规则（试行）》第 4 条对文化市场行政处罚证据作出了外延式界定，指出价格行政处罚证据是指书证；物证；视听资料、电子数据；证人证言；当事人陈述；鉴定结论；勘验笔录、现场笔录。此外，该文件第 5 条至第 12 条还分别对各种法定证据进行了内涵式定义。

在规范文件中欠缺概念解释时，就需要另外的概念解释。这种解释分为有权解释和学理解释。所谓有权解释，一般是指制定者解释。例如，原《价格行政处罚证据规定》第 44 条指出，本规定由国家发展和改革委员会负责解释。那么国家发展和改革委员会对此文件中的法律概念进行的解释就是有权解释。行政执法证据法概念的文件定义或者有权解释，需要遵循相关法律文件的制定规则，保障法规体系的完整，无抵触或者不一致就可以了。然而，对于学理解释，即无权者解释、学术见解上的解释，由于仁者见仁智者见智，众说纷纭，故必须确立相当的解释规则。要而言之，行政执法证据法中的法律概念的学理解释，首先应当采用文义解释的方式和规则，其次是论理解释的方式和规则。

四、行政执法证据法的基本原则

行政执法证据法的基本原则，简称行政执法证据法原则，亦称行政执法证据法中的法律原则、行政执法中的证据法原则，是指有关行政执法证据法规范文件所规定的，在行政执法证据收集与运用过程中应当遵守的基本行为准则或者根本准则。

在证据法学界，对于证据法基本原则的确立，也是至今未能统一的学术问题。2006 年，证据法学界曾经有学者做过一次综述，指出证据法的基本原则包括证据裁判原则、自由心证原则、直接言词原则、诚实信用原则和利益衡量原则。[①] 但是，这种综述主张并没有被普遍接受，分歧依然存在。[②] 对于行政执法证据法来说，基本原则包括：证据认定原则、自由心证原则、合法运用原则和诚实信用原则。

1. 行政执法的证据认定原则

证据认定原则，亦可称为证据决定原则，在诉讼证据法领域常常称之为证据裁判原则。行政执法的证据认定原则包括完整的三项基本要求：

（1）所有行政主体的各类行政执法行为，都必须坚持以事实为根据，以法律为准绳。

（2）除非法律法规另有规定，行政执法主体认定案件事实，必须以证据为基础。

（3）任何行政执法行为的最终决定，都必须建立在先调查取证的前提之下，以证据能够证明的案件事实为根据。

证据法上有一项没有学术争议的基本原则，证据裁判原则。证据裁判原则也称证据裁判主义，是指认定案件事实应当以证据为依据。该原则的确立

---

① 详见宋英辉、汤维建主编：《证据法学研究述评》，北京：中国人民公安大学出版社 2006 年版，第 100-126 页。

② 参见陈光中主编：《证据法学》（第四版），北京：法律出版社 2019 年版，第 110-111 页。

体现了司法文明的进步，从强调客观事实、客观真实转向了坚持法律事实、法律真实。该原则既要求依凭证据而不是主观臆断和猜测来认定事实，又强调据以作出裁判的事实是所谓的证据证明的法律事实，而不是一般的客观真实。在行政执法证据法领域，证据裁判原则应当表述为证据认定原则或者证据决定原则。

行政执法证据法中的证据认定原则，在相关的法律、部门规章、规范性文件中都有相应的规定，因此称之为基本原则是合适的。例如，《市场监督管理行政处罚程序规定》第 3 条要求，市场监督管理部门实施行政处罚，应当做到事实清楚、证据确凿。第 53 条规定，案件审核的内容包括案件事实是否清楚、证据是否充分。还有《环境行政处罚证据指南》第 4. 1. 5 条要求，证据收集工作在行政处罚决定作出之前完成。第 5. 1. 1 条要求，认定案件事实，必须以证据为基础。

地方性法规和地方政府规章对证据认定原则的规定也非常普遍。例如，《黑龙江省行政执法程序规定》第 17 条规定，行政执法单位需要核查公民、法人或者其他组织申请，或者实施行政处罚、行政强制等行政执法行为依法需要查明事实的，应当全面、客观、公正、及时开展调查，收集保存有关证据。第 29 条第 1 款第 2 项规定，行政执法决定一般应当载明主要事实以及相关证据；第 29 条第 2 款指出，依法需要说明理由的，应当说明事实认定的理由。还有《浙江省行政程序办法》第 55 条第 2 款规定，行政机关收集的证据应当查证属实，才能作为认定事实的根据。

2. 行政执法的自由心证原则

自由心证原则与无罪推定原则一样，曾经长期在我国法律界被怀疑甚至被批判。[①] 其中一个重要的原因就是“心证”给人以唯心主义的想象空间。另外，“自由”似乎也给人一种主观擅断、无拘无束、随心所欲的感觉。其

---

① 详见蒲坚主编：《中国法制史》，北京：光明日报出版社 1987 年版，第 322 页。

实，这是一种语言翻译带来的误解。自由心证的英语表述有 free proof（自由证明）、free proof with intimate conviction（内心确信的自由证明）、freedom of proof with intimate conviction（内心确信的证明自由）。可见翻译成自由证明、自由评价、自由评断也是可以的，或许能够多少避免一些唯心主义的指责。

行政执法的自由心证原则包括完整的三项基本要求：

（1）行政执法主体分析判断证据的证明力，不受其他机关、团体和个人的干涉。

（2）行政执法主体分析判断证据的证明力，应当遵循法律法规的规定，恪守职业道德和工作纪律，综合运用逻辑推理、经验法则和专门知识全面、客观地认定证据证明力的有无及大小强弱。

（3）行政执法主体分析判断证据的证明力，应当通过口头或者书面的方式阐释理由。

在行政执法证据法规范文件中，明确规定自由心证的法条并不多见，但也不是没有。例如，《环境行政处罚证据指南》第 5.1.2 条要求案件审查人员应当依据法律、法规和规章规定，运用专门知识、逻辑推理和工作经验，对取得的所有证据进行全面、客观和公正的分析判断，确定证据材料与待证事实间的证明关系，排除不具有关联性的证据材料，准确认定案件事实。很显然，这一条规定借鉴了《最高人民法院关于行政诉讼证据若干问题的规定》第 54 条。《最高人民法院关于行政诉讼证据若干问题的规定》第 54 条就是赋予法官自由心证的权力，规定的就是法官可依自由心证判断和认定证据。[①] 不过，该条规定的不是传统自由心证而是现代自由心证。现代自由心证是在充分吸收法定证据制度和传统自由心证制度各自优点的基础上形成的，它一方面仍坚持赋予法官自由判断证据的权力；另一方面又添加了相应的规则来对法官的心证进行必要的限制，并要求法官公开说明形成心证的理由。

有学者指出，无论是当今大陆法系国家，还是英美法系国家，均规定了

---

① 徐继敏著：《行政证据通论》，北京：法律出版社 2004 年版，第 310 页。

种种制度和原则，以确保法官形成心证时享有的“自由”不被滥用，同时使“确信”的结果最大限度上与客观事实相接近。这项限制包括如下三个方面：①

（1）内在的制约。包括：自由心证适用范围的限制，并非所有事实认定都适用自由心证，其客体仅限于有争议的审理事项，不适用于证据调查；证据裁判原则的限制，在证据资格已经具备的证据中自由判断其证明力；论理法则和经验法则的限制，基于人类日常生活经验，尤其是司法经验，依照一般推论事理及演绎结论的基本逻辑规范对证据的证明力作出客观、理性、合乎逻辑与经验的判断；法律关于证据证明力的、必要且合理的直接规定的限制。

（2）外在的程序化制约。包括：心证公开制度，将心证过程、结果与理由向社会公开；法庭调查程序，生成心证的法官应直接接触证据；言词辩论程序，听取口头陈述与辩论；合议程序，多数意见决定最终的心证结果；事后审查制度，通过上诉或者再审加以纠偏；证据规则的限制。

（3）外在的其他制约。包括：基本人权的限制；法官资格制度，即法官必须精英化。

对于上述现代自由心证原则中的限制性制度安排，行政执法证据法也应当加以必要的吸收。虽然我国行政执法证据法文件规定自由心证的条文不多，但是要求对证据的采信加以说理，即心证公开的规定还是有的。例如，《湖南省行政程序规定》第 78 条指出，行政执法决定文书应当充分说明决定的理由，说明理由包括证据采信理由、依据选择理由和决定裁量理由。行政执法决定文书不说明理由，仅简要记载当事人的行为事实和引用执法依据的，当事人有权要求行政机关予以说明。这一规定借鉴了《最高人民法院关于行政诉讼证据若干问题的规定》第 72 条第 2 款的规定。

---

① 参见宋英辉、汤维建主编：《证据法学研究述评》，北京：中国人民公安大学出版社 2006 年版，第 108-111 页。

3. 行政执法证据法的合法运用原则

合法运用原则，亦称程序法定原则，它要求行政执法主体在执法程序中运用证据认定案件事实，必须模范遵守相关法律法规。任何违背法律法规的证据运用行为及其后果，都不具备合法性和有效性。

在我国行政执法证据法规范文件中，合法运用证据的基本原则是一项普遍的规定。例如，《公安机关办理行政案件程序规定》第 27 条详细规定，公安机关必须依照法定程序，收集能够证实违法嫌疑人是否违法、违法情节轻重的证据。严禁刑讯逼供和以威胁、欺骗等非法方法收集证据。采用刑讯逼供等非法方法收集的违法嫌疑人的陈述和申辩以及采用暴力、威胁等非法方法收集的被侵害人陈述、其他证人证言，不能作为定案的根据。收集物证、书证不符合法定程序，可能严重影响执法公正的，应当予以补正或者作出合理解释；不能补正或者作出合理解释的，不能作为定案的根据。原《价格行政处罚证据规定》第 13 条要求，政府价格主管部门应当依照法定程序，全面、客观、公正地收集证据，并符合以下规定：执法人员不得少于两人，并出示执法证件；执法人员与当事人有直接利害关系的，应当回避；告知当事人或者证据提供人对涉及国家秘密、商业秘密、个人隐私的证据作出明确标注；告知当事人或者有关人员不如实提供证据、证言和作伪证或者隐匿证据应负的法律责任；不得以威胁、引诱、欺骗以及其他非法方式收集证据。

地方性法规和地方政府规章中也有许多合法运用原则的表达，如《陕西省城市管理综合执法条例》第 23 条要求，城市管理综合执法人员在执法过程中应当全面、客观、公正收集相关证据，并完整保存。城市管理综合执法人员调查取证时，应当符合法定程序，不得采用利诱、欺诈、胁迫、暴力等非法手段收集证据，不得伪造、隐匿证据。《江苏省行政程序规定》第 55 条第 1 款规定，行政机关应当采取合法手段和依照法定程序，全面、客观、公正地收集证据，不得仅收集对当事人不利的证据。

4. 行政执法证据法的诚实信用原则

诚实信用原则要求行政执法主体在执法程序中运用证据应当恪守诚实和信用的道德底线。任何违背诚实信用原则的行为及其后果，都不具备真实性和有效性。

行政执法证据法中的诚实信用原则与行政法上的信赖保护原则有一定的交叉关系。"信赖保护原则的基本含义是政府对自己作出的行为或承诺应守信用，不得随意变更，不得反复无常。德国学者哈特穆特·毛雷尔认为，信赖保护原则部分源自在法治国家原则中得到确认的法律安定性，部分源自诚实信用原则。"[①] 在行政执法证据法中，诚实信用原则的功效主要体现在取证方面，它要求不得非法取证，不得用欺骗的方法取证，不得进行证明妨碍。当然，在举证、质证和认证方面也有调节功能，如在听证会上进行证据质证时，当事人不得滥用质证权利故意拖延时间，在证据提交方面不能突然袭击，在证据分析和认定方面不能故意曲解证据信息、违背逻辑规律和经验法则进行推论，等等。

对于证据收集与运用时的诚信要求，许多行政执法证据法规范文件都有明确的规定，如《环境行政处罚证据指南》第4.1.7条规定，禁止采取利诱、欺诈、胁迫、暴力等不正当手段收集证据；第4.1.8条规定，不得隐匿、毁损、伪造、变造证据。《浙江省行政程序办法》第8条第1款要求行政机关应当诚实守信；非因法定事由并经法定程序，不得擅自撤销、撤回、变更已经生效的行政行为。

本章典型案例

2-1：未依法收集证据、草率认定事实被法院判令作出行政行为

某市某区某城中村村委会在知晓本村被纳入拆迁范围后，突击砌建许多

① 姜明安著：《行政法》，北京：北京大学出版社2017年版，第123-124页。

围墙，把村中许多空地和通行道路改造成可以出租经营的场地，意图在实际拆迁时多得补偿。由于此行为严重影响了村民的出行及其他生活环境，村民向某市某区城管综合执法局举报，要求依法查处村委会的违建行为。该城管综合执法局仅仅向村主任进行了电话查询，在获得村主任口头承诺已经取得规划、施工许可证，不属于违法建设行为后，便告知举报群众，村委会建设行为是合法的，不予查处。此后，举报群众把该城管综合执法局告到法院，理由是行政不作为，要求人民法院判令被告履行查处违法建设的行政职责。在法庭上，被告城管综合执法局没有任何证据证实村委会的建设行为是合法行为。于是人民法院判令被告在判决书生效后十日内作出查处行为。

该案件从反面提示我们：行政执法机关在执法程序中应当坚持证据认定原则，凭借确实、充分的证据来认定案件事实，而不能仅凭相对人的一句口头承诺或者解释就作出事实认定。

2-2：在充分调查取证基础上准确认定案件事实

某市某区某街道群众举报，某大酒店没有取得法定许可就擅自在大门外加建门厅。某市某区综合行政执法局接到举报电话后，随即派出两名执法人员前往现场勘查，拍摄了照片与视频。在与该酒店董事长谈话及要求其在勘查笔录上签名确认时，被拒绝。此后，该综合行政执法局派员与举报人做谈话笔录，了解该大酒店实际施工的时间和持续的日期。再派员到土地管理局查阅大酒店的用地许可；到规划局查阅规划许可；到建设局查阅施工许可，皆没有大门外增加砌建门厅的行政许可。在这些证据的基础上，该综合行政执法局作出了《行政处罚决定书》。该大酒店随即拆除了违法建筑。

该案件从正面提示我们：行政执法能够做到证据确实、充分，案件事实清楚，那么就不会出现事实认定方面的错误，行政处理决定也会得到执行。纵使相对人或者利害关系人不服，诉至人民法院，也不会败诉。

本章复习思考题

1. 简述行政执法证据法的含义与性质。
2. 简述行政执法证据法的渊源体系。
3. 简述行政执法证据法中的法律概念的含义、组成和解释。
4. 简述行政执法证据法的基本原则。

第三章 行政执法证据规则

本章概要

行政执法证据法是规制行政执法程序中的证明活动的法律原则和法律规则。尽管从内容构成的角度讲，行政执法证据法包括法律概念、法律原则和法律规则。但是，毫无疑问，行政执法证据法的核心部分是各项证据规则。在行政执法证据法中，数量最多的、最直接、最具体发挥规制、引领作用的法律规范就是法律规则，即行政执法证据规则。行政执法证据规则包括有关证据资格的规则，如非法证据排除规则、关联性规则、最佳证据规则、传闻证据规则和意见证据规则；有关证据证明力的规则，如补强证据规则和证明力比较规则，以及极具行政法特色的行政执法案卷排他规则。

一、行政执法证据规则的含义与组成

从逻辑结构上分析，法律规则是完整包括构成要件事实和法律效果两个部分的法律规范。任何一部成文证据法的核心部分都是法律规则，英美法系许多国家的证据法文件就直接称为证据规则，如美国《联邦证据规则》。其实，就其本质而言，判例证据法的核心同样是证据规则。行政执法证据法的主干，绝大多数规范，都属于证据规则。

1. 行政执法证据规则的含义

行政执法证据规则，亦称行政执法证据法中的法律规则，是指在行政执法程序中收集和运用证据时应当遵循的各项法律规范。行政执法证据规则是证据规则中的一部分。证据规则亦称证据法则，是指确认证据的范围，调整和约束证明行为的法律规范的总称，是证据法的集中体现。证据规则既然称之为证据规则，当然首先是确认证据范围的法律规范。这也体现着证据种类法定的合法性原则。所谓证据范围，是指什么样的事实或材料是证据，什么样的事实或材料不是证据或者不能作为证据使用，以及相应的划分标准是什么。证据规则占比较大的规范是调整证明行为的法律规范，因为毕竟证据只是证明的手段而已，而证明的构成要素不限于证明手段。所谓证明行为，是指形成、发现、展示、质辩、采纳或者排除证据以证明特定案件事实的专门活动，一般包括取证行为、举证行为、质证行为和认证行为四大类。证据规则约束的对象包括一切与证据或者证明行为有关的单位或者个人，包括但不限于行政执法机关、行政执法人员、法官、检察官、监察官、律师、案件当事人和其他参与人。①

2. 行政执法证据规则的构成

行政执法证据规则除按照其调整对象划分为规定证据范围的规则和约束证明行为的规则之外，还可以根据不同的标准进行不同的划分。在这些不同的分类之下，各自包括一些相应的证据规则。例如，根据证据规则的价值取向，可以将其分为保障实体真实的证据规则和维护正当程序的证据规则。保障实体真实的规则是以发现案件真相，避免错案发生为价值取向的，主要包括关联性规则、最佳证据规则、意见证据规则、排除传闻规则等。维护正当程序的规章是以保障当事人的权利，制约公权力恣意行使为价值取向的，主要是非法证据排除规则。② 我国还有学者根据证据运用的取证、举证、质证和认证四大环节，把国外的证据规则总结归纳成 26 项，分别是取证方面的强制取证规则、证人资格规则、作证特免权规则、自愿供述规则；举证方面的证

① 参见樊崇义主编：《证据法学》（第六版），北京：法律出版社 2017 年版，第 79-80 页。
② 参见陈光中主编：《证据法学》（第四版），北京：法律出版社 2019 年版，第 229 页。

明责任规则、举证时限规则、推定规则、自认规则；质证方面的强制证人出庭作证规则、宣誓作证规则、交叉询问规则；认证方面的可采性规则、关联性规则、鉴证规则、非法证据排除规则、传闻规则、直接审查规则、意见证据规则、最佳证据规则、司法认知规则、品格证据规则、预防规则、行政案卷外证据排除规则、自由心证规则、书证优先规则、口供补强规则。①

在行政执法证据法实务领域，有人基于证据的三项属性而提出行政执法证据规则包括三类：一是证据合法性方面的规则，具体有非法证据排除规则、卷外证据排除规则、鉴定结论合法性规则等；二是证据真实性方面的规则，有排除规则、最佳证据规则、自认规则、推定规则、补强证据规则和生效文书与裁决的证明效力规则等；三是证据的关联性规则。② 行政执法证据规则还可以根据行政执法证据的两要素，即证据资格（证据能力）和证明力（证明价值）进行划分。关于行政执法证据资格的证据规则主要是：非法证据排除规则、关联性规则、最佳证据规则、传闻证据规则和意见证据规则；关于行政执法证据证明力的规则主要是：补强证据规则和证明力比较规则。当然，这种划分与其他任何一种划分一样，都不可能达到绝对的泾渭分明，存在一些交叉或者重叠在所难免。例如，关联性规则，形式关联性决定证据资格，实质关联性体现证明价值，所以将其归入证明力规则体系亦无不可。最佳证据规则亦复如是。

二、行政执法证据资格的规则

基于证据资格法定主义，以及法律常常从反向排除或者禁止角度来规制证据的资格问题，关于行政执法证据资格的规则，可以简单概括为证据排除规则。而其排除的理由不外乎某事实或者材料欠缺合法性、关联性和真实性。

---

① 详见何家弘、刘品新著：《证据法学》，北京：法律出版社 2019 年版，第 378-388 页。其中的鉴证规则是指英美法系的 authentication 制度，本书作者将其译为“鉴真”或者“证据鉴真”。

② 华晨泓、刘玉江等编著：《行政执法证据的收集与运用》，南京：江苏科学技术出版社 2007 年版，第 184-185 页。

1. 非法证据排除规则

非法证据排除规则是指在行政执法办案中应当排除通过非法手段收集证据的一项规则。该规则排除的是那些非法证据的证据资格，即一经排除便不得作为证据使用、不得进入法律程序。非法证据排除规则是对证据合法性的坚守。《治安管理处罚法》第 79 条要求公安机关及其人民警察对治安案件的调查，应当依法进行。严禁刑讯逼供或者采用威胁、引诱、欺骗等非法手段收集证据。以非法手段收集的证据不得作为处罚的根据。《行政处罚法》第 46 条第 3 款特别指出，以非法手段取得的证据，不得作为认定案件事实的根据。《交通运输行政执法程序规定》第 51 条也强调，以非法手段取得的证据不能作为定案依据。

有学者指出，尽管各国非法证据排除的范围或方式有所不同，但有一点是相同的，即非法证据排除规则中的非法证据是指国家机关及其工作人员，通常指负责侦查工作的警察，在收集证据的过程中违反法律、侵犯当事人的权利而取得的证据。这与证据法理论中的证据的合法性是不同的。证据的合法性，指的是证据的合法形式，以及收集、运用证据的主体、程序、来源等方面的问题。非法证据仅指在收集该证据的过程中违反了法律规定、侵犯了犯罪嫌疑人、被告人合法权利的证据。故而取证的非法性不宜与证据形成的合法性相混淆。[①] 显然这种观点是站在刑事诉讼证据法的角度考察的，并不可取。《刑事诉讼法》第 58 条规定，法庭审理过程中，审判人员认为可能存在以非法方法收集证据的，应当对证据收集的合法性进行法律调查。此处证据收集方法的非法与证据收集的不合法是同等概念。第 59 条第 1 款指出，在对证据收集的合法性进行法庭调查的过程中，人民检察院应当对证据收集的合法性加以证明。这里证据的合法性就是解决非法证据时必须追问的证据属性。简单地说，非法取证就是不具有合法性；证据合法性调查与证明，就是查明

---

① 参见樊崇义主编：《证据法学》（第六版），北京：法律出版社 2017 年版，第 98 页。

有无非法取证。另外，在民事、行政诉讼中，与刑事诉讼不同，对于非法收集的任何证据均适用同样的排除规则。凡是违反法律禁止性规定，或者侵犯他人合法权益收集或者生成的各种形式的证据，都予以排除。[①] 在行政执法领域，必须树立不合法即为非法的理念。那种认为在非法与合法之间存在一大块灰色领域的观点不能支持。某行为或者事物只要与法律规定的要件不符合就是违法、即为非法。[②]

非法证据排除规则是证据排除规则之一。一切不具备合法性的证据，都应当予以排除，除非国家法律和国务院行政法规另有规定。在行政执法证据法规范文件中，存在大量排除非法证据的具体规定。例如，《福建省行政执法条例》第 54 条指出，下列材料不得作为行政执法决定的依据：违反法定程序收集的；以非法偷拍、偷录、窃听等手段获取侵害他人合法权益取得的。《江苏省行政程序规定》第 57 条也规定，下列证据材料不得作为行政执法决定的依据：严重违反法定程序收集的；以非法偷拍、偷录、窃听等手段侵害他人合法权益取得的；以利诱、欺诈、胁迫、暴力等不正当手段取得的。要而言之，应当排除的非法证据包括：

（1）严重违反法定程序收集的证据；

（2）以引诱、欺诈、胁迫、暴力等不正当手段获取的证据；

（3）以偷拍、偷录、窃听等手段获取且侵害他人合法权益的证据；

（4）以其他违反法律禁止性规定或者侵犯他人合法权益的方法获取的证据；

（5）存在明显不符合法律、法规、规章和相关规定要求的勘验、检查、现场笔录。

2. 关联性规则

无形式关联性的证据不具备证据资格，应在行政执法证据中加以排除。

---

① 参见何家弘、刘品新著：《证据法学》，北京：法律出版社 2019 年版，第 391–398 页。

② 参见曹晓凡著：《环境行政执法证据的收集与运用》，北京：中国民主法制出版社 2015 年版，第 162–163 页。

证据的关联性亦称相关性，主要包括两项基本要求：其一，形式关联，该证据来源于过去发生的案件环境且与案件事实具有部分或者全部的牵连，能够指向案件中的待证事实。其二，实质关联，该证据所留存、表达的案件事实信息足以帮助行政执法主体认定部分或者全部过去发生的案件事实。关联性规则主要强调证据的形式关联性，其核心思想是与案件待证事实没有形式关联性的证据应当予以排除，不具有证据资格。美国《联邦证据规则》第402条对相关性规则有一个经典的表述：凡相关的证据都具有可采性，不相关的证据不可采。我国行政执法证据法文件中亦有类似的表达，如《交通运输行政执法程序规定》第49条、《海事行政执法证据管理规定》第38条、原《价格行政处罚证据规定》第37条、《环境行政处罚证据指南》第5.2.2条，都要求审查证据关联性时应当关注下列事项：该证据证明的对象是否与案件程序性事实或实体性事实有本质的内在联系，以及关联程度的大小；证据所证明的事实对案件主要情节和案件性质的影响程度大小。

证据的关联性规则是规范证据资格的一项证据规则。但是，对于如何检验证据的关联性，不同的国家有不同的制度安排。英美法系采当事人主义和陪审团裁判事实，所以在证据法上有较高的标准要求和细致的思维路径。大陆法系采职权主义，一般没有固定的标准，而是委诸专业法官的常识与经验。在行政执法程序中，判断证据的关联性，尤其是形式关联性，可以借鉴美国著名证据法学家华尔兹教授的理论。华尔兹教授指出，相关性是实质性和证明性的结合。如果所提出的证据对案件中的某个实质性争议问题具有证明性（有助于认定该问题），那它就具有相关性。所提的证据会使某个主张（实质性事实问题）的存在成为可能（或不可能）吗？如果会，它就有证明力，并因此具有相关性。华尔兹教授并且提出用来检验相关性的方法是追问如下三个问题：其一，所提的证据是用来证明什么的？（问题是什么？）其二，这是本案中的实质性问题吗？其三，所提出的证据对该问题有证明性（它能帮助确认该问题）吗？[①] 参照华尔兹教授的检验公式，行政执法实务部门的学者指出，在行政执法实践中，针对个案证据的关联性审查，应围绕该证据与对应的特定证明对象之间是否具有实质性和证明性这两个问题展开。所谓证明性是指，依据逻辑或者经验使待证事实更为可能或更无可能的能力。所谓实质性是指，证据欲证明的对象是对案件认定具有法律意义的待证事实。[②] 实质性偏重证据与案件待证事实之间的客观联系，强调证据对案件构成要件事实的证明具有明确的指向功能。凡能够证明案件待证事实的证据都具有实质性。证据关联上的实质性又取决于证据的来源。在过去案件事实中存在的人或物，反映案件时空环境的材料、反映案件原因后果的材料、反映案件发生过程的材料、反映案件中人与物之间两两关系的材料等，都具有实质性。证据的证明性偏重于证据留存的信息，其实它与证据的实质关联性是一回事，反映出证据形式关联与实质关联的整体性。根据留存信息的有无及多少，证据对过去发生的案件事实的揭示或者复制呈现出一种倾向性或者概率数值。证据关联上的证明性取决于留存信息，而不取决于它是直接证据还是间接证据。

在我国行政执法程序中，凡与案件事实无形式关联性的证据都应当排除，包括但不限于：

（1）与案件没有任何联系的证据材料；

（2）对案件待证事实的证明没有实质指向意义的重复证据、拖延证据；

（3）对证明目标会带来不当影响的误导证据或者明显偏见证据；

（4）不能指向案件中专门性问题判断的、意见不明确或者内容不完整的鉴定意见。

3. 最佳证据规则

在英美法系，最佳证据规则主要适用于文书证据，故亦称之为原始文书

---

① ［美］乔恩·R. 华尔兹著：《刑事证据大全》，何家弘等译，北京：中国人民公安大学出版社1993年版，第64-66页。

② 交通运输部政策法规司组织编写：《交通运输行政执法证据收集与运用》，北京：人民交通出版社2012年版，第168-170页。

规则。该规则的含义是：在证明一项文书内容的过程中，如果其内容对案件审理重要，除非是因可证明的提出人重大过失之外的其他原因，否则必须使用原始的文书。换言之，在以文书的内容证明案件的事实时，除非存在法定的特定例外情形，必须提供原始文书，否则法官不予采纳。① 英美法系的最佳证据规则也有一个发展的过程，如美国《联邦证据规则》第 1002 条就将该规则扩展到了录制品和影像。这说明该规则具有相当的扩张性。在行政执法程序中，最佳证据规则可以分解为三个优先，即提交任何证据，都应当坚持下列基本规则：（1）原件、原物优先：适用于书证、物证、文字笔录；（2）本体、原始载体优先：适用于视听资料、电子数据、音像笔录；（3）当面陈述优先：适用于当事人陈述、证人证言、鉴定意见。当然，该规则并不妨碍根据实际情况采用其他变通的提交方式，如对不动产证据、案件现场就应当且只能提供诸如图表、照片、音视频等示意证据。存有合理疑问时，可以共同勘验原物或本体。

在中国的行政执法证据法规定条文中，体现最佳证据规则的法条可谓比比皆是，如《农业行政处罚程序规定》第 35 条第 1 款要求，收集、调取的书证、物证应当是原件、原物。收集、调取原件、原物确有困难的，可以提供与原件核对无误的复制件、影印件或者抄录件，也可以提供足以反映原物外形或者内容的照片、录像等其他证据。第 36 条要求，收集、调取的视听资料应当是有关资料的原始载体。调取原始载体确有困难的，可以提供复制件，并注明制作方法、制作时间、制作人和证明对象等。声音资料应当附有该声音内容的文字记录。第 37 条第 1 款要求，收集、调取的电子数据应当是有关数据的原始载体。收集电子数据原始载体确有困难的，可以采用拷贝复制、委托分析、书式固定、拍照录像等方式取证，并注明制作方法、制作时间、制作人等。第 38 条规定，农业行政执法人员询问证人或者当事人，应当个别进行，并制作询问笔录。询问笔录有差错、遗漏的，应当允许被询问人更正

---

① 陈光中主编：《证据法学》（第四版），北京：法律出版社 2019 年版，第 253-255 页。

或者补充。更正或者补充的部分应当由被询问人签名、盖章或者按指纹等方式确认。询问笔录经被询问人核对无误后，由被询问人在笔录上逐页签名、盖章或者按指纹等方式确认。农业行政执法人员应当在笔录上签名。被询问人拒绝签名、盖章或者按指纹的，由农业行政执法人员在笔录上注明情况。这些活动只有证人或者当事人当面陈述时才能完成。

以物证为例，很多行政执法证据法规范文件都提及收集、调取原物确有困难时，可以制作或者调取物证的照片、录像、复制品。什么是确有困难？有些文件并无明确解释。对此，《公安机关办理行政案件程序规定》第 29 条指出，在原物不便搬运、不易保存或者依法应当由有关部门保管、处理或者依法应当返还时，可以拍摄或者制作足以反映原物外形或者内容的照片、录像。物证的照片、录像，经与原物核实无误或者经鉴定证明为真实的，可以作为证据使用。这表明可以制作或者收集、调取物证复制品、示意证据或者替代证据的情形主要有四类：一是原物不便搬运，如不动产物证或者动产物证的体积太大；二是原物不易保存，如易挥发的微量物证、易腐烂变质的农副产品；三是应当由有关部门保管处理的，如应当销毁的爆炸物、应当没收的走私货物；四是依法应当返还的，如违法人占道经营的量具、受害人被侵占的物品。在出现这四类情形之一种或者数种时，行政执法主体可以制作替代物。这些替代物经过核对、鉴定，可以作为证据使用。物证的替代物主要是拍摄或者制作的、足以反映原物外形或者内容的照片、录像。此外，亦可以制作原物的复制品或者模型。①

既然谈及最佳，意味着还有尚佳，以及不佳，这便是证据之间的一种比较与取舍。但是这种比较应当是证据资格的比较，不应当是证明力的比较。对于最佳证据规则的比较点，在我国诉讼证据法学界和行政执法证据法学界都存在错误的认知。例如，有法官根据《最高人民法院关于行政诉讼证据若干问题的规定》第 63 条关于数个证据证明效力的认定规则，提出该条规定的

---

① 参见徐伟红、高文英主编：《公安机关办理行政案件程序规定理解与适用：条文解读、案例分析、最新修改提示与执法风险提示》，北京：中国法制出版社 2020 年版，第 67 页。

就是最佳证据规则，因为该条是对不同类别、不同状态、不同形式的证据的证明优势作出的规定，所以该论者还提出把最佳证据规则改称为“优势证据规则”。[①] 行政执法实务领域的学者也有主张“最佳证据规则就是当数个证据对同一案件事实都具有证明力，而不同的证据证明的事实方向不同的情况下，应当根据各个证据的证明力大小，作出最佳选择”。[②] 这种把规范证据资格的最佳证据规则误解为证据证明力的比较选择规则的学术见解，反映了我国证据法学界和行政执法证据法学界还存在许多有待厘清的、似是而非的认知。从学术争鸣的角度来看，这种观点也是允许表达和存在的。然而，把最佳证据规则误解为“赋予原件最佳的证明力或者是证据力”就值得商榷了。[③] 因为证据的证明力和证据力是两个问题，而不是一回事。证据的证据力是指证据资格、证据能力、证据的可采性、证据的容许性；证明力是指证据的证明价值、实质关联性。虽然二者共同构成证据的两要素，但存在先后差异。审查判断证据时，先考量证据有无资格、能不能进入法律程序的大门。在证据有资格之后，再考量其证明力的大小强弱，能不能揭示出、复制出过去发生的案件事实，在多大程度上揭示或者复制。把证据力和证明力混为一谈，反映我国证据法学界和行政执法证据法学界长期以来就存在的证据属性认知上的混乱。有学者指出，证据和证据力、证明力是三个密切相关的概念。证据是可以用于证明案件事实的材料。所谓证据力，是指证据材料进入法律程序，作为定案根据的资格和条件，特别是法律所规定的程序条件和形式条件。不是所有的证据材料都具有证据力，只有具备证据条件的证据，才能具有证据力。所谓证明力，是指证据所具有的内在事实对案件事实的证明价值和证明作用。[④] 美国著名证据法学界埃德蒙·摩根教授指出，最佳证据法则是关于文

---

① 参见甘文著：《行政诉讼证据司法解释之评论：理由、观点与问题》，北京：中国法制出版社2003年版，第144-145页。

② 曹晓凡著：《环境行政执法证据的收集与运用》，北京：中国民主法制出版社2015年版，第184页。

③ 交通运输部政策法规司组织编写：《交通运输行政执法证据收集与运用》，北京：人民交通出版社2012年版，第173页。

④ 樊崇义主编：《证据法学》（第六版），北京：法律出版社2017年版，第3页。

书证据容许性的法则。中国政法大学刘玫教授认为:“最佳证据规则是一项规范证据的证据能力以保障真实性的证据规则,凡不是原件的书证,除非有法定原因,否则一律排除适用。”[①] 所以,应当树立最佳证据规则是事关证据资格的规则的理念。之所以要求原件、原物、原始载体,也是为了确保其更加可靠、更加真实。在可靠和真实的基础上,证明力自然会更强。学术研究,对行政执法实务具有指导性的学术表达,自身必须首先具有充足的逻辑性。证据资格和证明力不是绝对分离的,但有逻辑顺位。

4. 传闻证据规则

传闻证据规则是指这样一项证据规则:原则上排斥传闻证据作为认定案件事实的根据;但是具有法定理由或者特定情形时,亦可例外允许使用传闻证据。排除传闻证据,是基于对证据真实性、关联性的坚守;允许使用传闻证据,是为了最大限度地查明案件事实,扩张证据考察的范围。在我国行政执法程序中,应当明确规定并坚持传闻证据规则。

通常而言,传闻证据包括两种情形的证据材料:其一,证明人以他人所感知的案件事实向行政执法机关所作的转述;其二,证明人对直接感知的案件事实亲笔所写的书面陈述,以及他人制作并经本人认可的陈述笔录。[②] 由此可见,所谓传闻证据,其实就是指以人的陈述为内容的言词证据。这种陈述要么具有间接性,非亲历、非直接感知,转呈复述,甚至道听途说;要么未能当面陈述,仅仅提供书面载体,不具有最佳性。前者欠缺直接的关联性,也难保真实性的存在;后者无法当面质询、当面考量,真实性难以证实、难以查实。所以,通常情形下,应当排除传闻证据,不得将其作为定案根据。《交通运输行政执法程序规定》第 34 条第 1 项和第 39 条,首先强调收集当事人陈述和证人证言,应当采用当面陈述、当面询问并由执法人员制作笔录的

① 陈光中主编:《证据法学》(第四版),北京:法律出版社 2019 年版,第 254 页。

② 参见交通运输部政策法规司组织编写:《交通运输行政执法证据收集与运用》,北京:人民交通出版社 2012 年版,第 172-173 页。

方式。其次也允许当事人、证人自行书写材料证明案件事实。这在一定程度上体现了传闻证据规则。不过总体上，我国行政执法证据法规范文件欠缺对传闻证据规则的明确规定。例如，《公安机关办理行政案件程序规定》第34条第1款规定，凡知道案件情况的人，都有作证的义务。这里所指知道案情的人，是直接感知的，还是间接感知而属于传闻的，没有明确界定。原《文化市场行政处罚案件证据规则（试行）》第9条第1款更是明确肯定传闻证据的存在，该条指出，文化市场行政处罚案件的证人证言是指直接或者间接了解案件情况的证人向执法部门所作的可以证明案件事实的陈述。主要包括证人出具的书面证言和执法人员对证人所作的调查询问笔录等证言笔录。

5. 意见证据规则

意见证据规则是指：对于普通目击证人而言，除非法律另有规定，其意见证据应予排除，不得采纳；而对于专家证人来说，其作证的核心内容就是科学分析意见。所谓意见证据，就是指证人有关案件事实的推断性证言、分析性结论。[①]《行政处罚法》第46条第1款规定法定证据种类时，出现了证人证言、鉴定意见两种类型。基于文义分析，可见鉴定专家作证的形式就是科学意见，而证人作证的形式则是一种事实叙述，即证言。有学者明确指出，证人证言是非案件参与人关于案件事实的陈述。证人应当陈述其亲历的具体事实。证人根据其经历所作的判断、推测或者评论，不能作为定案的依据。相反，鉴定意见则专指接受委托的鉴定人运用自己的专业知识和技能，对需要鉴定的专业性问题进行分析、鉴别和判断之后出具的专业意见。[②] 所以，意见证据规则就是强调普通证人不能以意见作证；专家证人必须提供意见才能符合法定要求。

---

① 参见何家弘、刘品新著：《证据法学》，北京：法律出版社2019年版，第385-386页。

② 参见袁雪石著：《中华人民共和国行政处罚法释义》，北京：中国法制出版社2021年版，第278-279页。

三、行政执法证据证明力的规则

由于对证明力判断上的法定证据主义的高度警惕，以及自由心证原则的确立，关于行政执法证据证明力的规则，总体上较少，主要是关于单一证据证明力的补强证据规则和数个证据证明力比较的规则。

1. 补强证据规则

补强证据规则是指这么一项规则：某一证据的证明力较弱，不能单独作为认定案件事实的依据，法律规定在有其他证据以佐证方式对其证明力予以补充、强化时，该证据因证明力得到补强而可以作为定案依据。证明力较弱，需要其他证据补强的证据，称之为待补强证据、被补强证据、应补强证据、主证据；用以补充、强化待补强证据的其他证据，称之为补强证据（corroborative evidence），亦称佐证、旁证、助证。例如，《治安管理处罚法》第 93 条指出，公安机关查处治安案件，对没有本人陈述，但其他证据能够证明案件事实的，可以作出治安管理处罚决定。但是，只有本人陈述，没有其他证据证明的，不能作出治安管理处罚决定。这里的本人陈述（当事人陈述）就属于待补强证据。当事人陈述是法定证据种类之一，当事人又是案件关系中的直接参与者，亲身经历、耳闻目睹、言行并用于案件事实及其产生、发展和变化，没有谁比他（她）更了解过去的案情，因此当然具有证据资格。但是，当事人陈述的证明力较弱，可信度不高。为什么？因为人都有趋利避害的本性，当事人的陈述真实与虚假往往共存。基于人性，当事人会陈述有利于己的案件事实，隐瞒不利于己的案件事实。在此情况下，怎可凭其一己之言就定案呢？所以，当事人陈述属于待补强证据，应受补强证据规则的约束。

在我国，单行的行政执法证据法文件大多受《最高人民法院关于行政诉讼证据若干问题的规定》第 71 条的影响，规定一些证据不能单独作为事实认定的依据，如《海事行政执法证据管理规定》第 41 条；原《价格行政处罚证据规定》第 40 条等。通过事关补强证据规则的法条显示：待补强的证据常常是直接证据、言词证据，如当事人陈述、证人证言、书证、视听资料和电子数据等。要而言之，下列证据属于应补强证据：（1）无其他证据佐证的当事人陈述；（2）未成年人所作的与其年龄和智力状况不相适应的证言；（3）与一方当事人有亲属关系或者其他密切关系的证人所作的对该当事人有利的证言，或者与一方当事人有不利关系的证人所作的对该当事人不利的证言；（4）有正当理由不当面陈述作证的证人证言；（5）难以识别是否经过修改的视听资料、电子数据；（6）无法与原件、原物核对的复制件或者复制品；（7）经一方当事人或者他人改动，对方当事人不予认可的证据；（8）其他不能单独作为定案依据的证据。

由于证据证明力的审查分析多采自由心证主义，所以包括补强证据规则在内的事关证据证明力的证据规则应当保持谦抑。非有必要，行政执法证据法不宜制定证明力分析评价的规则。确有必要制定，也应当多采用提示性、提倡性条文。

2. 证明力比较规则

分析证据时，对于两个或者两个以上的证据进行证明力的比较，这是一个客观存在事实，也是一种必要的证据分析方法。证明力比较规则是指由权威文件规定两个证据之间证明力的大小强弱并在实务中加以参照执行。例如，原《价格行政处罚证据规定》第 41 条指出，证明同一事实的数个证据，其证明效力一般可以按照下列情形分别认定：（1）国家机关以及其他职能部门依职权制作的公文文书优于其他书证；（2）鉴定结论、现场笔录、勘验笔录、档案材料以及经过公证或者登记的书证优于其他书证、视听资料和证人证言；（3）原件、原物优于复制件、复制品；（4）法定鉴定部门的鉴定结论优于其他鉴定部门的鉴定结论；（5）原始证据优于传来证据；（6）其他证人证言优于与当事人有亲属关系或者其他密切关系的证人提供的对该当事人有利的证言；（7）数个种类不同、内容一致的证据优于一个孤立的证据。

证明力比较规则的可取之处在于它能够有效、务实地指导自由心证。在人类历史上，对于以证据作为判断案件事实手段的机制和程序而言，确定证据能力的有无和证明力大小是具有共性的问题，是任何社会的任何法律程序和机制都必须解答的问题。如何分析证据的证明力，存在着法定证据制度（完全依照法定的判断规则）、绝对的自由心证制度（完全不依照法定规则且没有法定规则）和修正的自由心证制度（以自由裁量为主、法定规则为辅）。证明力判断自由是自由心证的最核心意义。证据的证明力由事实认定者自由裁量、自由判断，是由作为判断依据的经验法则的特定决定的。证明力分析评价过程实际上是以经验法则为大前提，以证据事实为小前提进行演绎三段论的过程。作为这种三段论推理的经验法则具有无限性和盖然性的特性。正是经验法则在数量上和盖然性差别上的无限性，使得它能够取代法定证据制度。[①] 同样是因为经验法则的盖然性，建立在归纳知识基础上的非绝对确定性，导致现当代各国对近代以来的自由心证规则予以修正。修正自由心证规则的目的是通过制定具体的证明力判断规则、比较规则来更加有效地实现发现案件事实真相的功能以及保护其他更大价值的功能。虽然具体、灵活、有针对性、尊重事实认定者的主观意志等是自由心证的优势。但是，自由心证也有滑向主观擅断、随心所欲的风险。这些可能的风险会妨碍案件事实真相的判断，也会损害比案件事实真相探知更大的社会价值。[②] 有鉴于此，对自由心证加以修正和限制就很有必要。这些修正和限制包括：全面、客观、公正分析证据原则；程序法定原则；严守职业道德；符合逻辑推理规则和经验法则；证据排除规则；证据补强规则；证明力比较规则；心证公开规则；等等。其中由相关权威文件规定一些特殊证据之间的证明力比较规则，可以有效、务实地指导证据分析人员审查判断两个一致证据或者矛盾证据的证明力大小，进而作出证据取舍判断、证明力主次判断。所以，现当代社会并不存在绝对的自由心证，而是修正的自由心证或者“半自由心证制定”。正如英国牛津大

---

① 参见卞建林主编：《证据法学》，北京：高等教育出版社 2020 年版，第 203-215 页。

② 对于自由心证证据制度的评价，可参阅樊崇义主编：《证据法学》（第六版），北京：法律出版社 2017 年版，第 22-23 页。

学的乔纳森·科恩（L. Jonathan Cohen）教授所言，自由的证明所依据的不再是少数已事先规定好的标准，而是范围更广的关于我们可能会因之改变意见的具体情况的标准。这些标准都具有客观性，包括逻辑和概率标准、自然规律标准、人类行为标准及其他普遍真理标准。①

证明力比较规则的风险在于它可能走向法定证据制度的泥淖，进而破坏自由心证。法定证据制度，亦称形式证据制度，是中世纪后期欧洲各封建集权国家所实行的一种证据制度。它的基本内容是：一切证据证明力的大小、证据的取舍和运用，都由法律预先明文加以规定，法官等事实认定者在审理案件过程中不能自由评断和取舍。② 现当代社会如果规定过多的证明力比较规则，则极有可能出现法定证据制度的“回光返照”。所以，为了防止出现这一风险，只能制定少量的证明力比较规则，把公认的、具有公理性的证明力比较规则确立下来。同时，针对证明力分析中的疑难问题，给出一些建议性的证明力比较规则，以指导证据分析实务工作。其实，证据法学界对于法定证据制度也有客观的评价，认为它强调了规则的意义，指定严格的规则有利于保障法制统一，防止主观擅断。③ 制定适度的证明力比较规则，可以发挥这种优势，既可以提供证据证明力比较分析的效率，也能够保障证明力分析结果的统一。

四、行政执法案卷排他规则

1. 行政执法案卷排他规则的含义

行政执法案卷排他规则，亦称行政案卷排他性规则、行政案件卷外证据排除规则、案卷排他原则，是指行政机关的行政决定必须根据行政案卷内留存的证据作出，行政行为以行政案卷以外的证据、文件为依据的，应当依法

① 转引自江伟主编：《证据法学》，北京：法律出版社 1999 年版，第 16-17 页。
② 陈卫东、谢佑平主编：《证据法学》，上海：复旦大学出版社 2005 年版，第 45 页。
③ 参见江伟主编：《证据法学》，北京：法律出版社 1999 年版，第 14 页。

予以撤销。行政执法卷宗除收录能够证明案件实体法事实和证据法事实的各种证据材料外，还留存着能够证实执法程序合法规范的程序性证据。简言之，所有行政执法证据都存于案卷之中。

行政执法案卷排他规则是正当行政程序的基本要求，行政执法机关不能毫无缘由、毫无依据地就作出行政处理决定。同时，为了保障当事人的知情权和防卫权，保障上级机关的执法监督权，保障人民法院的司法审查权，行政机关作出行政处理决定的根据或者证据，都必须是决定前已经在案卷中存在或者有记载的。

2. 行政执法案卷排他规则的适用

正确理解适用行政执法案卷排他规则需要注意如下四个问题：

（1）行政执法程序中贯彻执行以事实为根据的原则不是一句空话，它更多地体现在全过程记录、全过程收集并保存证据的行为中。《行政处罚法》第47条指出，行政机关应当依法以文字、音像等形式，对行政处罚的启动、调查取证、审核、决定、送达、执行等进行全过程记录，归档保存。这一条规定彰显着案卷排他规则的基本要求：全部证据应在案卷之中；案卷外的证据不能作为定案根据。以事实为根据的执法原则要求行政机关必须“先取证、后裁决”，而不能“先裁决、后取证”。如何证明或者证实行政机关先取证、后裁决呢？行政执法案卷是最佳的载体，也是必需的载体。凡定案证据都应当在案卷中存在、能够找到。

（2）案卷排他规则与案件卷宗整理归档、评比考核事宜无关。行政执法肯定是要有卷宗的，卷宗也是必须规范的，同时所有作为执法依据的证据材料也必须在卷宗中加以体现，这是毫无疑问的。例如，《山西省行政执法条例》第23条就要求行政执法机关应当根据档案管理有关规定制作行政执法案卷，将办理完毕的行政执法事项的调查记录、证据、文书和审核签批等材料以及记录行政执法过程的音像资料等，编目装订、立卷归档、妥善管理。问题是证据材料应当存于卷宗、以存于卷宗的证据作为行政执法决定的依据，与卷宗是否规范、是否符合档案管理规定，以及评比检查，不能混淆。再乱的卷宗，只要执法决定的所有证据都存于其中，此案就是遵守了这项规则；再整齐的卷宗，如果执法决定的证据并没有全部存于其中，此案还是未遵守这项规则。所以，把案卷评查的制度安排作为行政案卷排他性规则的适用不太妥当，逻辑相关性比较勉强。①

（3）案卷排他规则并非专门适用于行政诉讼案件。行政执法实务部门有人根据《最高人民法院关于行政诉讼证据若干问题的规定》第 59 条至第 61 条的规定，得出结论说“行政案件卷外证据排除规则”是专门适用于行政诉讼案件的证据规则。② 这种观点值得商榷。不错，较早规定或者体现行政案卷外证据排除规则的条文是存于行政诉讼证据的司法解释之中。但是，该规则约束的是行政执法行为，是行政程序中的行政行为，而不是行政诉讼行为。之所以要确立行政案卷外证据排除规则，其根本目的是落实“先调查、后处理”的行政行为程序合法性原则。正是在行政程序中有先取证、后处理的原则，强调行政执法机关应当先进行调查和收集证据，之后才能根据事实和法律作出行政行为，所以因为此行政行为导致行政诉讼时，法院才确立案卷外证据排除规则。最高人民法院的法官说案卷外证据排除规则是行政诉讼特有的规则是相对于刑事诉讼、民事诉讼而言的。而且他只是说该规则为行政诉讼所特有，并没有说该规则专门适用于行政诉讼。③ 该规则首先是存在于行政程序中，其次才出现在行政诉讼中。这一逻辑顺序必须弄清楚。如此才能树立行政执法人员的证据意识，真正做到先调查、后处理，以确保行政执法行为的程序合法性。

---

① 参见曹晓凡著：《环境行政执法证据的收集与运用》，北京：中国民主法制出版社 2015 年版，第 168-182 页。

② 详见交通运输部政策法规司组织编写：《交通运输行政执法证据收集与运用》，北京：人民交通出版社 2012 年版，第 178 页。

③ 甘文著：《行政诉讼证据司法解释之评论：理由、观点与问题》，北京：中国法制出版社 2003 年版，第 130 页。该论者指出：案卷外证据的排除规则是行政诉讼特有的规则，是指行政机关在行政程序中形成的证据之外的证据，不能作为定案的根据。被告在诉讼中向法院提供的作出具体行政行为时没有收集或者没有记录的证据，法院一般不予接纳。

（4）贯彻案卷排他规则不等于依据听证笔录作出行政决定。不少学者在介绍行政执法案卷排他规则时，都把该规则与行政执法听证程序、特别听证笔录结合起来。简单地以为行政机关根据听证笔录作出行政处理决定就是行政执法案卷排他规则。这不完全正确。一方面，我国行政许可、行政处罚不是全面听证，而是部分事务需要依据申请或者职权予以听证。难道那些没有听证的行政许可、行政处罚就不需要遵守行政案卷外证据排除规则吗？显然不是。无论是否经过听证程序，行政决定都要以案卷中的证据作为依据。因为所有的证据都必须在案卷中有保存、有反映，事实类证据不能存于卷宗者应转换为可保存材料。另一方面，虽然案卷排他原则在美国被认为是正式听证的核心内容，其目的在于维护听证的公正性和听证笔录的约束力。但是，德国、日本、韩国等的规定与美国不同。在这些国家，听证笔录对行政机关的决定具有一定的约束力，行政机关应斟酌听证记录作出行政决定。但是，行政机关不是必须以听证记录为根据，听证笔录并非行政决定的唯一依据。①

本章典型案例

3-1：抽样检测选取钢管片段无相关性，检测报告不能作为定案根据

某日，某市质量技术监督管理局接用户（买方）举报，某省某企业（卖方）生产的无缝钢管存在严重的质量瑕疵。该质量技术监督管理局执法人员到用户现场勘查后，从一堆钢管中随意抽出一根，然后截取该根钢管的1/3部分，送上海某钢管质量检测机构进行检测。上海检测机构的结论是送检钢管质量不合格。该质量技术监督管理局遂对生产并销售这批钢管的某省某企业予以行政处罚。被处罚单位提起行政诉讼，认为该质量技术监督管理局作出的行政处罚无事实依据。因为该质量技术监督管理局送检的一段钢管，没

① 参见王万华著：《中国行政程序法典试拟稿及立法理由》，北京：中国法制出版社2010年版，第326-329页。美国《联邦行政程序法》第556条第5款规定，证言的记录、证物，连同裁决程序中提出的全部文书和申请书，构成作出行政裁决的唯一案卷。据此，行政机关的决定必须根据案卷作出，不能在案卷之外，以当事人不知道或者没有论证的事实作为根据；否则，行政裁决无效。

有任何信息可以表明是原告企业生产的。在诉讼程序中，该质量技术监督管理局也无法出示当初切割钢管的任何音像资料和证人证言。受理法院审理后认为该质量技术监督管理局抽样取证所选取的钢管片段不具有代表性（光滑、空白，无任何文字或者符号），不能与被处罚人相关联，故而该段钢管及其相应的检测报告，皆不能证明原告企业生产销售了不合格产品。

本案中，某市质量技术监督管理局在抽样取证、截取钢管片段时，未能选取有文字或者符合记载的部分（一般在钢管两头），也没有完整音像资料或者证人证言佐证抽取和截断的完整过程。故截取的钢管片段，以及相应的检测报告，就欠缺了与生产销售厂家的相关性，难以联系起来，违背了行政执法证据运用的关联性规则。

3-2：行政机关在作出行政决定后收集的证据，应当排除在行政案卷外

某年8月27日，某市规划与国土资源局向阳某某颁发了“×房地字第0123456789号”《房地产证》，将该市某区某街道某村某巷25号房地产核准登记到阳某某名下。四年后的7月24日，该规划与国土资源局作出“×规土（××××）192号”行政决定，撤销“×房地字第0123456789号”《房地产证》，理由是阳某某在申请登记时隐瞒了该处房产存在纠纷这一事实，即在核准房产权属之前已经实际发生纠纷。阳某某不服，提起行政诉讼要求撤销“×规土（××××）192号”行政决定。某市规划与国土资源局为了证明自己作出“×规土（××××）192号”行政决定合法，向受案法院提交了四份证据。受案法院认为，被告某市规划与国土资源局提交的证据1和证据2，是原告阳某某的胞兄向被告提交的报告，反映其与阳某某之间对前述房地产存在产权纠纷。但是，这两份报告是在房地产证核发后才向被告提出，因此不能作为证明房地产在核准登记之前已经实际发生纠纷这一事实的证据。证据3的内容不能证明原告与其胞兄存在房地产权属纠纷。证据4《会议调解记录》，也是在房地产证核发后作出的，也不能说明在房地产证核发之前就存在纠纷。所以，被告作出的“×规土（××××）192号”行政决定，主要证据不足，故判决予以撤销。

本案中，法院认为行政机关未能依照“先取证、后裁决”的行政程序要求，其在行政决定作出后取得的证据，不能作为证明具体行政行为合法的依据。判令撤销符合行政案件排他性规则。行政机关在作出行政决定后收集的证据，应当排除在行政案卷外。这是行政案卷排他性规则的基本要求。

本章复习思考题

1. 简述行政执法证据规则的含义与组成。
2. 简述事关行政执法证据资格的几项排除规则。
3. 简述补强证据规则及其在行政执法中的具体情形。
4. 简述行政执法案卷排他规则的含义与适用要领。

第四章 行政执法证明与应当查明的事实

本章概要

证明是指在行政执法程序中，运用已知事实和证据来查明或者证实未知事实的一种专门活动。这种专门活动由六个要素构成，分别是：证明对象、证明主体和证明责任、证明手段、证明方法、证明过程、证明标准。在直线型的行政执法程序中，查明与证明可以混同混用，除非该行政执法事务涉及争议或者确实存在查明与证明的差异。除非法律法规规章另有明确规定，行政执法中应当查明的事实就是指全部案件事实。对于行政执法中应当查明的案件事实，可以根据不同的标准进行不同的分类，诸如实体法事实、程序法事实和证据属性事实等。行政执法程序中也存在若干免证事实，如法律拟制事实、推定事实和职务认知事实等。

一、行政执法证明与查明

《行政处罚法》在第 33 条第 2 款使用了“证明”一词，指出当事人有证据足以证明没有主观过错的，不予行政处罚；在第 40 条使用了“查明”一词，特别要求行政机关在给予违反行政管理秩序的公民、法人或者其他组织行政处罚时，必须查明事实；违法事实不清、证据不足的，不得给予行政处罚。这说明在行政执法程序中，“证明”与“查明”是并用的，二者没有本质区别，只是对于当事人而言，多使用证明；对于行政机关而言，则强调查明。①

1. 证明的语词用法与概念

证明一词有名词性用法和动词性用法两种。《现代汉语词典》解释名词性用法的证明是指证明书或者证明信；解释动词性用法的证明是指用可靠的材料来表明或断定人或事物的真实性。② 这种观点基本上也可以运用到证据法中。行政执法证明就是指行政执法主体在行政执法程序中，收集和运用证据来证实案件事实的专门活动。证据法中的证明也有作为名词使用的，指书证中的一部分。《治安管理处罚法》同时在名词性和动词性上使用“证明”一词，其中第 52 条、第 59 条和第 87 条都是名词性用法，分别指被伪造、变造或者买卖的证明文件；典当物品来源和合法性的证明材料；执法检查时的检查证明文件。第 93 条是唯一的动词性用法的证明，该条强调，公安机关查处治安案件，对没有本人陈述，但其他证据能够证明案件事实的，可以作出治安管理处罚决定。但是，只有本人陈述，没有其他证据证明的，不能作出治安管理处罚决定。这是治安管理行政处罚中的“唯陈述不能定案”规则，要求运用证据来证明案件事实，而这种证据不能仅仅是当事人的陈述。

2. 查明的语词用法与概念

查明一词肯定只有动词性用法一种。《现代汉语词典》对查明是这样解释的：动词，调查清楚。而调查也是一个动词，是指为了了解情况进行考察，多指到现场调查。③ 这种用法在证据法上也能直接使用。行政执法查明就是指

---

① 本部分以下内容参见邱爱民著：《行政执法证据收集与运用规则研究》，北京：知识产权出版社 2022 年版，第 11-14 页。

② 中国社会科学院语言研究所词典编辑室编：《现代汉语词典》（第七版），北京：商务印书馆 2016 年版，第 1673 页。

③ 中国社会科学院语言研究所词典编辑室编：《现代汉语词典》（第七版），北京：商务印书馆 2016 年版，第 137、301 页。

行政执法主体在行政执法程序中将案件事实调查清楚的专门行为。查明一词在行政执法的相关法律文件和非法律规范性文件中大量存在、普遍使用，其使用频率比证明还高。同样看《治安管理处罚法》，该法只有一个条文在动词意义上使用“证明”，但却有三个条文使用了“查明”。该法第89条第3款强调，对于扣押的物品，经查明与案件无关的，应当及时退还；第90条指出，为了查明案情，需要解决案件中有争议的专门性问题的，应当指派或者聘请具有专门知识的人员进行鉴定；第99条第2款规定，为了查明案情进行鉴定的期间，不计入办理治安案件的期限。这三处所谓的查明，都是指把相关案件事实调查清楚，作出准确的事实认定。

3. 证明与查明可以混同使用

所谓查明就是指通过调查研究，明确有关事实的真伪。查明的依据主要是各种各样的证据。查明的过程一般表现为查找证据、收集证据、使用证据的过程。查明的目的往往就是让查明者自己明白，以便作出某种决定或裁断。[①] 在法律程序中，每一个负责事实认定的主体，都有查明的义务。在三角形的“两造对立，居中裁判”的纠纷解决机制中，查明与证明的区别比较显著，竭力证明的是讼争双方，负有举证证明责任的是讼争双方，实施他向证明的是讼争双方；查明事实作出公正裁决的是法官或者仲裁员，他们才是自向证明的主体。但是在直线型的行政执法程序中，查明与证明总体上可以混同混用。例如，使用动词性“证明”的《治安管理处罚法》第93条完全可以以“查明”的方式表达出同样的意思：公安机关查处治安案件，没有本人陈述，但通过其他证据能够查明案件事实的，可以作出治安管理处罚决定。只有本人陈述，没有其他证据来查明案件事实的，不能作出治安管理处罚决定。

---

① 参见何家弘、刘品新著：《证据法学》，北京：法律出版社2004年版，第194-197页。向自己证明、说服自己，称为自向证明；向别人证明、说服别人，称为他向证明。

二、行政执法证明要素与分类

1. 行政执法证明的构成要素

证明要素是从内部分解动词意义上的证明活动，这些要素是行政执法证据法学理论构建的纲目。可以说，行政执法证据法学的分论部分就是逐一、逐项细化研究和阐述行政执法证明的各个要素。对于证明活动的构成要素，证据法学界一般主张五要素说，包括证明对象、证明主体和证明责任、证明标准、证明方法、证明过程。[①] 本书认为，还应当加上一项要素，即证明手段，共六要素。[②]

（1）证明对象

证明对象，亦称待证事实、要证事实、证明标的，是指法律规定行政执法主体为正确处理案件所必须查明的案件事实，又称为要件事实。证明对象是证明活动的客体，它回答什么样的事实需要加以证明或者查明的问题。

（2）证明主体和证明责任

证明主体是指依法承担证明义务、享受证明权利的主体。证明责任是指证明主体依法承担的查明或者阐明案件事实的责任。在行政执法程序中，证明责任也被称为查明责任、查明职责，它回答了对于证明对象应当由谁来加以证明的问题。

（3）证明手段

证明手段，亦称证明根据、证明工具，是指用来进行证明活动的根据或依据。证明手段解决了证明主体用什么来实施证明活动的问题。这个根据或依据就是证据，包括人证、物证、书证和科学证据等类型。它们应当是客观存在的事实或者材料。

---

① 详见樊崇义主编：《证据法学》（第六版），北京：法律出版社2017年版，第255-256页。

② 参见邱爱民著：《行政执法证据收集与运用规则研究》，北京：知识产权出版社2022年版，第14-16页。

（4）证明方法

证明方法把行政执法证据与行政执法待证事实联系起来，通过对证据中所包含的信息的分析完成对过去案件事实的“复制”或者“重建”。证明方法是指主观思维活动的形式，包括文义分析、逻辑推理、经验法则、科学分析（鉴定）、推定、行政职务认知等。逻辑推理是最重要的证明方法，其中形式逻辑具有重要的意义。推定和行政职务认知的特点是省略了一般的取证、举证、质证和认证的复杂程序，是一种快捷的证明方法。

（5）证明过程

证明过程亦称证明程序，是实施行政执法证明活动应当经历的步骤和环节，一般包括取证、析证、举证、听证与质证几个阶段。证明过程与行政执法证据法、行政执法程序法密切关联，证明过程是行政执法程序过程的核心和主体部分，也是行政执法证据法的重点内容。证明过程生动且完整地展示了证明活动如何实施、如何开展、如何完成。

（6）证明标准

证明标准亦称证明要求、证明任务、证明程度，是指行政执法主体查明案件事实、当事人证明案件事实所应当达到的程度，具体表现为对证据的量和质的要求和对全案事实认定的要求。对证据质的要求表现为客观性、合法性和关联性；对证据量的要求是“充分”。对全案证据的认定要求是“案件事实清楚”“排除合理怀疑”“明显优势证据”“优势证据”等。对行政执法人员来说，对案件事实的认定没有达到证明标准的，视为违法；对当事人来说，对案件事实的证明没有达到证明标准的，视为没有履行举证责任，应当承担不利于己的后果。

2. 行政执法证明的分类

证明的分类是从外部的角度，依据不同的划分标准来分析证明的范围和形态，以便于更加精准地认知和实施相应的证明活动。

（1）行为意义上的证明和结果意义上的证明

以证明的表现形态为标准，可把证明分为行为意义上的证明和结果意义上的证明。行为意义上的证明强调证明行为（prove），指证明主体根据已知事实查明或者阐明未知案件事实的活动。行为意义上的证明可以进一步分为取证、析证和认证、举证、听证和质证等行为，这些行为表现为连续的证明过程。结果意义上的证明是严格意义上的证明（proof），指运用已知事实阐明或者查明未知案件事实的结果，特别是行政执法人员对案件事实形成确信的心态。结果意义上的证明与证明标准密切相关。

（2）行政许可证明、行政处罚证明、行政强制证明和其他行政执法事务中的证明等

这是以行政执法行为的具体类型以及证明所在的程序为标准所作的分类。与此类似的划分还有从行政执法主体的角度，把行政执法行为划分为公安执法证明、交通运输执法证明、农业农村执法证明、市场监管执法证明等。

（3）行政执法人员的证明、当事人及其律师的证明

这是以证明主体为标准所作的分类。不同的证明主体，其证明的程序规则有较大的差异。不同主体的证明，其证明目的也不一样。行政执法人员的证明是为了查明案件事实；当事人及其律师的证明是为了获得有利于己的事实认定。

（4）实体法事实的证明、程序法事实的证明和证据属性事实的证明

这是以证明对象为标准所作的分类。实体法事实的证明是指对案件实体构成要件事实的证明；程序法事实的证明是指对法律程序特别是执法程序进展状况事实的证明。实体法事实的证明和程序法事实的证明，其标准不一样。另外，程序法事实在行政执法案件中具有一定的特殊性。对证据属性事实（真实性、合法性、关联性）的证明活动是“预备证明”，在美国《联邦证据规则》第九章中称为 authentication（证据鉴真）。[①] 相对而言，对案件实体构

---

① 详见邱爱民著：《实物证据鉴真制度研究》，北京：知识产权出版社 2012 年版。

成要件事实的证明，以及对部分程序法事实的证明，则为本体证明。《行政处罚法》第 47 条要求行政机关应当依法以文字、音像等形式，对行政处罚的启动、调查取证、审核、决定、送达、执行等进行全过程记录，归档保存。其实就是强调直接对执法程序事实及在执法过程中获取的证据的关联性、真实性和合法性等证据属性事实加以证明或者佐证。此时的文字记录或者音像记录都是证据鉴真的外在证据。

三、行政执法中应当查明的事实

行政执法中应当查明的事实，亦称待证事实、证明对象、要证事实、证明标的、证明客体、要件事实，是指在行政执法程序中需要加以查明或者揭示的过去发生的案件事实。

1. 行政执法案件事实

(1) 案件和案件事实的含义

案件是国家司法机关、行政机关、仲裁机构等主体依据自身职责所处理的各类事件、事情、事务。行政执法案件则是行政执法主体履行行政管理职责、实施行政执法行为的具体化和特定化称谓，其名称往往包括行政管理相对人和执法行为类型，如张三故意伤害他人治安管理处罚案。

案件事实是指过去发生的、能够被证据加以复制并为人所能感知或者认识的客观存在。在诉讼或者仲裁程序中，证明对象或者待证事实、要证事实，基本上等同于争议事实，而与全案事实、案情事实有所不同。[①] 行政执法是不同于诉讼和仲裁的直线型关系，行政执法案件事实应当包括争议事实和非争议事实。其实，行政执法的案件事实在许多情况下不存在争议，只是有或无的问题。换言之，行政执法的待证事实、证明对象是全部案件事实，不必再区分争议事实或者无争议事实。只要是适用行政实体法、行政程序法或者行

---

① 何家弘、刘品新著：《证据法学》，北京：法律出版社 2019 年版，第 208 页。

政证据法所需要查明的案件事实，都是证明对象，都属于待证事实。

（2）案件事实的核心要素

任一行政执法类型中的案件事实，其核心要素都应当包括如下七项（“七何”或者“7W”）：①

其一，何事（What matter）：行为或者事件的法律定性，如非法建设行为、擅自占用河道的房屋等；

其二，何人（Who）：行为或者事件的牵涉主体，包括但不限于相对人、有利害关系的第三人、见证人，自然人和单位，他们的年龄、精神状况、资质、资格等，如占道经营的八十岁老人等；

其三，何时（When）：行为或者事件的起始时间、终结时间、延续期限，如连续排污三个月等；

其四，何地（Where）：行为或者事件的空间处所或者位置以及周围环境，如非法搭建的阳光房位于某小区某栋楼某单元的某层等；

其五，何情（如何，How）：行为或者事件的具体活动表现，包括但不限于行为手段、行为过程、行为结果，如对污染物的偷排方式或者公开排放等；

其六，何物（What thing）：行为或者事件中存在的物品、物质和痕迹，包括但不限于工具物、被侵害物、关联物，如非法运营的黑车、占道经营的西瓜等；

其七，何故（为何，Why）：出现行为或者事件的主客观原因，动机与目的、外界诱因、因果关系，如为了牟取暴利而生产销售假冒伪劣产品等。

毫无疑问，在行政执法案件事实的构成要素中，行为是个根本性、基础性要素。根据其客观外在特征，行为可分为作为与不作为。作为是行为人以积极的身体活动实施的行为；不作为是行为人“应为而不为”的消极状态。《行政强制法》第44条规定，对违法的建筑物、构筑物、设施等需要强制拆除的，应当由行政机关予以公告，限期当事人自行拆除。当事人在法定期限

① 参见何家弘、刘品新著：《证据法学》，北京：法律出版社2019年版，第218-223页。

内不申请行政复议或者提起行政诉讼，又不拆除的，行政机关可以依法强制拆除。此条中提交的当事人自行拆除属于作为；当事人不申请行政复议、不提起行政诉讼、不拆除，属于不作为。行政机关发出公告；依法强制拆除，属于作为。在行政程序中，认定案件事实绝大多数都是对行为事实的认定。但这不是绝对的，亦有对事件、条件、资格等的认定。纵使行为事实，也并不是一味地认定为行为。例如，对于老旧的违法建筑，认定为老业主或者新业主的违法建设行为可能面临举证困难、定案证据不足的危险。相反，就事论事，直接认定建筑物为违法建筑，没有依法获得行政许可，可能更有利于查处和拆除。

2. 行政执法应当查明的案件事实

行政执法应当查明什么样的案件事实，这在相关的行政执法证据法文件中少见相对集中的规定，常常是分散、零星的。例如，《治安管理处罚法》第5条第1款原则性要求治安管理处罚必须以事实为依据，与违反治安管理行为的性质、情节以及社会危害程度相当。这里指出了行为、行为性质、行为情节、行为后果（社会危害程度）等事实要素。此外，该法第12条至第17条规定了未成年人、精神病人、盲人或者又聋又哑的人、醉酒的人、共同违反治安管理的人，以及有两种以上违反治安管理行为的情形等主体和行为要素对裁量适用治安管理处罚的影响。该法第19条至第22条还分别规定了减轻或者不予处罚的事实情节、从重处罚情节、不执行拘留情节、追究时限及计算等。为什么较少集中规定案件事实要素，相对较多规定裁量事实情节呢？主要是因为案件事实要素在具体的法律规范中都有规定，不同的案件、不同的构成要件事实，相对难以集中表达。以《治安管理处罚法》为例，该法第三章违反治安管理的行为和处罚中，几乎每个条文都有案件事实的表达，如第26条对寻衅滋事的处罚规定中，就规定了结伙斗殴，追逐、拦截他人，强拿硬要或者任意损毁、占用公私财物三类具体的行为，还有一项兜底规定：其他寻衅滋事行为。当公安行政执法机关拟给某人以寻衅滋事治安管理行政处罚时，必须也仅需查明有无这几类行为。这几类行为就是这种案件中的案件事实构成要素。有鉴于案件类型众多，相关法律规范条文众多，缺乏相对集中的规定也就正常了，不会影响法律法规和规章的执行。

在行政执法证据法规范文件中，集中规定案件事实或者证明对象的条文也不是绝对没有。例如，《海洋行政执法调查取证工作规则》第 7 条实际就是对执法应当查明的案件事实的规定。又如，《消防救援机构办理行政案件程序规定》第 34 条以“列举+概括”的方式明确规定，需要调查的案件事实包括：

（1）当事人的基本情况；

（2）违法行为是否存在；

（3）违法行为是否为当事人实施；

（4）实施违法行为的时间、地点、手段、后果以及其他情节；

（5）当事人有无法定从重、从轻、减轻以及不予行政处罚的情形；

（6）与案件有关的其他事实。

3. 行政执法案件事实的分类

（1）实体法事实、程序法事实和证据属性事实

依据认定案件事实的法律法规规章和证明目的，行政执法应当查明的案件事实，可以分为如下三类：

其一，由行政实体法规定的实体构成要件事实（实体法事实），如违法搭建事实、非法排污事实、盗版盗印事实等。有学者综合行政实体法规范，把实体构成要件事实大体上分为主体事实、行为事实、结果事实和情节事实四类。[①]

其二，由行政程序法规定的程序性事实（程序法事实），如应当回避的事实、未依法召开听证会的事实、文书送达事实等。行政执法证据法学领域有学者主张把程序性事实再细分为如下四类，可以参考适用：程序形式事实、

① 参见徐继敏著：《行政程序证据规则研究》，北京：中国政法大学出版社 2010 年版，第 115-116 页。

程序步骤事实、程序顺序事实和程序时限事实。[①]

其三，由行政证据法规定的证据属性事实，如非执法人员调取证据的事实、书证复印件未核对确认的事实等。众多的行政执法证据法文件都规定定案证据应当具有合法性（法律性）、真实性（客观性）和关联性（相关性）。例如，《交通运输行政执法程序规定》第 31 条要求证据应当具有合法性、真实性、关联性。原《文化市场行政处罚案件证据规则（试行）》第 3 条第 2 款强调证据必须经过客观性、关联性和合法性审查，方能作为行政处罚的依据。《福建省行政执法条例》第 54 条第 8 项规定，不具备合法性、真实性和关联性的材料，不得作为行政执法决定的依据。《浙江省行政程序办法》第 56 条第 6 项亦有一样的要求。在行政执法程序中，一旦收集和运用的证据材料存在合法性、真实性和关联性争议或者未知状态时，就需要加以证明，它们就是案件的一类证明对象。这是证据法规定的待证事实：证据属性事实。

（2）定性事实与裁量事实

在行政处罚或者行政强制等执法程序中，案件实体事实可以分为定性事实与裁量事实两大类。定性事实是指违法或者不当行为及其关联事物的法律定性，如建筑物属于违法搭建、沿街摆摊属于占道经营等。裁量事实是指对当事人及其他参与人予以行政处罚或者实施行政强制时应当考虑的从轻、减轻、免除或者从重情节。认定裁量事实必须有法律法规的明确依据且严格依法执行。许多法律法规和规范性文件都对定性事实和裁量事实有明确的表述。例如，《福建省行政执法条例》第 59 条第 1 款要求负责法制审核的部门、机构进行法制审核时应当重点审核以下内容：行政执法机关主体及其行政执法人员是否适格；认定事实是否清楚，证据是否确实、充分；适用依据是否正确；行政裁量是否适当；程序是否合法；执法是否超越权限；行政执法文书是否规范；法律、法规、规章规定应当审核的其他内容。其中的事实清楚就包括定性清楚；其中的裁量是否适当、适用依据是否正确就包括裁量事实。

① 参见徐继敏著：《行政证据通论》，北京：法律出版社 2004 年版，第 89 页。

裁量事实最终表现为行政处理时的从轻、减轻、免除、从重（较重）的法定理由。综合《行政处罚法》《治安管理处罚法》《公安机关办理行政案件程序规定》等文件，将裁量事实整理如下：

①应当或者可以从轻处罚的裁量事实：行为人已满十四周岁、不满十八周岁的；主动消除或者减轻违法行为危害后果的；受他人胁迫或者诱骗实施违法行为的；主动供述行政机关尚未掌握的违法行为的；配合行政机关查处违法行为有立功表现的；盲人或者又聋又哑的人违反治安管理的。

②应当或者可以减轻处罚的裁量事实：行为人已满十四周岁、不满十八周岁的；主动消除或者减轻违法行为危害后果的；受他人胁迫或者诱骗实施违法行为的；主动供述行政机关尚未掌握的违法行为的；配合行政机关查处违法行为有立功表现的；盲人或者又聋又哑的人违反治安管理的；违反治安管理情节特别轻微的；违反治安管理，主动消除或者减轻违法后果，并取得被侵害人谅解的；违反治安管理，主动投案，向公安机关如实陈述自己的违法行为的。

③应当或者可以免除处罚（包括不得处罚、不再处罚）的裁量事实：违法事实不能成立的；行为人未满十四周岁的；精神病人在不能辨认或者不能控制自己行为时实施违法行为；违法行为轻微并及时纠正，没有造成危害后果的；当事人有证据证明没有主观过错的；违法行为在二年内未被有权机关发现的，对涉及公民生命健康安全的违法行为，在五年内未被有权机关发现的；盲人或者又聋又哑的人违反治安管理的；违反治安管理情节特别轻微的；违反治安管理，主动消除或者减轻违法后果，并取得被侵害人谅解的；出于他人胁迫或者诱骗而违反治安管理的；违反治安管理，主动投案，向公安机关如实陈述自己的违法行为的；违反治安管理，有立功表现的；违反治安管理行为在六个月内没有被公安机关发现的。违反治安管理行为人有下列情形之一，依法应当给予行政拘留处罚的，不执行行政拘留处罚：已满十四周岁不满十六周岁的；已满十六周岁不满十八周岁，初次违反治安管理的；七十周岁以上的；怀孕或者哺乳自己不满一周岁婴儿的。

④应当或者可以从重（较重）处罚的裁量事实：违反治安管理有下列情形之一的，从重处罚：有较严重后果的；教唆、胁迫、诱骗他人违反治安管理的；对报案人、控告人、举报人、证人打击报复的；六个月内曾受过治安管理处罚或者一年内因同类违法行为受到两次以上公安行政处罚的；刑罚执行完毕三年内，或者在缓刑期间，违反治安管理；阻碍人民警察依法执行职务的；冒充军警人员招摇撞骗的。

许多行政执法规范文件中常常提及“不得因申辩而加重处罚”，如《行政处罚法》第 45 条第 2 款也强调行政机关不得因当事人申辩而给予更重的处罚。这里所谓的更重或者加重是指行政机关单纯因为当事人的申辩而不应处罚却予以处罚，或者对其选择较重的处罚种类和处罚幅度。应罚而加重既是指在法定处罚种类和处罚幅度内从重、偏重、畸重，又包括违法选择处罚种类和处罚幅度。因为从立法的角度讲，已经没有加重情节的规定条文了。任何不在法定处罚种类和处罚幅度内的加重，一律是违法行政。

（3）初始事实与变动事实

在行政许可或者行政检查等执法程序中，案件实体事实可以分为初始事实与变动事实两大类。

初始事实是指在行政执法程序中首次出现的事实，如申请行政许可时的资格或者条件、行政检查时发现的问题等。变动事实是指在行政执法程序中后续出现的事实，如行政许可条件的丧失、行政检查发现问题的整改等。例如，2018 年 12 月 13 日《公职律师管理办法》（司发通〔2018〕131 号）第 5 条规定，申请颁发公职律师证书，应当具备下列条件：拥护中华人民共和国宪法；依法取得法律职业资格或者律师资格；具有公职人员身份；从事法律事务工作二年以上，或者曾经担任法官、检察官、律师一年以上；品行良好；所在单位同意其担任公职律师。这是获得公职律师注册许可的初始条件、初始事实。该办法第 10 条指出，公职律师有下列情形之一的，由原颁证机关收回、注销其公职律师证书：本人不愿意继续担任公职律师，经所在单位同意后向司法行政机关申请注销的；所在单位不同意其继续担任公职律师，向司法行政机关申请注销的；因辞职、调任、转任、退休或者辞退、开除等原因，不再具备担任公职律师条件的；连续两次公职律师年度考核被评定为不称职的；以欺诈、隐瞒、伪造材料等不正当手段取得公职律师证书的；其他不得继续担任公职律师的情形。这是若干变动事实导致行政许可消灭的规定。

四、行政执法中的免证事实

行政执法中直接认定的事实，常被称为免证事实、不需要证明的事实，即不需要用证据证明的案件事实。其实，绝对不需要证据加以证明的案件事实是很少的。免证事实与要证事实只是一种相对的说法。所谓的免证事实不过是主要不依靠证据或者较少依靠证据而已。例如，已为有效公证书所证明的事实不需要再举证证明，但是必须提交公证书。公证书也是一份证据，也需要装入行政执法卷宗。所谓免证，不过是指有了公证书就可以了，不再需要其他证据了。综合《环境行政处罚证据指南》第 6.1 条、原《文化市场行政处罚案件证据规则（试行）》第 28 条、《上海市城管执法调查取证规则》第 28 条等规范文件的规定，行政执法中的免证事实主要包括四大类。

1. 立法拟制

立法拟制，亦称法律拟制，是指立法者（法律文件）根据实际需要，把某种事实甲看作另一种事实乙，从而使事实甲与事实乙发生同一的法律效果。对于立法拟制，民事法律往往使用“视为”一词加以彰显；刑事法律往往使用“以……论（论处）”或者“按……处理（处罚或定罪量刑）”的表达方法；行政法律则兼采两类语言形式。立法拟制不能用反证来否定，因而也不涉及举证责任由谁负担的问题。这也是立法拟制与推定相区别的地方。[①]《行政许可法》第 50 条中的“逾期未作决定的，视为准予延续”即为典型的立法拟制。立法者将“逾期未作决定”直接拟制为“准予延续”。尽管这一立法

① 参见陈光中主编：《证据法学》（第四版），北京：法律出版社 2019 年版，第 435-436 页。

规定遭到了不少的批评。但是，从促进行政机关提高工作效率、保护相对人合法权益的角度看，亦无不可。在行政执法程序中，遇有行政许可期满，未获新的行政许可情形时，应当查明被许可人是否依法提出过延续申请。如果被许可人提出过延续申请，而许可机关未在原许可有效期届满前作出是否准予延续的决定，则可以直接判定为准予延续。

2. 法律推定

推定（presumption）是建立在推理基础上的一种事实认定方法。最常见的推定分类是法律推定与事实推定。这是根据推定成立的基础不同而作的划分。法律推定，亦称立法推定、法律上的推定，是指由立法机关在有关法律文件中明确规定的推定。立法推定实则已成为法律规则，具有法律规范的强制效力，无法律明示的理由和充足的反证不得加以否定。法律推定不强求条文中必须出现“推定”的语词。法律条文中即使没有使用“推定”这样的词语，但是从其内容和结构上分析，仍为法律上的推定者，应当作为法律推定加以遵守。[①] 例如，《道路交通安全法》第 73 条要求公安机关交通管理部门应当根据交通事故现场勘验、检查、调查情况和有关的检验、鉴定结论，及时制作交通事故认定书，作为处理交通事故的证据。交通事故认定书应当载明交通事故的基本事实、成因和当事人的责任，并送达当事人。这是认定交通事故责任的常规路径。《道路交通安全法实施条例》第 91 条也是如此要求，第 92 条则强调，发生交通事故后当事人逃逸的，逃逸的当事人承担全部责任。但是，有证据证明对方当事人也有过错的，可以减轻责任。当事人故意破坏、伪造现场、毁灭证据的，承担全部责任。这一条规定属于法律推定。其一，发生交通事故后当事人逃逸的，推定逃逸的当事人负全部责任。对此推定，法律同时明示可以减轻，即有证据证明对方当事人也有过错的，可以减轻责任。其二，发生交通事故后当事人故意破坏、伪造现场、毁灭证据的，

---

① 参见曹晓凡著：《环境行政执法证据的收集与运用》，北京：中国民主法制出版社 2015 年版，第 116 页。

推定该当事人负全部责任。对此推定，法律没有明示可以减轻或者否定的情形。逃逸只是单纯的逃离事故现场，对勘验、检查、调查是有妨碍的，但不是十分严重。而故意破坏、伪造现场、毁灭证据，则极其严重地妨碍了交通事故现场的勘验、检查、调查，以及后续的检验、鉴定。前提事实类型不同，法律推定的结果，以及是否允许减轻或者反证否定则亦有所不同。当然，既然是法律推定，本质上属于一种立法者的假定，所以虽然没有明示，也是允许运用反证推翻或者否定的。不过，条文明确规定出来与不加规定，其价值取向肯定是有差异的。

3. 事实推定

事实推定与法律推定相对称，对于行政执法而言，不妨称之为行政执法中的推定，是指按照经验法则进行的推定。从现有行政执法证据法的相关条文来看，事实推定是得到肯定的，是与法律推定相对称的一种推定，如原《文化市场行政处罚案件证据规则（试行）》第 28 条就指出，对下列事实，执法部门可直接予以认定：按照法律规定推定的事实；根据日常生活经验法则推定的事实。这里法律推定与事实推定共存并列，一种是根据法律规定进行的推定，另一种是根据日常生活经验法则进行的推定。当然，需要强调一点，事实推定也不是随意推定，尽管它不是法律的直接规定，但它肯定是获得法律许可或者授权的，法律留下了司法人员、行政执法人员进行推定的空间，事实推定才能作为认定案件事实的一种简便方法。其实，法律推定与事实推定的划分是相对的，某一推定当时属于事实推定，以后却可能经立法确认而成为法律推定。同样，某一推定在一个国家属于事实推定，在另一个国家可能属于法律推定。①

事实推定是根据日常生活经验法则从某一已知事实推论出另一未知事实的推定。但是从本质上讲，事实推定确实接近于证明，但不是运用证据的证

① 陈光中主编：《证据法学》（第四版），北京：法律出版社 2019 年版，第 440 页。

明，它实际上是通过司法人员、行政执法人员解释法律、创设判例等方式完成的推定。例如，《行政强制法》第 39 条第 1 款指出，有下列情形之一的，中止执行：当事人履行行政决定确有困难或者暂无履行能力的；第三人对执行标的主张权利，确有理由的；执行可能造成难以弥补的损失，且中止执行不损害公共利益的；行政机关认为需要中止执行的其他情形。这里的“确有困难”“暂无履行能力”“确有理由”“可能造成难以弥补的损失”等事实，都属于模糊、未知、不肯定的事实。在行政执法实务程序中，认定这些事实是否存在，需要行政执法人员进行事实推定，如被执行人家庭房屋刚被龙卷风彻底摧毁。房屋被龙卷风彻底摧毁是基础事实，履行行政义务确有困难就是推定事实。这种房屋被毁与经济困难在日常生活经验法则上是具有显著的因果关系的，是能够成立的。那这种事实推定与证明有何区别呢？证明需要证据，如果是证明该被执行人确有困难，就需要被执行人或者行政机关提供证据。对于被执行人来说，证明自己没有钱是难以完成的；对于行政机关来说，证明被执行人没有钱也不容易。相反证明自己或者被执行人有钱较为容易，拿出现金、查清银行存款等实物证据或者书面证据可以完成。而推定则免除了这种证据和证明上的困难，直接基于房屋被毁认定其确有困难，在认定事实上简便快捷。

4. 行政职务认知

行政职务认知，亦称行政职务上知悉、行政认知、官方认知（official notice），是指行政机关对一些案件事实根据众所周知或者常识，直接认定，无须用证据证明。行政认知相当于司法程序中的司法认知（judicial notice）。除非法律法规另有规定，行政执法主体对行政执法法律依据和行政执法程序中的显著且周知的事实，可以直接作出行政职务认知，免予调查和证明。

（1）自然规律以及定理、定律

自然规律是指自然界一切事物发展过程中的本质联系和必然趋势。学科定理是从公理出发演绎出来的真实命题。自然规律及科学定理是经过科学研究证明的，为自然科学界普遍接受的原理和原则，具有客观性和真实性。当自然规律及科学定理为人们普遍知晓时，可以作为众所周知的事实被行政执法主体认定，如物体的热胀冷缩等。[①] 科学定律是用科学语言表述的对自然界客观规律的认识。它构成科学理论的核心。

（2）众所周知的事实

众所周知的事实就是为一般人所普遍知悉的事实。该事实在具有通常知识经验的一般人的常识范围之内，其真实性不存在争议。在理解众所周知时，应注意三个方面：在时间上，该事实应当于行政执法事实认定之时达到了众所周知的程度；在地域范围上，该事实应当在案发地为一般人所知晓；在主体上，应当是一般民众所周知并且行政执法人员认为达到了众所周知的程度。[②]

（3）法院生效裁判或者仲裁机构生效裁决所确认的事实

已经依法获得证明的事实，在行政执法程序中也是可以直接加以认定的。这些已经依法获得证明的事实主要包括法院生效裁判所确认的事实、仲裁机构生效裁决所确认的事实、生效公证文书所证明的事实、国家机关公报的事实、已经生效且超过行政救济提出时效的具体行政行为认定的事实等。[③] 行政执法主体对于法院生效裁判或者仲裁机构生效裁决所确认的事实直接加以认定，可以保持行政执法与司法裁判、仲裁裁决的协调性，避免出现相互冲突的情形。当然，这种直接认定在相当程度上也是一种法律推定，是允许当事人反驳的。当事人认为这种事实不真实，可以提出反证。如果当事人的反证成立，则行政执法主体不得加以认知。[④]《不动产登记暂行条例》第 14 条第 1 款指出，因买卖、设定抵押权等申请不动产登记的，应当由当事人双方共同

---

① 参见交通运输部政策法规司组织编写：《交通运输行政执法证据收集与运用》，北京：人民交通出版社 2012 年版，第 54 页。

② 参见潘金贵主编：《证据法学》，北京：法律出版社 2013 年版，第 273 页。

③ 参见交通运输部政策法规司组织编写：《交通运输行政执法证据收集与运用》，北京：人民交通出版社 2012 年版，第 55 页。

④ 参见樊崇义主编：《证据法学》（第六版），北京：法律出版社 2017 年版，第 344 页。

申请。第2款第3项则规定，属于人民法院、仲裁委员会生效的法律文书或者人民政府生效的决定等设立、变更、转让、消灭不动产权利的，可以由当事人单方申请。这是因为法院、仲裁委员会生效的法律文书或者人民政府生效的决定所确认的物权变动事实是可以直接加以认定的。

（4）已为有效公证文书所证明的事实

《公证法》第2条指出，公证是公证机构根据自然人、法人或者其他组织的申请，依照法定程序对民事法律行为、有法律意义的事实和文书的真实性、合法性予以证明的活动。既然这些行为、事实和文书的真实性、合法性已经获得了证明，那么毫无疑问，对相关事实是可以直接加以认定的。因此，该法第36条强调，经公证的民事法律行为、有法律意义的事实和文书，应当作为认定事实的根据，但有相反证据足以推翻该项公证的除外。允许相反证据推翻，说明公证所证明的事实可以直接认定，在某种程度上也是一种法律推定，故而允许通过反证加以否定或者推翻。事实上，该法第42条追究公证机构及其公证员为不真实、不合法的事项出具公证书，以及毁损、篡改公证文书或者公证档案的法律责任，就说明公证书不是绝对的真实可靠，公证书证明的事实不一定真实。既然如此，法律当然要明示有相反证据足以推翻该项公证的除外了。

本章典型案例

4-1：各种证据充分证实某单位在城市市区产生夜间环境噪声污染的违法事实（定性事实）

某日22时30分，接群众举报，某省某市某区综合行政执法局执法人员在检查中发现：该区新城一期03-01-2地块（人才公寓）有未经审批进行夜间施工作业的行为。经该市某区环境监测站检测，当事人挖机施工产生环境噪声为70分贝，超出《建筑施工场界环境噪声排放标准》（GB 12523-2011，夜间标准限值55分贝）15分贝。现场勘查，该单位施工地块四周10米范围内有海湾三区、中央公馆、光明大厦等人口集聚小区。该施工单位无法提供建筑特殊需要必须连续施工的证明。三日后，当事人的受委托人到执法机关谈话接受调查，承认其三日前22时30分在该市某区新城一期03-01-2地块（人才公寓），有在城市市区噪声敏感建筑物集中区域内夜间进行产生环境噪声污染的建筑施工作业的行为，超出标准限值15dB。一个月后，该市某区综合行政执法局依据《环境噪声污染防治法》第56条对当事人作出处以罚款人民币15000元整的行政处罚。

本案违法事实（定性事实）通过举报人证言、现场科技监测数据、现场勘查笔录、当事人谈话笔录等证据已经被充分证实清楚，执法程序也合法，法律适用是准确的。

4-2：违法行为的主体是自然人还是单位（事实构成要素）

某日，某地城管综合执法部门工作人员在沿街巡查时，发现一男一女两名中年人在沿街张贴小广告，外墙、电线杆、电表箱、公交站台等处皆有。工作人员对相关现场拍摄了视频，揭取了几张小广告，并且将此二人带至城管局作调查笔录。二人陈述：自己是某民办医院的在编人员，受医院领导安排，外出张贴小广告招揽病人。现场揭取的小广告确实是该民办医院的专科介绍与招揽宣传。对于本案的违法行为人（行为主体）是谁？在案情讨论时产生了分歧：一种观点认为违法行为人是具体实施张贴行为的一男一女；一种观点认为违法行为人是某民办医院；还有一种观点认为一男一女两自然人与该民办医院是共同的违法行为主体。

在行政执法应当查明的案件事实构成要素中，“何人（Who）”是一项必要事实情节。准确认定违法行为人，才能作出正确的行政处理。本案的违法行为人应当确立为某民办医院。因为：一男一女并非出于自己的意愿而去张贴小广告，破坏市容市貌，他们作为民办医院员工，是受医院领导的“工作”安排而实施张贴行为，是一种不得不为之的“职务行为”。所张贴的小广告的记载信息与宣传内容，以及该小广告可能产生的收益（病人前往该民办医院诊疗），都与某民办医院直接相关联。

4-3：不得因询问申辩而加重处罚（裁量事实）

程某在某检疫局交纳入境的羊绒检疫费用时，因对检疫管理费不理解，要求检疫人员出示收费依据并开具收费单。检疫人员黎某解释说，有些费用我们有权自行收取。程某对此解释不满意，声称如果没有有关文件规定的依据，就拒绝交纳费用，进而双方发生了争执。随后，检疫局以程某拒绝交纳检疫费用、威胁辱骂检疫人员、干扰检疫人员执行公务，违反了《进出境动植物检疫法》第 9 条、第 39 条的规定为由，依据《进出境动植物检疫法行政处罚实施办法》，对程某处以 1000 元的罚款。程某不服，遂向法院提起行政诉讼。

行政收费是国家行政主体凭借国家行政权力，依法向行政相对方强制地、无偿地征收一定费用的行政行为。行政机关在作出行政收费行为时，应当告知当事人作出行政收费的法律依据，这是法定的程序。不告知收费依据的，公民有权拒交。

在本案中，检疫局的工作人员不仅不履行告知程某收费依据的法定义务，反而将程某正常的询问和申辩行为视为妨碍执行公务的违法行为，而且以态度不好为由，予以从重处罚，这属于滥用职权的行为。此外，《行政处罚法》第 32 条规定，当事人有权进行陈述和申辩，行政机关不得因当事人申辩而加重处罚。[①] 行政机关在执法时必须严格依照法律规定的权限、程序进行，绝不能任意处罚。

法院经过审理后，最后作出判决：撤销检疫局对程某所作的行政处罚决定。

本章复习思考题

1. 简述证明的含义及其构成要素。
2. 简述行政执法案件事实的核心要素。
3. 简述行政执法案件事实的主要分类。
4. 简述行政执法中的免证事实。

---

① 该案件实际发生时间在 2021 年 1 月 22 日《行政处罚法》修订之前。对应现行《行政处罚法》第 45 条，用词是“更重的处罚”。

第五章　行政执法查明职责与证明标准

本章概要

行政执法主体在行政执法程序中承担查明案件事实的职责。一方面需要自己主动调查收集证据、查明案件事实；另一方面也需要在当事人自行取证困难时给予必要的职权辅助。行政执法相对人对于有利于己的事实主张承担相应的证明责任，同时这也是相对人的举证权利。基于行政管理的基本属性，相对人也有配合行政执法机关调查取证的义务。行政执法本证的证明标准应当多元化，分别采用明显优势证据标准、排除合理怀疑标准和优势证据标准。行政执法反证的证明程度只需要足以动摇本证的成立即可。

一、行政执法主体的查明职责

1. 证明责任的含义

行政执法主体的查明职责，即指其在行政执法程序中的证明责任、举证责任或者举证证明责任。对于行政执法机关而言，证明责任就是查明案件事实的职责，既是一种职权，也是一种责任。

行政执法程序中的证明责任，就是指行政执法主体和当事人在行政执法程序中提供证据证明自己主张之案件事实成立的法定责任。对于行政执法主体而言，这种责任就是其查明职责，属于自向证明；对于当事人而言，就是他向证明任务的承担与完成。证明责任应该包括三个层面：（1）收集、提供证据的行为责任，即行政执法主体和当事人就其事实主张在行政执法程序中收集、提供证据的责任；（2）说服事实认定者的行为责任，即行政执法主体和当事人使用符合法律要求的证据说服事实认定者相信其事实主张的责任（行政执法主体主要是说服自己、行政相对人则是说服行政执法主体）；（3）承担不利后果的责任，即行政执法主体和当事人在不能提供证据或者不能说服事实认定者而且案件事实处于不清状态时承担不利法律后果的责任。在一些行政执法案件中，在提供证据之后、说服事实认定者（行政执法主体）之前，还有一项证据鉴真（authentication）的责任。说服责任与证明标准的实现是一个事物的两种表达。①

2. 行政执法主体承担查明案件事实的职责

《江苏省行政程序规定》第 51 条第 1 款规定，行政执法程序启动后，行政机关应当核实材料，收集证据，查明事实。第 59 条强调，行政机关对依职权作出的行政执法决定的合法性、适当性负举证责任。行政机关依申请作出行政执法决定的，当事人应当如实向行政机关提交有关材料，反映真实情况。行政机关经审查认为其不符合法定条件的，由行政机关负举证责任。这些条文都是强调行政执法主体的查明职责或者证明责任。

（1）行政处罚中的查明职责

《行政处罚法》第 5 条第 2 款要求，设定和实施行政处罚必须以事实为依据，与违法行为的事实、性质、情节以及社会危害程度相当。在立法的语言技术上，必须、应该、应当都属于义务型规范用词。义务性规范是相关主体需要承担、履行、落实、完成的法律规范。其中必须体现最高的、毫无疑义的义务。为什么在行政处罚程序中，法律法规赋予行政执法主体如此高的查明职责呢？那是因为在法治社会，任何组织和个人的行为状态首先推定为无

---

① 参见邱爱民著：《行政执法证据收集与运用规则研究》，北京：知识产权出版社 2022 年版，第 60 页。

罪、没有违法。这是一项基本的社会公理，无须证明。因为不这样推定，社会就会乱套，法治就会荡然无存。在任何组织和个人被推定为无违法行为状态的背景下，行政执法主体主张某组织或者个人存在行政违法行为、应当承担行政违法责任、对其予以行政处罚，自然需要承担证明责任。《行政处罚法》第 40 条强调，公民、法人或者其他组织违反行政管理秩序的行为，依法应当给予行政处罚的，行政机关必须查明事实；违法事实不清、证据不足的，不得给予行政处罚。第 54 条第 1 款又指出，除依照简易程序规定的可以当场作出的行政处罚外，行政机关发现公民、法人或者其他组织有依法应当给予行政处罚的行为的，必须全面、客观、公正地调查，收集有关证据；必要时，依照法律、法规的规定，可以进行检查。这就把查明案件事实的责任分配给了行政机关。

（2）行政强制中的查明职责

有鉴于行政强制行为对行政相对人有损益性，对行政执法主体有利益所得，加之提供证据的便利、提供证据的能力等因素考量，应当由行政执法主体承担证明责任，证实应当采取行政强制措施或者行政强制执行的事由或者理由已经成立。[①] 在《行政强制法》中，许多条文都体现了这一证明责任分配规则。例如，该法第 36 条指出，当事人收到催告书后有权进行陈述和申辩。行政机关应当充分听取当事人的意见，对当事人提出的事实、理由和证据，应当进行记录、复核。当事人提出的事实、理由或者证据成立的，行政机关应当采纳。这里要求行政机关复核当事人提出的事实、理由和证据，其实也是履行一种查明职责。

（3）行政许可中的查明职责

《行政许可法》第 4 条规定，设定和实施行政许可，应当依照法定的权限、范围、条件和程序。这里行政许可的条件是行政执法主体查明的核心。该法第 38 条指出，申请人的申请符合法定条件、标准的，行政机关应当依法

---

① 参见曹晓凡著：《环境行政执法证据的收集与运用》，北京：中国民主法制出版社 2015 年版，第 138-139 页。

作出准予行政许可的书面决定。行政机关依法作出不予行政许可的书面决定的，应当说明理由，并告知申请人享有依法申请行政复议或者提起行政诉讼的权利。第55条第3款强调行政机关根据检验、检测、检疫结果，作出不予行政许可决定的，应当书面说明不予行政许可所依据的技术标准、技术规范。这里要求行政机关在不予行政许可时向申请人说明理由或者依据，实际就是一种他向证明。指出并说服许可申请人，申请事项并不符合法定的条件或者标准。这也是证明责任，说服申请人的证明责任。该法第49条又规定，被许可人要求变更行政许可事项的，应当向作出行政许可决定的行政机关提出申请；符合法定条件、标准的，行政机关应当依法办理变更手续。这种情形下，行政许可机关则需要审查变更的法定条件和标准是否具备。自向证明的责任仍需承担。

3. 行政执法主体的辅助取证

在行政执法程序中，行政执法主体除自身依法调查取证、完成相应的证明责任外，还存在依据当事人及其他参与人的申请而辅助取证的情形。例如，《辽宁省行政执法程序规定》第40条就明确指出，当事人有权申请调取证据。当事人向行政执法机关申请调取证据的，应当提交调取证据申请书。行政执法机关对当事人调取证据的申请，经审查符合调取证据条件的，应当及时决定调取；不符合调取证据条件的，应当在收到申请之日起三日内向当事人及其代理人送达不予调取证据通知书，并说明不予调取的理由。

参照《江苏省行政程序规定》第49条的规定，当事人及其他参与人申请行政执法主体调查取证应当采取书面形式。该申请书应当载明下列事项：（1）标题：调查取证申请书。（2）申请人的基本情况：自然人用姓名、性别、身份证号码等特定化彰显，单位用名称、住所、法定代表人或者负责人及其职务规范化表示。（3）申请事项：对什么证据进行调查收集。（4）申请的事实和理由：证据的重要性，自行取证的客观障碍。（5）申请人签名或者盖章。（6）申请时间。（7）证据线索、处所或者证人姓名住址等。申请人书写确有困难，或者没有必要以书面形式申请，以及在紧急情况下，可以口头申请，行政机关应当当场记录，经申请人阅读或者向其宣读，确认内容无误后由其签名或者盖章。

二、行政执法相对人的举证权利和义务

1. 行政执法中当事人的举证权利

在行政执法程序中，当事人及其他参与人可以就与案件相关的意见或者主张提供证据加以证明。行政执法主体对当事人提供的证据进行审查后，认为具备合法性、真实性和关联性的，应当予以采纳。

《市场监督管理行政处罚程序规定》第 58 条要求，市场监督管理部门在告知当事人拟作出的行政处罚决定后，应当充分听取当事人的意见，对当事人提出的事实、理由和证据进行复核。当事人提出的事实、理由或者证据成立的，市场监督管理部门应当予以采纳，不得因当事人陈述、申辩或者申请听证而加重行政处罚。类似这样的规定很多，说明在行政处罚程序中，当事人享有提出证据的权利。其实，在其他行政执法程序中也是如此。

在专门的行政执法证据规范文件中，也有强调当事人举证权利的规定，如原《文化市场行政处罚案件证据规则（试行）》第 23 条就明确指出，在案件办理过程中，当事人可以就与案件相关的意见或者主张提供证据加以证明；执法部门对当事人提供的证据进行审查后，对符合客观性、关联性和合法性的证据，应当予以采纳。

2. 行政执法中当事人的举证义务

在行政执法案件中，当事人应对其积极主张的事实进行证明。[①] 例如，《行政处罚法》第 33 条第 2 款规定，当事人有证据足以证明没有主观过错的，

① 交通运输部政策法规司组织编写：《交通运输行政执法证据收集与运用》，北京：人民交通出版社 2012 年版，第 46 页。

不予行政处罚。法律、行政法规有特别规定的，从其规定。这是新增加的条款，该条款允许行政处罚程序中的当事人以自己没有主观过错抗辩行政违法的指认。依据该条款，当事人运用无过错进行抗辩时，需要提出证据并以此证据证明自己没有过错。这就是当事人的举证责任。当事人的举证责任侧重于提供证据的行为责任，而且当事人承担举证责任必须有法律法规的明确规定。

（1）行政许可中的当事人证明责任

《行政许可法》第 31 条要求，申请人申请行政许可，应当如实向行政机关提交有关材料和反映真实情况，并对其申请材料实质内容的真实性负责。这就是行政许可申请人的证明责任，形式上提交证明材料；内容上证明材料必须具有真实性；结果方面就是充分说明、显示、论证已经符合该行政许可事项所要求的条件、资格、标准。《行政许可法》第 36 条还强调，行政机关对行政许可申请进行审查时，发现行政许可事项直接关系他人重大利益的，应当告知该利害关系人。申请人、利害关系人有权进行陈述和申辩。行政机关应当听取申请人、利害关系人的意见。依据该条规定，当申请人面对利害关系人时，承担的肯定是提供证据加以说服的证明责任。

（2）裁量事实的当事人证明责任

裁量事实包括对当事人有利的事实，以及对当事人不利的事实。在行政处罚和行政强制程序中，当事人要求行政执法主体从宽处理时，对于自己符合法定的宽大处理情形应承担相应的举证证明责任。例如，在交通事故责任认定的行政执法程序中，根据《道路交通安全法实施条例》第 92 条第 1 款的规定，发生交通事故后逃逸的当事人，有证据证明对方当事人也有过错的，可以减轻责任。否则，逃逸的当事人承担全部责任。因此，逃逸当事人以对方也有过错为由，意图减轻自己事故责任的，就需要提供证据证明对方过错的存在。

对于裁量事实，当事人应否承担证明责任，也有不同的看法。有学者指出，应当减轻或者免除环境行政处罚的情节事实是环境行政处罚程序中的证明对象。这些情节虽然对行政相对人有利，在实践中也往往由行政相对人提出，但行政相对人并不因此承担证明责任。对是否有减轻或者免除环境行政处罚的案件事实仍应由环境行政执法机关承担证明责任。[①] 对此观点，应当实事求是地加以分析。首先，裁量事实不限于减轻或者免除处罚的情节事实。减轻或者免除处罚的情节事实不需要当事人承担证明责任不等于所有裁量事实都不需要当事人证明。其次，当事人证明责任与行政执法主体查明职责二者不是对立关系，而是可以或者应当共存的，相互促进，共同保障案件事实的准确查明。在诉讼领域，有学者提出，把双方纠纷主体的举证责任和事实认定者的查明职责合理地结合起来，并根据三种诉讼的特点具体加以规制，才能更好地实现司法公正，确保案件的办理实现法律效果和社会效果的统一。[②] 在行政执法领域亦是如此。最后，必须强调一点，在行政执法程序中需要树立“凡提出积极事实之主张者皆应举证”的理念。毫无原则地排除当事人的证明责任是不可取的。积极事实亦称外界事实，是指存在的、已经发生的、表现于外的、会产生某种结果的事实。[③] 对于提出积极事实主张的当事人，一方面需要强调提供证据的行为责任；另一方面也应根据案情和事实主张类型，适时增加说服责任和承受不利后果的责任。我国有学者提出，因为当事人在行政程序中提供自己已有的证据是最方便，也是效率最高的。当事人在行政程序中故意不提供证据的应当承担不利后果，当事人应当在行政程序中提供自己掌握的证据。[④] 还有学者指出，行政处罚程序中，行政相对人承担提供证据的责任，但这并不是行政处罚的证明责任（说服责任和结果责任）。行政相对人在行政处罚程序中不提供有利于己的证据也会产生不利后果。行政相对人掌握的对己有利的证据如果在行政处罚程序中未提出，在后

---

① 参见曹晓凡著：《环境行政执法证据的收集与运用》，北京：中国民主法制出版社 2015 年版，第 141 页。

② 参见陈光中主编：《证据法学》（第四版），北京：法律出版社 2019 年版，第 315 页。

③ 参见李浩主编：《证据法学》，北京：高等教育出版社 2009 年版，第 220-221 页。

④ 徐继敏著：《行政程序证据规则研究》，北京：中国政法大学出版社 2010 年版，第 252 页。

续的司法程序中就应当被排除采用，这实质上就是不提供证据的不利后果。①

3. 当事人的配合义务

当事人配合行政检查与行政调查的义务，是在行政执法主体主动调查、主动检查的前提下，当事人不对抗、不掩饰、不隐匿、不拒绝、不造假。

（1）证据调查时的配合义务

原《价格行政处罚证据规定》第13条第4项规定，政府价格主管部门应当依照法定程序，全面、客观、公正地收集证据，并告知当事人或者有关人员不如实提供证据、证言和作伪证或者隐匿证据应负的法律责任。这种告知其实就是要求当事人或者有关人员配合收集证据：如实回答、如实提供证据和证言、不隐匿、不造假。原《文化市场行政处罚案件证据规则（试行）》第17条第1款要求，执法人员依法询问案件当事人、利害关系人或者证人时，应当告知被询问人有如实回答的义务和对与本案无关的问题有拒绝回答的权利。《湖南省行政程序规定》第67条要求，当事人应当配合行政机关调查，并提供与调查有关的材料与信息。知晓有关情况的公民、法人或者其他组织应当协助行政机关的调查。公民协助行政机关调查，其所在单位不得扣减工资；没有工作单位的，因协助调查造成的误工损失，由行政机关按当地上年度职工日平均工资给予补助。因协助调查产生的其他合理费用由行政机关承担。

（2）行政检查时的配合义务

2015年4月24日第三次修正的《税收征收管理法》第56条要求，纳税人、扣缴义务人必须接受税务机关依法进行的税务检查，如实反映情况，提供有关资料，不得拒绝、隐瞒。2014年4月24日修订的《环境保护法》第24条规定，县级以上人民政府环境保护主管部门及其委托的环境监察机构和

① 参见曹晓凡著：《环境行政执法证据的收集与运用》，北京：中国民主法制出版社2015年版，第142-143页。

其他负有环境保护监督管理职责的部门，有权对排放污染物的企业事业单位和其他生产经营者进行现场检查。被检查者应当如实反映情况，提供必要的资料。这里的用词是“必须”“应当”，可见义务性不容置疑。

三、行政执法本证的证明标准

本证与反证的划分，与举证责任的分担基本一致。[①] 凡是主张某项事实的一方主体，负有相应的举证责任，有义务提供证据来证明或者证实自己事实主张的成立，基于此点提出的证据为本证。反驳对方事实主张的一方不负举证责任，但有权提出反驳或者否定对方事实主张的证据，这种用以反驳或者否定对方事实主张的证据，便是反证。在行政执法程序中，在行政执法证据法规范文件中，很少出现本证概念。本证的存在是与查明职责或者证明责任密切联系在一起的。在此基础上，凡是提及的证据，绝大多数都是指本证。

王万华教授在其起草的《行政程序法（试拟稿）》中曾经构建过二元化的行政决定证明标准，提出：行政机关作出行政决定，对事实的认定应当排除一切合理怀疑。其他法律对行政决定证明标准有规定的，适用其他法律的规定。行政机关作出准予给付申请决定的，或者在紧急情况下作出应急处置决定的，对事实的认定应当有合理根据。排除合理怀疑是行政决定的一般证明标准，这是考虑可操作性，以及有利于促进行政机关依法行政、保护相对人权利等因素作出的安排。[②] 与学术界主张行政执法证明标准多元化的主张和设想相反，行政执法证据法关联文件中一般都统一表述为“事实清楚，证据确实（确凿）、充分”。例如，《福建省行政执法条例》第 59 条第 1 款第 2 项规定，负责法制审核的部门、机构进行法制审核时应当重点审核的内容之一就是“认定事实是否清楚，证据是否确实、充分”。《邮政行政执法监督办法》第 4 条要求调查处理邮政行政执法中的违法、不当行为，应当做到事实

---

① 参见樊崇义主编：《证据法学》（第六版），北京：法律出版社 2017 年版，第 218-219 页。

② 参见王万华著：《中国行政程序法典试拟稿及立法理由》，北京：中国法制出版社 2010 年版，第 277-281 页。

清楚、证据确凿、程序合法、定性准确、处理恰当。第20条第3项强调邮政管理部门法制工作机构对“案件事实是否清楚，证据是否合法充分”进行审查核实。类似这些一元化证明标准的规定，比比皆是，不胜枚举。

基于证明相对性原理和法律真实观，应当构建多元化的证明标准。证明的相对性是指受自然条件、经济条件和科学技术等客观因素和人的主观能动性、认识水平等主观因素的限制，行政执法证明的结果总是与案件的事实真相存在差距，也就是说，证明的案件事实与实际上发生的事实不可能完全吻合。当然，从适用法律的角度考量，行政执法证明的结果也不需要完全百分之百地与客观真相相一致、相重合，达到严丝合缝、分毫不差。例如，张三骑行电动车、哼着小曲、疏于观察闯了红灯，交警对其行政处罚时，只需查明他的身份信息和闯红灯的行为事实即可，无须确定其哼唱的是什么歌曲、为什么不观察红绿灯。

法律真实是指在法律程序中人们对案件事实的认识符合法律所规定或者认可的真实，是法律意义上的真实，是在具体案件中达到法律标准的真实。法律真实的概念隐含着误差的可能性，是以概率为基础的真实。[①] 数量法律真实观，建立法律真实的证明标准，就是对证明相对性原理的承认。反之，承认证明的相对性原理，必然需要树立法律真实观。基于证明相对性原理和法律真实观，在行政执法程序中，对于认定案件事实的本证而言，其证明标准应当在概率和合理误差的情形下，呈现多元化的状态，即有不同的概率指数。

1. 明显优势证据的证明标准

行政执法主体认定案件事实应当达到事实清楚，证据确实、充分。除非法律法规另有规定，这里的证据确实、充分是指行政执法主体对案件事实的查明已经达到本证成立具有明显的优势证据。

明显优势证据的证明标准，亦称“清晰和令人信服的证明标准”“清楚和

---

① 详见何家弘、刘品新著：《证据法学》，北京：法律出版社2019年版，第341-344页。

有说服力的证明标准”“高度盖然性”证明标准，是对我国行政执法证据法现有条文规定的量化表述，概率论叙述。行政执法证据法规范文件中普遍存在的案件事实清楚，证据确实、充分之表述，都是对证据的定性规定。其中充分一词表面看来侧重定量，但其实语焉不详。所以，明显优势证据的证明标准就突出了它的量化特点，“明显优势”。如果说证据优势是指51%以上的可能性，那明显优势就是75%以上的可能性。[①] 大于或者等于51%是简单多数，具有优势、比较优势；大于或者等于75%则为绝对多数、绝对优势、明显优势。

明显优势证据的证明标准适用于一般程序的行政执法案件、不利于行政相对人的案件、绝大多数行政执法案件。对于这一标准，不宜称为实质证据标准。有学者指出，实质证据标准是美国司法审查中的证明标准，也是联邦行政程序法对行政机关作出正式行政裁决所要求的证明标准，规定于美国《联邦行政程序法》第556条。根据该条规定，行政机关正式程序作出裁决的证明标准是具有实质性的证据支持。然而，美国法院对实质证据存在不同的看法和解释。这些不同的看法或解释恰恰说明实质证据标准体现的是根据不同案件应当有不同证明要求的证明标准。实质证据标准可能包含排除合理怀疑标准、优势证据标准和高度盖然性标准等证明标准。[②] 有鉴于此，实质证据标准可能包含明显优势证据标准，但不等同于明显优势证据标准。

明显优势证据的证明标准与我国法律中的“案件事实清楚，证据确实、充分”在大多数行政执法案件中是一个事物的两个方面，二者具有同一性。[③]

（1）案件事实清楚

事实清楚是正确处理案件的前提，是适用法律得出行政处理决定的推理小前提。案件事实清楚是指行政执法案件发生的各组成要素，诸如时间、地

---

① 参见交通运输部政策法规司组织编写：《交通运输行政执法证据收集与运用》，北京：人民交通出版社2012年版，第61页。

② 参见徐继敏著：《行政证据通论》，北京：法律出版社2004年版，第106页。

③ 以下关于案件事实清楚，证据确实、充分的介绍，主要参照交通运输部政策法规司组织编写：《交通运输行政执法证据收集与运用》，北京：人民交通出版社2012年版，第62-65页。

点、人物、情节、原因、结果等，必须具体、准确、真实，必须符合客观事实。客观真实应当作为认定案件事实是否清楚的终结目标。证据所揭示的案件事实尽管属于法律真实，但应当以追求客观真实为圭臬。所以，案件事实清楚包含三层内容：其一，所认定的案件事实必须符合客观实际，必须能够真实、客观地再现事物的本来面貌。其二，事实认定必须能够反映案件事实发生、发展的全过程，包括行为及其发生时间、地点、手段、原因、结果、情节等。其三，案件事实的认定必须能够准确地反映当事人行为的性质和种类。

（2）证据确实、充分

案件事实是由证据来支撑的。案件事实是证据复制或者揭示出来的过去的事实。事实与证据是互相依存、互为条件的有机统一体。事实清楚必须以相当数量和质量的证据为基础，证据确实、充分必须以查明案件事实为目的。证据确实、充分，可以合称为“证据确凿”，是指在行政执法程序中所认定的事实都有证据加以证明。证据确实、充分包含五层内容：其一，每一个合法收集与运用的证据都必须真实，经得起现实和历史的检验。其二，每一个合法收集与运用的证据都必须与案件有内在的联系，证据与案件事实有牵连。其三，案件事实的每一个环节、每一个要素都有相应的证据加以证明，没有遗漏。其四，证据应当达到一定的数量，形成一个相互印证的证明体系，足以揭示出案件事实，能够使得出的结论具有唯一性。也就是肯定案件事实存在的证据达到明显的优势，占绝对的多数。其五，证据之间没有明显的矛盾和冲突，彼此协调。

案件事实清楚，证据确实、充分是行政执法证明标准的基本要求，统一表述。正如美国实质性证据标准有多重含义和适用情形，我国行政执法中的这一标准，在绝大多数案件中可以转换为明显优势证据的证明标准。在另外的案件中，则可能高于明显优势证据的要求，强调排除合理怀疑；也可能低于明显优势证据的要求，仅要求具有优势证据即可。通常而言，对行政执法相对人权益影响越大，证明标准就越高；对行政执法相对人权益影响越小，证明标准就越低。不同的案件、不同的行为、不同的权益、不同的待证事实，都会给案件事实清楚，证据确实、充分，带来不同的理解和不同的具体要求。当然，本着证明标准法定原则，不同类似的证明标准还是应当由行政立法或者规范性文件加以明确规定为最佳形式。

2. 排除合理怀疑的证明标准

排除合理怀疑的证明标准适用于对行政相对人有重大不利影响的行政执法案件。对于行政拘留、吊销许可证照、责令停产停业等严重影响当事人及其他参与人合法权益的行政处罚，行政执法主体对应处罚事项的查明必须达到排除了一切可不处罚的合理怀疑的程度。

排除合理怀疑本是英美法系刑事诉讼中的证明标准。1824 年，英国学者首先主张刑事诉讼的证明标准应当是“由于道德上的确定性足以排除一切怀疑”。此后，这一标准在死刑案件中得以确立，然后逐步扩展至所有刑事案件。所谓排除合理怀疑，是指定罪应获得全面的证实、完全的确信或者一种道德上的确定性。被排除的合理怀疑不是轻微可能或者想象的无罪怀疑，而是合理的无罪的怀疑、无罪的假设、无罪的可能。[①] 在我国，2012 年 3 月 14 日十一届全国人大第五次会议通过的《全国人民代表大会关于修改〈中华人民共和国刑事诉讼法〉的决定》第 17 条以解释“证据确实、充分”的方式，采用了排除合理怀疑的证明标准，要求“综合全案证据，对所认定事实已排除合理怀疑”。按照 2012 年 3 月 8 日十一届全国人大第五次会议上《关于〈中华人民共和国刑事诉讼法修正案（草案）〉的说明》，增加排除合理怀疑是对我国既有刑事诉讼证明标准的补充完善。也就是说，原来的案件事实清楚，证据确实、充分的证明标准比较抽象，不好把握，尤其是证据充分难以量化。现在增加“排除合理怀疑”来完善它、量化它。在行政执法证据法规范文件中罕见排除合理怀疑证明标准的规定。但是，这不妨碍学术界孜孜以

---

① 参见樊崇义主编：《证据法学》（第六版），北京：法律出版社 2017 年版，第 290-291 页。

求建立特殊案件中的排除合理怀疑证明标准。

有学者对排除合理怀疑证明标准的适用提出了警醒：该标准要求很高，对于保护相对人的合法权益有着重大作用。但是，由于其证明难度较大，会影响行政程序的效率。这一标准在环境行政执法程序中主要适用于不把效率放在第一位的行政行为。因此，排除合理怀疑证明标准要严格适用，否则其产生的消极作用会大于积极作用。① 这种认知也不无道理。对于排除合理怀疑证明标准在治安管理行政处罚中的适用，也有学者提出过相关主张。该论者指出，治安管理当场处罚程序的证明标准可以规定为：以客观事实为根据，排除滥用职权。普通程序证明标准分两种情形：第一种情形是，人民警察亲身感知案件事实，由公安机关负责人作出处罚决定，其证明标准可以规定为：以客观事实为根据，排除合理怀疑。第二种情形是，没有人民警察亲自感知案件事实，公安机关通过调查逐渐认识案件事实，并由公安机关负责人作出治安管理处罚决定，其证明标准可以规定为：以法律真实为根据，排除合理怀疑。听证程序的证明标准与普通程序证明标准相似，以法律事实为根据，排除合理怀疑的证明标准较为可行。② 还有学者直接表明排除合理怀疑适用于限制人身自由的行政执法活动，如行政拘留和对人身的行政强制。③

3. 优势证据的证明标准

对涉及民事权益或者有利于当事人及其他参与人的行政执法事实的认定，行政执法主体查明事实的标准可以确立为本证成立更有可能性，即优势证据的证明标准。对程序性事实或者证据性事实的查明或者证明，也采用优势证据证明标准。

优势证据证明标准，又称盖然性占优势、差别的盖然性标准，原本主要

---

① 参见曹晓凡著：《环境行政执法证据的收集与运用》，北京：中国民主法制出版社 2015 年版，第 152 页。

② 汤茂定：《构建治安管理处罚证明标准的法学思考》，载《宿州教育学院学报》2007 年第 2 期，第 48-51 页。

③ 夏云峰著：《普通行政执法学》，北京：中国法制出版社 2018 年版，第 218 页。

用于民事诉讼，是民事诉讼的主要证明标准，它强调法院和法官应当按照证明力占优势的一方当事人提供的证据来认定案件事实。所谓优势，亦称有差别，是指一方当事人提供的证据较其他当事人提供的证据更具有证明力，足以使人相信该方当事人主张的案件事实的真实存在。在行政执法程序中，有学者指出，我国应当逐渐放弃“事实清楚，证据确凿”证明标准，建立以盖然率为尺度的证明标准。针对不同行政程序和不同案件情况，分别采用排除合理怀疑、清楚而有说服力、优势证据等证明标准。[①] 盖然率是指盖然性的比率，盖然性就是指可能性。盖然性证明标准可以分为高度盖然性和盖然性占优势，用数学值表述，前者指本证的证明力足以使案件待证事实的存在可能性达到75%以上；后者指本证的证明力足以使案件待证事实的存在可能性达到51%以上。显然，优势证据的证明标准，其要求大大低于明显优势证据的证明标准。

在程序性事实的证明上，美国有一个“排除滥用职权标准”。排除滥用职权标准是针对当场行政处罚的正当性而确立的一个证明标准，或者说就是支持当场处罚之事实认定的证明标准。在当场处罚程序中，行政机关工作人员当场发现违法行为并当场作出行政处罚。此时行政执法人员对事实的认定建立在自身耳闻目睹的基础上，具有亲历性。一般情况下，只要行政执法人员不滥用职权，那他对案件事实的认定就不会发生偏差或者错误，他作出的行政处罚在事实认定上就没有瑕疵。为了保障行政管理的效率、保护当场处罚的功能，考虑当场处罚一般都是轻微案件，对当事人利益影响不大，遂树立一项证明标准：只要能够排除滥用职权，当场处罚就是合法的，法院就会支持。[②] 从该证明标准的内涵看，是否滥用职权其实是一个待证事实。行政执法机关及其执法人员只要能够排除滥用职权的存在、能够证实没有滥用职权，

---

① 参见徐继敏著：《行政程序证据规则研究》，北京：中国政法大学出版社2010年版，第142页。

② 参见徐继敏著：《行政程序证据规则研究》，北京：中国政法大学出版社2010年版，第137页。

就完成了当场处罚行为的合法性证明责任。那么，证实没有滥用职权的证明标准又是什么呢？只能是优势证据证明标准。排除或者没有滥用职权的证据比可能滥用职权的证据占优势、更有可能就行了。为了提高当场处罚的效率，对当场处罚的程序正当性不宜规定过高的证明标准。

对于授益行政决定和紧急情况下的应急处置决定，美国还有一个“合理根据”标准。在美国证据法和证据理论中，将证明的程度分为九等，合理根据是其中可以采取侦查措施的证明标准。[①] 在行政执法领域，王万华教授主张“合理根据标准适用于授益行政决定和紧急情况下应急处置决定”。[②] 采用这个标准同样存在一个疑问：合理根据是否真的存在？所以，有无合理根据也是一个待证事实。如何证明合理根据的存在？优势证据证明即可。即存在合理根据的证据大于怀疑或者否定合理根据的证据。为了行政效率，考虑相对人纯粹受益，故对合理根据的证明无须过高的证明标准。

四、行政执法反证的证明程度

在行政执法程序中，任何一方主体使用反证时的证明程度应当达到能够使本证意图证明的案件事实处于真伪不明状态。反证达到动摇本证待证事实存在可能性的证明程度时，行政执法主体应当认定本证意图证明的相应案件事实不存在。

（1）反证及其目的

在行政执法证据法规范文件中，反证常常被称为相反证据。例如，《环境行政处罚证据指南》第 6.1 条和原《文化市场行政处罚案件证据规则（试行）》第 28 条都规定，对于行政执法主体可以直接认定的事实，诸如众所周知的事实；按照法律规定推定的事实；已经依法证明的事实；根据日常生活

---

① 参见卞建林主编：《证据法学》（第三版），北京：中国政法大学出版社 2007 年版，第 286 页。

② 王万华著：《中华人民共和国行政执法程序条例（建议稿）及立法理由》，北京：中国人民公安大学出版社 2016 年版，第 95 页。

经验法则推定的事实；生效的人民法院裁判文书、仲裁机构裁决文书所确认的事实，当事人都可以提出相反证据予以推翻或者否定。这里的相反证据就是反证。如果说这两条规定的反证是针对行政执法主体直接认定的事实，本证与反证的关系不太明显的话，《上海市城管执法调查取证规则》第 28 条则一并体现了本证与反证的意义。该条指出，有下列情形之一的证据，除当事人有相反证据足以推翻外，一般无须审查，可以直接作为认定事实的依据：根据已知事实能推定出的另一事实；被已发生法律效力的法院的裁判文书和仲裁机构裁决文书所确定的与本案有关联的事实；经过法定程序公证证明的行为、事实和文书；国家机关、其他职能部门在其职权范围内制作的公文书证；众所周知的事实；自然规律及定理。在这条中，诸如经过公证的文书、公文书证是可以作为直接认定案件事实的本证。对这些本证，该条允许当事人提供相反证据（反证）予以推翻。该条的基本精神就是：对于列举出来的这些本证，如果当事人提出了反证，则需要对本证进行审查；如果当事人没有提供反证，则无须审查。经过审查，如果反证足以推翻本证的，则本证不能作为认定事实的依据；如果反证不足以推翻本证，则本证可以作为直接认定案件事实的依据。除非有相反证据足以推翻，公证过的文书作为本证可以直接作为认定案件事实的依据，2017 年 9 月 1 日第二次修正的《公证法》第 36 条也有规定，该条指出：经公证的民事法律行为、有法律意义的事实和文书，应当作为认定事实的根据，但有相反证据足以推翻该项公证的除外。对于公文书可以直接作为认定事实的本证，也允许反证推翻，中外都有类似规定，如我国 2020 年 12 月 23 日修正的《最高人民法院关于适用〈中华人民共和国民事诉讼法〉的解释》第 114 条规定，国家机关或者其他依法具有社会管理职能的组织，在其职权范围内制作的文书所记载的事项推定为真实，但有相反证据足以推翻的除外。在国外，如美国《联邦证据规则》第 902 条自我鉴真的证据（Evidence is self-authentication）列举了 14 种真实性自我证明的证据、可以直接采用的本证，大多数都是公文书，如国内公文（domestic public documents）、外国公文（foreign public documents）、官方出版物（official publications）等。对于这些本证，在司法实践中也是允许对方提出反证加以攻击或者否定的。[①]

当事人提出反证，一般是基于申辩、反驳、否定行政执法主体的事实主张和证据属性。对于当事人提出的反证，行政执法证据法规范文件都明确要求行政执法主体加以必要的重视。例如，《公安机关办理行政案件程序规定》第169条第1款，该条文要求公安机关对违法嫌疑人提出的新的事实、理由和证据，应当进行复核。《福建省行政执法条例》第29条也指出，行政执法机关作出对当事人不利的行政执法决定前，应当依法告知当事人拟作出行政执法决定的事实、理由、依据和决定内容，以及其依法享有的陈述权、申辩权。行政执法机关应当充分听取当事人的陈述和申辩，对其提出的事实、理由和证据予以记录、复核并归入案卷。当事人提出的事实、理由或者证据成立的，行政执法机关应当采纳。行政执法机关不得因当事人的陈述、申辩而作出对其更为不利的处理决定。

（2）反证的证明程度

“足以推翻”就是反证证明程度的规范表述，反证推翻本证的证明标准应当达到足以推翻的程度。足以推翻应当理解为可以动摇本证意图证明或者证实的事实，使本证意图证明或者证实的事实处于真伪不明状态即可。不要把反证的足以推翻上升为盖然性占优势或者高度盖然性。2020年12月23日修正的《最高人民法院关于适用〈中华人民共和国民事诉讼法〉的解释》第108条第2款指出，对一方当事人为反驳负有举证证明责任的当事人所主张事实而提供的证据，人民法院经审查并结合相关事实，认为待证事实真伪不明的，应当认定该事实不存在。这一规定体现了反证的证明标准是动摇本证、使本证意图证明的案件待证事实处于真伪不明状态。换言之，如果说本证的证明标准是使案件待证事实被证明到“真”的程度，那么，反证的证明标准并不强求其对案件待证事实的证明达到“伪”的程度。反证无须达到使待证

① 参见王进喜著：《美国〈联邦证据规则〉（2011年重塑版）条解》，北京：中国法制出版社2012年版，第324-325页。

事实被证明为“伪”的程度，只需要使案件事实处于真伪不明状态即可。当然，能够将案件待证事实证实到“伪”的程度更好。在行政执法程序中，反证达到动摇本证待证事实存在可能性的证明程度时，即足以推翻或者否定本证时，行政执法主体应当认定本证意图证明的相应案件事实不存在。

本章典型案例

5-1：当事人应当对自己无主观过错承担证明责任

被处罚人程某某和妻子经营了一家烟酒店，平常会大批量购进一些香烟。某日，程某某驾车往返于甲城和乙城之间，途中遇到了民警对交通安全情况进行例行检查。虽然没有查出什么交通违章，但民警却发现了车后备厢里存放的大量香烟。程某某一看就马上反应过来，赶紧向民警解释，说自己是做烟酒生意的，这些都是从正规渠道购进的存货，是合法财产，自己的老婆把这些烟放在后备厢，自己并不知道。执勤民警将其情况通知了烟草局。烟草局工作人员到场了解情况后，认为程某某的行为是无证运输烟草，已经违法，便扣留了香烟进一步开展调查。调查完毕后，烟草局根据 2021 年 11 月 10 日修订的《烟草专卖法实施条例》第 52 条的规定，作出决定没收了程某某价值 21 万元的 445 条苏烟。

程某某一纸诉状把烟草局告到了法院，要求撤销处罚决定，返还没收的香烟。其理由是：首先，烟草是从正规渠道购买的，属于合法财产，公民合法财产法律应予保护。其次，之所以会把烟草存放在车上，是因为店里曾经遭过贼，造成了不小的损失。而且他老婆未告诉他把烟存放在车上，他并不知情，不是故意违法运输。一审、二审法院均未采纳程某某的理由，驳回了程某某的全部诉讼请求，维持了烟草局的行政处罚。

对于理由一，程某某能够提供购货手续加以充分证明。但是，对于理由二，程某某却没有证据予以证实，只是口头陈述与辩解。首先，程某某的老婆把部分香烟放至汽车后备厢，没有告诉他，他不知道。根据一般人的理解，结合日常生活经验来加以判断，程某某夫妻二人长期从事烟酒生意，熟悉烟草管理制度，应当知道烟草不能拉着到处乱跑。程某某的老婆把价值高达21万元的烟草放在车后备厢，还不告诉程某某，明显不符合常理。其次，因为烟酒商店曾经遭过贼，害怕丢失才存放在车里。但程某某没有提供如过去的报警记录等加以证明。另外，从生活经验上进行判断，这同样让人难以理解。因为，如果真的是以前遭过贼，才把烟存放在车上，那么就说明，这并不是第一次把烟放在车里，而是经常采取这种方式防盗。如此一来，程某某就不可能不知道车里会有香烟存放的情况，但他又辩解称老婆没说，他不知道车里会有香烟，显然其前后陈述是矛盾的。而且，即使要防盗，放车里未必就比放店里安全，放车里还有违法的风险，完全可以选择放在家中等更安全的地方。

《行政处罚法》第33条规定，当事人有证据足以证明没有主观过错的，不予行政处罚。本案被处罚人（行政诉讼原告）程某某主张自己是无心之失，并不是故意违法，属于在不知情的情况下无意触犯了法律，主观上没有过错，应根据《行政处罚法》的这一规定不予处罚。那么，他必须提供证据加以证明。所以，本案是否存在不予处罚事实的举证责任在程某某，而不是烟草主管机关。即使事实真如程某某所说，如果不能提供证据，程某某一样要承担举证不能的法律后果。

5-2：案件事实不清，证据存在矛盾，行政处罚被法院撤销

某日，某市渔政监督管理所向当事人姚某某作出了《渔业行政处罚决定书》。该处罚决定书认定姚某某于法定禁渔期内，在某海域驾驶“L大花渔12345（220千瓦）”渔船，使用底拖网捕鱼，违反了《L省渔业管理条例》第25条的规定，根据《L省渔业管理条例》第32条的规定，对其作出了行政处罚。姚某某对此不服，向人民法院提出行政诉讼，认为该行政处罚事实认定错误，要求撤销。

后来，审理案件的人民法院认为：（1）某年某月某日，该市渔政监督管理所对“L大花渔养12678”船进行现场检查勘验，并作出《渔业现场检查（勘验）笔录》，检查勘验情况记载案涉船舶为“L大花渔养12678”，主机

220kW。船体刷写船名号为“L大花渔12345”。当事人签字为“孙某某”。该《渔业现场检查（勘验）笔录》无法证明案涉船舶为“L大花渔12345”，也无法证明姚某某为案涉船舶的所有权人。现场照片无法证明姚某某实施了违法捕捞的行为。（2）某日，对姚某某的《询问笔录》无姚某某签字；《询问笔录》因在行政处罚后作出，故而无证明效力。

该案一审、二审人民法院皆认为，该市渔政监督管理所在没有全面调查、收集证据的基础上即对姚某某作出了行政处罚决定，属于事实不清、证据不足，现场照片与现场笔录、询问笔录等证据相互矛盾。根据《行政诉讼法》第70条第1款的规定，被诉行政行为主要证据不足，判决撤销。

本章复习思考题

1. 简述行政执法主体在行政执法程序中的查明职责。
2. 简述行政执法相对人的举证权利和举证责任、配合义务。
3. 简述行政执法本证证明标准的多元化。
4. 简述行政执法反证的含义及其证明程度。

第六章 行政执法证据种类

本章概要

证据种类，就是法律、法规、规章规定的证据的不同表现形式。证据种类是法律上对于不同证据的划分，这种由法律加以规定的证据形式具有法律效力。2021 年 1 月 22 日修订的《行政处罚法》第 46 条增加规定了一条证据条款，指出行政处罚的证据包括：书证；物证；视听资料；电子数据；证人证言；当事人的陈述；鉴定意见；勘验笔录、现场笔录。这些证据可以分为人证类法定证据，如当事人的陈述、证人证言；物证类法定证据，如物证；书证类法定证据，如书证、勘验笔录、现场笔录；科学类法定证据，如鉴定意见、视听资料、电子数据。更有学者指出，物证、书证、人证这三个概念可以穷尽所有证据，除这三种证据外，其余的均不是证据本身。①

一、行政执法中的人证

行政执法中的人证，是指由自然人通过口头方式陈述案件事实信息的法定证据种类。在我国，它们就是指当事人的陈述、证人证言。《公安机关办理行政案件程序规定》第 26 条则规定为：违法嫌疑人的陈述和申辩、被侵害人陈述和其他证人证言。英美法系采专家证人制度，鉴定人也被归入人证，属于专家证人证言。我国则规定为另一种独立的法定证据种类：鉴定意见。鉴

① 裴苍龄著：《证据法学新论》，北京：法律出版社 1989 年版，第 42 页。

定意见在中外都属于科学证据。

1. 当事人陈述

（1）当事人的概念

在行政实体法关系中，当事人被称为行政管理相对人。《湖南省行政程序规定》第23条指出，当事人是指与行政行为有法律上的利害关系，以自己名义参与行政程序的公民、法人或者其他组织。所谓“与行政行为有法律上的利害关系”应理解为在行政管理法律关系中，该个人或者组织的权益受到了行政主体行政行为的直接影响。这种直接影响可以分为授益与侵益两类。所谓授益是指行政行为对其权益产生有利影响，即通过行政行为获得了某种权益；所谓侵益是指行政行为对其权益产生不利影响，即因为行政行为而失去某种利益或者使得利益受有减损。一般来说，行政许可、行政给付行为的相对人为授益相对人；行政处罚、行政强制的相对人为侵益相对人。[①] 所谓“以自己名义参与行政程序”是指该个人或者组织直接作为行政程序中的主体承受相应的权利、义务和责任。这一点使得当事人与其委托的代理人在程序上显著区别开来。代理人是以被代理人（委托人）的名义参与行政执法程序的。

在行政执法程序中，当事人不同于其他参与人或者其他参加人。《江苏省行政程序规定》第23条第2款指出，与行政行为的结果有法律上的利害关系的公民、法人或者其他组织，是利害关系人，行政机关应当通知其参与行政程序。这种利害关系人在行政法上称为间接相对人。间接相对人是行政主体行政行为的间接对象，其权益受到行政行为的间接影响，如1999年9月28日《城市居民最低生活保障条例》（国务院令第271号）所指称的受非农业户口的城市居民赡养、扶养或者抚养的自然人（家庭成员）；《治安管理处罚法》第81条和第85条等规定的被侵害人；《行政许可法》第36条和第47条等规定的利害关系人；等等。行政执法程序中的其他参与人，除间接相对人外，

---

① 参见姜明安著：《行政法》，北京：北京大学出版社2017年版，第221-225页。

还有其他证人、鉴定人、代理人和翻译人员等。[①]

（2）当事人陈述及其组成

当事人在行政执法程序中的陈述包括主张或者请求的表达、事实的叙述、观点或者意见的论证与反驳等。并非所有陈述内容都属于行政执法证据法意义上的当事人陈述。就法定证据种类而言，当事人就其亲历的案件事实向行政执法主体所作的言词陈述属于当事人陈述。当事人陈述包括对案件事实和证据的承认、否认，以及对第三人行为事实的指认。当事人陈述不应当包括当事人表达的意见、主张、观点和理由。对此，在行政执法证据法规范文件的表述上，存在三种有差异的情形：其一，主张当事人陈述内容限于案件事实，如原《价格行政处罚证据规定》第 10 条就规定当事人的陈述是指当事人对案件事实所作的叙述。其二，主张意见也是当事人陈述应有之内容，如《环境行政处罚证据指南》第 2.7 条当事人陈述，该条主张当事人陈述是指当事人就案件情况向环保部门所作的陈述，如当事人的陈述申辩意见、当事人的听证会意见等。其三，模糊化处理，不显现当事人陈述的具体信息内容是什么，如原《文化市场行政处罚案件证据规则（试行）》第 10 条指出，文化市场行政处罚案件的当事人陈述是指案件当事人在案件办理过程中向执法部门作出的叙述或者陈述。正是有些表达不明的规定，带来了学术上和实务中的争议：当事人陈述到底是证明对象还是证据手段？其实，当事人表达的主张、请求、意见、理由，应当属于证明对象；客观叙述的案件事实，应当属于证明手段。也许有人质疑，当事人对事实的叙述具有两面性，真实与虚假共存，故而当事人叙述的案件事实也是证明对象。所有证据都会面临自身是否具有真实性、关联性和合法性的追问。对于这种真实性、关联性和合法性的疑问乃至争议，也是需要证据提出者加以证明的。此时，证据属性事实确实属于证明对象。但是，此证明对象与案件处理小前提的实体法事实不在一

① 参见王万华著：《中华人民共和国行政执法程序条例（建议稿）及立法理由》，北京：中国人民公安大学出版社 2016 年版，第 38 页。

个层次。案件处理小前提的实体法事实是行政执法案件本体证明的证明对象，对该证明对象加以证明的手段是各种证据。证据自身是否真实、关联和合法也是证明对象，此证明对象是预备证明或者证据鉴真（authentication）的证明对象，对此加以证明的手段是其他外在证据（extrinsic evidence）。这些外在证据与案件处理小前提的实体法事实不具有直接的证明与被证明的关系。

当事人陈述的表现形式分为口语言词形式、文字笔录形式和现代音像记录形式。作出事实陈述的人以当事人本人为最佳，特别授权时亦可由代理人加以陈述，如原《文化市场行政处罚案件证据规则（试行）》第10条主张文化市场行政处罚案件的当事人陈述主要包括当事人或者其委托代理人接受调查时出具的书面陈述材料、执法人员询问当事人或者其委托代理人时所作的调查询问笔录。这就肯定了特殊授权下，当事人陈述的直接表述主体（自然人）是其委托的代理人而不是其本人。在代理人代为陈述案件事实时，行政执法主体必须首先查核并留存代理人获得当事人特别授权的委托书原件。

2. 证人证言

（1）证人的概念、种类与条件

在诉讼法上，证人包括单位，如《民事诉讼法》第75条第1款强调，凡是知道案件情况的单位和个人，都有义务出庭作证。这种把单位作为证人的立法表达是不恰当的。纵使单位知道案件事实情况，那也是具体的某一个或者某几个自然人感知（耳闻目睹）、记忆和储存了案件的事实信息，而不是单位这类法律上拟制的主体去感知、记忆和储存。该条第2款又指出，不能正确表达意思的人，不能作证。显而易见，表达意思者，自然人也。纵使单位也可依法律的特别安排表达其意思，但作出具体表达行为的本质上还是自然人。著名民法学者梁慧星教授指出，所谓法人的行为，实际上是自然人的行为，在法律上被认为是法人的行为，从而赋予法律上的效果。[①] 因此，作证的

---

① 梁慧星著：《民法总论》（第五版），北京：法律出版社2017年版，第138页。

只能是自然人。单位知晓案件事实信息也是通过自然人，表达信息更是如此。至于单位保管或者留存着什么案件中的物证或者书证，因而对案件有所知晓，这种情况不属于证人对案件事实的感知、记忆和储存。单位就其知晓的案件事实所作书面证明应当参照书证或者笔录处置。例如，《交通运输行政执法程序规定》第 35 条第 6 项就把公安、税务、市场监督管理等有关部门出具的证明材料作为书证对待，将其纳入书证收集之范围。基于这种认识，行政执法程序中的证人仅仅是指直接参与案件法律关系或者亲历案件发生发展过程的自然人。

证人包括被侵害人、程序见证人、关联第三人和普通目击证人。其中被侵害人在其与侵害人的关系中属于当事人，但在行政主体处理侵害人的行政案件中，属于证人。《治安管理处罚法》第 85 条规定，人民警察询问被侵害人或者其他证人，可以到其所在单位或者住处进行；必要时，也可以通知其到公安机关提供证言。此处就是将被侵害人归类于证人之中的。唯因如此，原《价格行政处罚证据规定》第 9 条指出，证人证言是指本案当事人之外的其他人员将其了解的有关情况，向政府价格主管部门所作的证明案件事实的陈述。《环境行政处罚证据指南》第 2. 6 条也规定，证人证言指当事人以外的其他人员就了解的案件情况向环保部门所作的反映案件情况的陈述，如企业附近居（村）民的陈述、污染受害人的陈述等。

证人的条件，也称证人资格、证人能力，可以从正反两个角度把握。从正面角度看，首先，证人应当具有知晓案件事实的基础条件。原《文化市场行政处罚案件证据规则（试行）》第 9 条第 1 款直接指出：文化市场行政处罚案件的证人证言是指直接或者间接了解案件情况的证人向执法部门所作的可以证明案件事实的陈述。主要包括证人出具的书面证言和执法人员对证人所作的调查询问笔录等证言笔录。显然，间接了解案件事实信息者在文化执法程序中是有证人资格的。其次，证人还应当具有正确表达意思的能力、认知作证后果并能够承担法律责任的能力。从反面角度看，首先，凡是因为各种原因而不能正确表达意思的人，不能作为证人。影响正确表达意思的原因主要有生理上的缺陷；精神上的缺陷；年幼（年龄上的不足）。其次，曾经在前置程序中担当过代理人的自然人不能作为证人。最后，行政执法办案人员不能作为证人。后两类人不具备作证条件，是考虑到程序回避与客观公正。当然，他们在事涉行政执法程序规范和证据合法性的案件中，是可以作证或者佐证的。所以，证人有无资格，亦是与案件待证事实相关联的，不可一概而论。①

（2）证人证言的概念、形态与限制

证人就其感知的案件事实向行政执法主体所作的言词陈述为证人证言。

证人自书材料或者对证人的调查询问笔录以及音像视频记录等为证人证言的书面载体或者固定资料。

所以，证人证言的形态包括三类：口头语形态，言词陈述，当然最终还需要落实到纸面或者生成音像资料；传统书面形态，包括证人自书和行政执法人员作成调查询问笔录；现代音像视频记录。这些不同的形态在调查收集部分有详细的阐述。

对证人证言的限制主要体现在形式和内容两个方面。在形式上，证人证言应当以当面口头陈述为主，音像视频表达为辅。非有法定理由，不得以纯粹书面记录作为替代。在内容上，证人证言只能陈述所知晓的案件事实，不属于案件事实的信息无须陈述，判断、推测、分析和评论，一般也不得陈述。这就是意见证据规则的要求。在英美证据法上，证人分为普通证人和专家证人。普通证人也称行为证人、外行证人、目击证人，他们只能陈述事实而不能陈述意见。专家证人正相反，只能发表分析、判断、鉴定意见而不能作出事实认定，尤其是对于案件处理具有绝对性意义的事实，专家是不可以加以陈述或者表达自己观点的。而在我国，证人专指普通证人，所以，这种普通证人只能陈述其亲历的或者间接知晓的具体案件事实而不能表达意见。

---

① 参见邱爱民著：《行政执法证据收集与运用规则研究》，北京：知识产权出版社 2022 年版，第 79 页。

二、行政执法中的物证

广义的物证等同于实物证据，包括狭义的物证、书证、视听资料、电子数据等证据种类。而狭义的物证则排除了书证、视听资料、电子数据等证据类型。对于狭义的物证，《海事行政执法证据管理规定》第 14 条指出：物证是指其外部特征、物质属性、所处位置以及状态等与案件事实具有证明关系的各种客观存在的物品、物质或痕迹。

1. 物证的外部组成

物证包括物品物证、物质物证和痕迹物证。

（1）物品物证亦称有形物证，是指各种人体感官可视的实体存在，包括动产和不动产。不动产是指土地及其附着物。不动产之外的任何实体存在和法律上的拟制物为动产。作为物证的物，可以依据不同的标准作出不同的划分，如依据其是否可以合法流通、合法使用、合法存在，可以分为合法物与违法物，如《治安管理处罚法》第 11 条提及的办理治安案件所查获的毒品、淫秽物品等违禁品，赌具、赌资，吸食、注射毒品的用具以及直接用于实施违反治安管理行为的本人所有的工具，相关联的财物都属于违法物。原《文化市场行政处罚案件证据规则（试行）》第 6 条所指用于违法经营的物品、材料、工具、设备等也是违法物。《环境行政处罚证据指南》第 2. 4 条所指污水、废气、固体废物等也是违法物。需要注意一点，作为物证之物的违法性与物证作为证据的合法性不能混淆。毒品是违法物、禁止流通物，行政执法人员依法合规加以提取时，该毒品物证具有合法性。淫秽物品是违法物、禁止流通物，行政执法人员未经批准、钓鱼执法加以获取，该淫秽物品作为物证不具有合法性。

（2）物质物证亦称微量物证，是指需要借助一定的工具或者仪器才能发现和提取的细微生物物质或者非生物物质，如金属粉末、生物 DNA 等。生物是与非生物相对的概念，指称具有生命现象的生物体，即由化学元素构成的生命分子（核酸和蛋白质）为物质基础的，具有新陈代谢和遗传功能的物体。生物可依据界、门、纲、目、科、属、种的体系进行逐级逐一细分。广义的生物物证是指生物学证据，除包括人体生物物质外，还包括动植物物质，以及微生物物质。狭义的生物物证专指人体生物物质，亦称为“法医物证”。主要指与人体有关的生物性检材（样本），包括人体组织与器官、体液、分泌物、排泄物及由它们形成的斑痕，如血液、精液、阴道分泌物、唾液、骨骼、牙齿、毛发、肌肉、皮肤、黏膜等。除了生物之外的一切物都是非生物，诸如空气、水、土壤、矿物、温度、阳光等自然环境物；各种生产和生活工具物；各类建筑物和构筑物；以及药品、食品、服装、化妆品等。鉴于物质与物品的紧密关联，许多行政执法证据法规范文件在界定物证含义时都不提物质。例如，《环境行政处罚证据指南》第 2.4 条强调，物证是指以其存在状况、形状、特征、质量、属性等反映案件情况的物品和痕迹；原《文化市场行政处罚案件证据规则（试行）》第 6 条规定，文化市场行政处罚案件的物证是指以物品、痕迹等客观物质实体的外形、性状、质地、规格等证明案件事实的证据；原《价格行政处罚证据规定》第 7 条指出，物证是指以其外部特征、存在状况、内在属性等证明案件事实的物品或者痕迹。

（3）痕迹物证是指两个以上物体相互接触后所留存的彼此印记，如手印、足迹、工具痕迹、整体分离痕迹、车辆痕迹和枪弹痕迹、火灾痕迹、爆炸物痕迹等。

2. 物证的信息要点

行政执法证据法规范文件都强调物证证明或者复制过去发生的案件事实的信息要点在于外部特征、内在属性和空间位置。

（1）物证的外部特征主要是指实体物的形状、大小、数量、颜色、新旧程度等。《治安管理处罚法》第 59 条第 2 项规定，违反国家规定，收购铁路、油田、供电、电信、矿山、水利、测量和城市公用设施等废旧专用器材的，应予治安处罚。这里所称的专用器材的废旧，就是物证的外部特征。该法第

71 条第 1 款第 1 项规定，非法种植罂粟不满五百株或者其他少量毒品原植物的，应予治安处罚。在这类案件中，不满五百株或者少量，就是罂粟或者其他毒品原植物作为物证的外部特征。这一特征决定了非法种植行为的行政违法性。突破了这一特征，其非法种植行为就不是行政违法而是刑事犯罪了。

（2）物证的内在属性主要指物证所具有的各种物理、化学性质及成分组成，如质量、重量、成分、结构、性能等。2020 年 6 月 23 日，司法部印发的《物证类司法鉴定执业分类规定》第 28 条指出，物理性质包括物质的外观、重量、密度、力学性质、热学性质、光学性质和电磁学性质等；化学性质包括物质的可燃性、助燃性、稳定性、不稳定性、热稳定性、酸性、碱性、氧化性和还原性等；成分组成包括物质中所含有机物、无机物的种类和含量等。微量物证的证明方式主要就是通过其物理、化学性质及物质成分来实现的。

（3）物证的空间位置主要指物证所处的位置、所占有的时间、空间范围等。2018 年 3 月 19 日修订的《河道管理条例》第 24 条第 2 款规定，在河道的堤防和护堤地，禁止建房、放牧、开渠、打井、挖窖、葬坟、晒粮、存放物料、开采地下资源、进行考古发掘以及开展集市贸易活动。因此，如果有人在河道的堤防和护堤地砌建房屋，那该房屋所在的位置就决定了它是违法建筑，依据该条例第 44 条的规定，县级以上地方人民政府河道主管机关除责令其纠正违法行为、采取补救措施外，还可以并处警告、罚款、没收非法所得。

三、行政执法中的书证

狭义上的书证仅指传统的，以文字、符号和图形记载的信息来证明案件事实的文书。广义上的书证则包括现代磁电技术生成、储存案件信息的视听资料与电子数据。鉴于视听资料和电子数据具有科技含量，所以归入科学证据行列。

1. 书证

(1) 书证的概念

原《文化市场行政处罚案件证据规则（试行）》第 5 条第 1 款规定，文化市场行政处罚案件的书证是指用文字、符号或者图画所表达的内容来证明案件事实的证据，主要包括有效身份证件、营业执照、许可证明文件、票据、账簿、文件档案、合同（协议书）、委托书、宣传品和其他书面材料等。原《价格行政处罚证据规定》第 6 条规定，书证是指以其记载的文字、符号、图案等内容证明案件事实的书面材料或者其他物品。主要包括账簿、报表、单据、凭证、银行资料、文件、图片、专业技术资料、科技文献等资料。这些概念性条文中指出的意思表达形式或者记载固定信息的方式有文字、符号、图画和图案。其中，图案、图画和图形为近义词或者同义词，与符号也常有交叉关系。书证的要领就在于以文字、符号、图形为形式，固定了、记载着案件的事实信息。这些事实信息可以反映、揭示、证实案件的事实及其要素。

(2) 书证的分类

对于书证，可以根据不同的标准进行不同的细化分解：①

①根据意思表现形式或者案件信息记载方式，书证包括文字书证、符号书证和图表书证。文字书证是指运用文字形式记载与案件有关的信息内容的文件或者类似物品，如传单、合同、证件等；符号书证是指运用通用或者专门符号记载与案件有关的信息内容的文件或者类似物品，如标记、标识、记号等；图表书证是指运用图案、图画或者表格等形式记载案件有关信息内容的文书或者类似物品，如现场地形图、建设规划图等。

②根据制作书证的主体身份，或者说是否依据公共职权制作，书证可分为公文书（公文书证）和私文书（私文书证），享有公共管理职权的主体依据法定职权制发的文书称为公文书，如营业执照；反之，基于私人权利行使

---

① 参见邱爱民著：《行政执法证据收集与运用规则研究》，北京：知识产权出版社 2022 年版，第 85-86 页。

而制发的文书为私文书，如民商事合同。

③根据文书的内容，可分为报道性书证和处分性书证，书证之内容信息纯粹为客观事实之记载者，为报道性书证，如账簿；书证之意思表示为处分权利（权力）者，为处分性书证，如遗嘱、婚约和契约。

④根据制作方式和制作程序有无特别要求，可分为普通文书和特殊（特别、特制）文书，无特殊制作程序和方式要求者，为普通书证，如借条；须有特殊形式或者程序者，为特别文书，如不动产登记证书。

2. 笔录证据

《行政强制法》第 18 条要求行政机关实施行政强制措施应当制作现场笔录。该现场笔录应由当事人和行政执法人员签名或者盖章，当事人拒绝的，在笔录中予以注明。当事人不到场的，邀请见证人到场，由见证人和行政执法人员在现场笔录上签名或者盖章。《行政处罚法》第 55 条第 2 款规定，当事人或者有关人员应当如实回答询问，并协助调查或者检查，不得拒绝或者阻挠。询问或者检查应当制作笔录。行政执法主体及其公务人员在执法程序中依法制作的各种笔录，完全可以归入公文书之范围。例如，《交通运输行政执法程序规定》第 131 条规定，执法部门应当使用交通运输部统一制定的执法文书式样。交通运输部没有制定式样，执法工作中需要的其他执法文书，或者对已有执法文书式样需要调整细化的，省级交通运输主管部门可以制定式样。直属海事执法部门的执法文书式样，由交通运输部海事局统一制定。这一规定就把执法文书，包括各种笔录纳入行政公文的体系之中。各类行政执法体系基本上都有自己的执法文书样式，其中都有各种笔录。

根据记载工具或者表现形式，笔录亦可分为文字笔录和音像笔录。原《价格行政处罚证据规定》第 12 条界定勘验笔录是指政府价格主管部门对现场或者物品进行勘查、检验、测量、拍照、绘画时所作的记录。现场笔录是指政府价格主管部门在检查（调查）过程中，制作的关于现场情况的记录。《环境行政处罚证据指南》第 2. 11 条界定现场检查（勘察）笔录是指执法人员对有关物品、场所等进行检查、勘察时当场制作的反映案件情况的文字记录，如现场检查笔录、现场勘察笔录等。第 2. 12 条界定调查询问笔录是指执法人员向案件当事人、证人和其他有关人员询问案件情况时当场制作的文字记录，如对当事人的询问笔录、对证人的询问笔录、对污染受害人的询问笔录等。《国务院办公厅关于全面推行行政执法公示制度执法全过程记录制度重大执法决定法制审核制度的指导意见》则把执法记录分为文字记录和音像记录。对此，笔录的组成也应当与时俱进，扩展到音像笔录。

四、行政执法中的科学证据

科学证据是指具有科学技术含量，能够证明案件事实和证据属性事实的那些证据。尽管对于科学证据的具体组成，学术界有争议。但是，鉴定意见、视听资料和电子数据都具有科学性应当是客观存在的。

1. 鉴定意见

（1）鉴定意见及其种类

《海事行政执法证据管理规定》第 29 条指出，鉴定意见是指鉴定人根据委托，运用专业知识、技能和设备，对案件中需要解决的专门性问题进行分析、判断后作出的结论性意见。

依据科学鉴定的学科基础，鉴定意见可以分为以自然科学为学科基础的鉴定意见和以社会科学为学科基础的鉴定意见。例如，2019 年 11 月 22 日公安部《公安机关鉴定机构登记管理办法》（公安部令第 155 号）和《公安机关鉴定人登记管理办法》（公安部令第 156 号）都指出，公安机关实施的鉴定，是指为解决案（事）件调查和诉讼活动中某些专门性问题，公安机关鉴定机构的鉴定人运用自然科学和社会科学的理论成果与技术方法，对人身、尸体、生物检材、痕迹、文件、证件、视听资料、电子数据及其他相关物品、物质等进行检验、鉴别、分析、判断，并出具鉴定意见或者检验结果的科学实证活动。

对于行政执法中的鉴定，在理解和运用时应作适度扩张，包括检验、检测、监测、检疫等。在此意义上的鉴定意见，可以分为行政系统内的鉴定和行政系统外的鉴定。例如，《行政许可法》第28条要求，对直接关系公共安全、人身健康、生命财产安全的设备、设施、产品、物品的检验、检测、检疫，除法律、行政法规规定由行政机关实施的外，应当逐步由符合法定条件的专业技术组织实施。专业技术组织及其有关人员对所实施的检验、检测、检疫结论承担法律责任。又如，《环境行政处罚证据指南》，把环境监测报告、自动监控数据、鉴定结论都作为法定证据种类。其中自动监控数据可以归类为电子数据，而环境监测报告属于系统内鉴定、鉴定结论属于系统外鉴定。该文件指出，环境监测报告是指具有资质的监测机构，按照有关环境监测技术规范，运用物理、化学、生物、遥感等技术，对各环境要素的状况、污染物排放状况进行定性、定量分析后得出的数据报告和书面结论，如水、气、声等环境监测报告。鉴定结论是指具有资质的鉴定机构，受环保部门、当事人或者相关人委托，运用专门知识和技能，通过分析、检验、鉴别、判断对专门性问题做出的数据报告和书面结论，如环境污染损害评估报告、渔业损失鉴定、农产品损失鉴定等。

（2）鉴定人及其资质条件

广义的鉴定人包括鉴定机构和作为自然人的鉴定人员；狭义的鉴定人专指从事鉴定并提供鉴定意见的自然人。鉴定机构是鉴定人的执业机构，鉴定人是指运用科学技术或者专门知识对案件中涉及的专门性问题进行鉴别和判断并提出鉴定意见的人员。无论是机构还是人员，都应当具备法定的资质条件。个人申请从事司法鉴定业务，应当具备下列条件：拥护中华人民共和国宪法，遵守法律、法规和社会公德，品行良好的公民；具有相关的高级专业技术职称；或者具有相关的行业执业资格或者高等院校相关专业本科以上学历，从事相关工作五年以上；申请从事经验鉴定型或者技能鉴定型司法鉴定业务的，应当具备相关专业工作十年以上经历和较强的专业技能；所申请从事的司法鉴定业务，行业有特殊规定的，应当符合行业规定；拟执业机构已经取得或者正在申请《司法鉴定许可证》；身体健康，能够适应司法鉴定工作需要。有下列情形之一的，不得申请从事司法鉴定业务：因故意犯罪或者职务过失犯罪受过刑事处罚的；受过开除公职处分的；被司法行政机关撤销司法鉴定人登记的；所在的司法鉴定机构受到停业处罚，处罚期未满的；无民事行为能力或者限制行为能力的；法律、法规和规章规定的其他情形。

2. 视听资料

（1）视听资料的概念和种类

在行政执法领域，对于视听资料的界定及其种类的构成，大体上呈现三种格局。

①仍然与电子数据混合表达。例如，原《价格行政处罚证据规定》第 8 条指出，视听资料、电子数据是指利用录音、录像、计算机储存等手段记录并显示的声音、影像或者其他信息来证明案件事实的资料。

②图片、照片归入式。例如，原《文化市场行政处罚案件证据规则（试行）》第 7 条第 1 款规定，文化市场行政处罚案件的视听资料是指以录音、录像、扫描等技术手段，将声音、图像及数据等转化为各种记录载体上的物理信号，并证明案件事实的证据。主要包括录音资料、录像资料、图片、照片等。这一规定把拍照、扫描作为视听资料的生成手段，相应的照片、图片也归入视听资料种类之中。

③仅限录音、录像式。例如，《上海市城管执法调查取证规则》第 8 条简洁明了地强调，视听资料包括录音资料和录像资料。

将视听资料与电子数据混合表达，一方面在诉讼证据法已经修改的参照系下，显得不妥当；另一方面也彰显二者的区别确实不是那么泾渭分明、一目了然。扫描、拍照生成的照片与图片是不是视听资料呢？也不能一概而论、简单肯定或者否定。胶卷相机与数码相机、单一相机与复合手机、无人机；X 光图像与雷达扫描图像等。它们应当归入书证，还是归入视听资料？分歧是存在的。应当以直观的动态连续性为区分依据。凡具有动态连续性的照片或者图片可以归入视听资料。2010 年 4 月 7 日，司法部颁行的《声像资料鉴定通用规范》（SF/Z JD0300001—2010）第 2.1 条指出，声像资料（Audio/Video Materials）是指运用现代科学技术手段，以录音、录像、照相等方式记录并储存的有关案件所涉客体的声音和形象的证据，具体分为录音资料、录像资料和照片/图片资料。2020 年 6 月 23 日，司法部发布的《声像资料司法鉴定执业分类规定》（司规〔2020〕5 号）第 3 条又把声像资料分为录音、图像和电子数据。图像包括录像/视频、照片/图片。这些存在差异的不同表达，反映现代电磁、电子及数字技术手段下，视听资料、电子数据及其组成的认知，存在模糊、交叉、混合的空间。在此背景下，只能抓住每一种证据的最显著特征来进行必要的分解。但是，也不必过于固执和僵化。

（2）视听资料与电子数据的关系

在我国，作为法定证据种类，20 世纪 80 年代只有视听资料没有电子数据。2001 年、2002 年出现“计算机数据或者录音、录像等视听资料”，表明计算机数据开始从视听资料中相对分离。2003 年 8 月 26 日颁布的《公安机关办理行政案件程序规定》（公安部令第 68 号）第 25 条第 1 款第 3 项则明确指出，公安机关办理行政案件的证据种类包括视听资料、电子数据。这一条文表明在公安行政执法领域，视听资料和电子数据已经独立、分离。

2012 年后，在诉讼证据法的法典文件中，视听资料和电子数据终于各自成为独立的法定证据种类，二者从视听资料一统天下到计算机数据包含于或者并存于视听资料再发展到彻底脱钩。与诉讼证据法的规定相适应，在行政执法证据法领域，视听资料和电子数据各自成为独立证据种类的规定也日益增多，如原《文化市场行政处罚案件证据规则（试行）》第 7 条第 1 款规定的是视听资料，而第 8 条第 1 款则规定了电子数据。2021 年 1 月 2 日修订的《行政处罚法》第 46 条则明确把视听资料和电子数据作为行政处罚程序中的两种独立证据。由此可见，随着计算机和网络技术的发展，电子数据的生存空间越来越大，相应的，视听资料的存在领域必然日益缩小。30 多年时间过去了，视听资料和电子数据的关系发生了调换。

（3）视听资料和电子数据的区别

视听资料和电子证据的本质区别在于视听资料是以模拟信号的方式在磁性介质上进行存储的数据；而电子数据是以数字信号的方式在电子介质上进行存储的数据。视听资料应限定于以模拟录音录像设备如磁带录像机、磁带录音机、X 光机、雷达扫描等设备形成的数据；电子数据则更强调数据的记录方式，是指以电子方式记录的数据。

模拟信号是用一系列连续变化的电磁波或电压信号来表示。当模拟信号采用连续变化的电磁波来表示时，电磁波本身既是信号载体，又是传输介质；而当模拟信号采用连续变化的信号电压来表示时，它一般通过传统的模拟信号传输线路（如电话网、有线电视网）来传输。模拟信号的优点在于精确的分辨率，在理想情况下，它具有无穷高的分辨率，信息密度更高。可以对自然界物理量的真实值进行尽可能逼近的描述。当达到相同的效果，模拟信号处理比数字信号处理更为简单。

数字信号是用一系列断续变化的电压脉冲（如用恒定的正电压表示二进制数 1，用恒定的负电压表示二进制数 0），或光脉冲来表示。当数字信号采用断续变化的电压或光脉冲来表示时，一般则需要用双绞线、电缆或光纤介质将通信双方连接起来，才能将信号从一个节点传到另一个节点。由于数字信号是用两种物理状态来表示 0 和 1 的，故其抵抗材料本身干扰和环境干扰的能力都比模拟信号强很多。在现代技术的信号处理中，数字信号发挥的作用越来越大，几乎复杂的信号处理都离不开数字信号。或者说，只要能把解决问题的方法用数学公式表示，就能用计算机来处理代表物理量的数字信号。数字信号的优点在于：抵抗材料本身干扰和环境干扰的能力都比模拟信号强，在传输过程中具有更高的抗干扰能力、更远的传输距离，且失真幅度小。便于加密处理，便于存储、处理和交换，设备便于集成化、微型，便于构成综合数字网和综合业务数字网，占用信道频带较宽。

3. 电子数据

电子数据，亦称电子证据、电子数据证据、计算机数据、计算机证据等，是行政执法中一种独立的证据形态。

（1）电子数据的概念与组成

作为法律程序中的证据形态，电子数据这一概念及关联术语，在21世纪初逐渐出现。2003年8月26日颁布的《公安机关办理行政案件程序规定》（公安部令第68号）第25条第1款第3项则明确指出，公安机关办理行政案件的证据种类包括视听资料、电子数据。这算是电子数据的正式亮相。在行政执法证据法规范文件中，自2003年《公安机关办理行政案件程序规定》以来，一直使用电子数据的称谓。但对于电子数据的定义，各自表述并不完全相同，大体分为数据说和资料说两类。

①数据说。例如，《上海市城管执法调查取证规则》第9条规定，电子数据是案件发生过程中形成的，以数字化形式存储、处理、传输的，能够证明案件事实的数据。

②资料说。例如，原《价格行政处罚证据规定》第8条规定，视听资料、电子数据是指利用录音、录像、计算机储存等手段记录并显示的声音、影像或者其他信息来证明案件事实的资料。

电子数据是指以电子技术手段生成且以数字信号形式存储、处理、传输的各类数据电文及其记录信息与电磁介质。以数字信号手段生成且存储于电子介质中的录音资料和影像资料，属于电子数据。电子数据包括数据电文证据、附属信息证据与系统环境证据。[①] 数据电文证据，是指电子数据本身，即记录法律关系发生、变更与消灭的数据，如E-mail、EDI的正文。附属信息证据，是指对数据电文生成、存储、传递、修改、增删而引起的记录，如电子系统的日志记录、电子文件的属性信息。系统环境证据，是指数据电文运行

① 参见汪振林主编：《电子证据学》，北京：中国政法大学出版社2016年版，第18页。

所处的硬件和软件环境，即某一电子数据在生成、存储、传递、修改、增删的过程中所依靠的计算机环境，特别是硬件设施和系统软件、应用软件。

（2）行政执法程序中视听资料和电子数据的来源

①当事人及其他参与人在生产经营或者生活中生成且可以作为独立证据种类的视听资料和电子数据。对此，行政执法主体采取“拿来主义”即可作为证据使用。例如，原《价格行政处罚证据规定》第 26 条指出，政府价格主管部门可以直接提取当事人电子数据库中的数据，也可以对当事人电子数据库中的数据采用转换、计算、分解等方式形成新的电子数据。收集电子数据应当注明收集方法、收集时间、收集人和证明对象等。

②其他机关、团体、组织和个人在其工作和生活中以不违法的手段生成而被行政执法主体依法调取使用的视听资料和电子数据。对于这类视听资料和电子数据，基本上也是采取“拿来主义”，但需要更严格的审核。原《价格行政处罚证据规定》第 23 条规定，从当事人或者有关人员处提取视听资料的，应当符合下列要求：提取视听资料的原始载体，提取原始载体有困难的，可以提取复制件；注明提取人、提取出处、提取时间和证明对象等；声音资料应当附有该声音内容的文字记录。

③行政执法主体在行政管理与行政执法程序中依法设置或者使用非接触性设备而生成的作为独立证据种类的视听资料和电子数据。《行政处罚法》第 41 条要求，行政机关依照法律、行政法规规定利用电子技术监控设备收集、固定违法事实的，应当经过法制和技术审核，确保电子技术监控设备符合标准、设置合理、标志明显，设置地点应当向社会公布。电子技术监控设备记录违法事实应当真实、清晰、完整、准确。行政机关应当审核记录内容是否符合要求；未经审核或者经审核不符合要求的，不得作为证据。行政机关应当及时告知当事人违法事实，并采取信息化手段或者其他措施，方便当事人查询、陈述和申辩。这一条文虽然是规定电子技术监控的，但也说明法律允许行政机关依法设置电子监控来生成电子证据。

④落实全过程记录制度而在行政执法过程中生成并作为证据鉴真（authentication）或者程序合法正当佐证资料的视听资料和电子数据。《国务院办公厅关于全面推行行政执法公示制度执法全过程记录制度重大执法决定法制审核制度的指导意见》第三部分要求在行政执法程序中全面推行执法全过程记录制度，行政执法机关应当通过文字、音像等记录形式，对行政执法的启动、调查取证、审核决定、送达执行等全部过程进行记录，并全面系统归档保存，做到执法全过程留痕和可回溯管理。《行政处罚法》第 47 条强调，行政机关应当依法以文字、音像等形式，对行政处罚的启动、调查取证、审核、决定、送达、执行等进行全过程记录，归档保存。这里所指的音像记录主要就是使用各种电子设备生成的电子音像材料。

本章典型案例

6-1：广告牌的空间位置证实当事人违法事实的存在

某日，某省某市交通运输综合行政执法支队执法一大队在例行公路巡查时发现，该市某农业发展有限公司在公路建筑控制区内新建构筑物广告牌三块，存在涉嫌违反《公路安全保护条例》在公路建筑控制区内修建、扩建建筑物、地面构筑物或者未经许可埋设管道、电缆等问题。执法人员现场调查取证，发现该企业属于初次违法，当即下达《责令整改违法行为通知书》。后期执法人员再次到现场进行复核，该企业已拆除整改到位。依据该省交通运输厅相关文件要求，对照免罚清单，该市交通执法部门对照相关规定，认为该企业符合初次违法、轻微违法、及时改正、没有造成危害后果等违法事项的情形，在企业负责人签订《免予处罚告知承诺书》并接受了法治教育后，决定对其免予行政处罚。

本案中的广告牌为构筑物，属于物证。该物证的空间位置证实某农业发展有限公司存在违反《公路安全保护条例》，在公路建筑控制区内修建地面构筑物的违法事实。

6-2：科学监测报告属于鉴定意见

某年 7 月 21 日，某市环境监测站采样人员对该市境内某服饰公司的规范化排放口外排生产废水进行了采样监测。监测结果显示，该服饰公司外排生产废水中化学需氧量（Chemical Oxygen Demand，COD）浓度为85毫克/升。国家或者地方所规定的水污染物排放标准（许可排放限值）是80毫克/升。该公司废水超标0.06倍。9月22日，该市生态环境局收到监测报告。9月29日，该市生态环境局通知服饰公司配合调查，告知其实施了超过水污染物排放标准排放水污染物的违法行为，制作了《非现场检查记录表》，并作出《违法行为改正通知书》，要求某服饰公司立即改正违法行为。10月13日，该市生态环境局对该服饰公司排放废水情况进行了复查。某服饰公司已经做到了达标排放。

本案中的生产废水采样监测报告，属于科学证据，鉴定意见类证据。而服饰公司排放出的生产废水，则属于物证、液态物证、物质物证。化学需氧量是以化学方法测量水样中需要被氧化的还原性物质的量。废水、废水处理厂出水和受污染的水中，能被强氧化剂氧化的物质（一般为有机物）的氧当量。在河流污染和工业废水性质的研究以及废水处理厂的运行管理中，它是一个重要的而且能较快测定的有机物污染参数，常以符号COD表示。以氧化1升水样中还原性物质所消耗的氧化剂的量为指标，折算成每升水样全部被氧化后，需要的氧的毫克数，以毫克/升表示。

6-3：交通与海关视频监控助力查明倾倒工业垃圾案

某日，某市某区城管执法队员巡查至某公路时，发现路边偷倒了两袋垃圾，内容为工业包装材料，但无法直接判断来自哪个厂家。该区城管执法局在固定证据后及时清理了垃圾，并积极开展调查工作。后来，该处再次出现三袋相似的垃圾。通过调阅现场周围交通监控摄像，发现两次偷倒时间均为前一夜21：00至22：00间，系同一名骑三轮车男子所为。根据该男子来时路径与时间段倒推，通过调阅海关卡口监控资料，最终将垃圾出处锁定在该市某新材料科技有限公司。执法队员立即前往该公司进行调查，在工厂车间发现与现场垃圾相同的包装废料，该公司负责人当场承认乱倒的垃圾出自自己工厂。

本案中助力城管执法部门查明案件事实的交通视频监控与海关视频监控，属于科学证据、音像电子证据。

本章复习思考题

1. 简述行政执法中的人证。
2. 简述行政执法物证的信息要点与组成范围。
3. 简述行政执法书证的内涵定义和外延划分。
4. 简述行政执法中的科学证据。

第七章　行政执法证据分类

本章概要

依据不同的划分标准，把各种法定证据重新划分为不同的类型，即为证据分类。证据分类是一种在学术上对法定证据进行归类分解以指导实务运用的方法。证据的学理分类与法定种类，皆属于行政执法证据的数量问题或者类型问题。言词证据与实物证据、原始证据与传来证据、直接证据与间接证据是常见的分类结果。在全过程记录制度背景下，程序证据也是一种重要的证据类型。行政执法主体在执法程序中落实全过程记录制度而生成的程序佐证资料，以及严守法定程序而留存的文字、图表和影像资料等，属于程序证据。

一、行政执法中的言词证据与实物证据

根据证据信息内容的载体是人还是物，以及相应的信息表达形式是人的言词陈述还是物的客观存在，可以把行政执法程序中的各类证据划分为言词证据与实物证据。言词证据是活的证据、有声音的证据；实物证据则是静的证据、哑巴证据。二者在收集方法、保全手段、审查要点等方面有显著区别。但是在运用方面却应当是相互结合、相互印证、相互补充，扬长避短、取长补短。

1. 言词证据

言词证据亦称人证、证言、口头证据、无形证据，是以人的陈述形式表

现证据事实的各种证据的类称。在行政执法程序中，凡表现为人的言语陈述的证据皆为言词证据，如当事人陈述、证人证言。鉴定意见或者结论为言词证据。言词证据的笔录为言词证据的固定物。例如，《河南省行政执法条例》第 25 条第 2 款所规定的行政执法证据中，第 5 项证人证言、第 6 项当事人的陈述和第 7 项鉴定意见，就可以划入言词证据。《行政处罚法》第 46 条第 1 款第 5 项至第 7 项亦是。

言词证据的优点在于能够系统全面地证明案件事实和证据源不易灭失；不足则在于容易出现虚假或失真的情况。在行政执法程序中，收集言词证据的方法是询问；固定和保全手段是生成文字笔录或者音像笔录；审查的重点是其内容的真实性、可信性和可靠性。例如，《环境行政处罚证据指南》第 4.2.1 条指出，收集证据可以采取 10 余种方式，其中第四种是询问当事人、证人、受害人等有关人员，要求其说明相关事项、提供相关材料。第九种是申请公证进行证据保全；第十种是听取当事人陈述、申辩，听取当事人听证会意见。又如，《交通运输行政执法程序规定》第 34 条指出，执法部门可以通过询问当事人、利害关系人、其他有关单位或者个人，听取当事人或者有关人员的陈述、申辩来收集言词证据。《国务院办公厅关于全面推行行政执法公示制度执法全过程记录制度重大执法决定法制审核制度的指导意见》第三部分全面推行执法全过程记录制度指出，行政执法全过程记录是行政执法活动合法有效的重要保证。行政执法机关要通过文字、音像等记录形式，对行政执法的启动、调查取证、审核决定、送达执行等全部过程进行记录，并全面系统归档保存，做到执法全过程留痕和可回溯管理。因此，无论是收集言词证据还是实物证据，都需要文字和音像记录加以固定、保全和佐证。

2. 实物证据

实物证据亦称物证、证物、有形证据，是指以客观存在的物体为证据事实表现形式的证据。这类证据，或者以物体的外部特征、性质、位置等证明案情，或者其记载的内容对查明案件具有意义。在行政执法程序中，凡有一定物质形态或者载体的证据皆为实物证据，如书证、物证、视听资料和电子数据。虽然鉴定意见或者结论为言词证据。但是，鉴定意见的基础材料（检材和样本）和资料为实物证据。言词证据的笔录为言词证据的固定物；实物证据发现、固定、保管等的笔录则为实物证据的鉴真或者佐证材料。例如，《河南省行政执法条例》第 25 条第 2 款所规定的行政执法证据中，第 1 项书证；第 2 项物证；第 3 项视听资料；第 4 项电子数据；第 8 项勘验笔录、现场笔录，可以划归实物证据。《行政处罚法》第 46 条第 1 款第 1 项至第 4 项及第 8 项亦是。

实物证据的优点在于具有较强的客观性和稳定性；不足则在于证据源容易灭失、关联性不明显以及证明效果不全面。在行政执法程序中，找寻和收集实物证据的方法包括但不限于勘验、检查；辨认；监测、采样；调取、收取、提取；抽样取证；查阅、摘抄、复制。固定和保全的方法有查封、扣押、冻结；先行登记保存。审查的重点是其关联形式和性质，除了文义分析、逻辑和经验分析以外，必要时还需要借助于鉴定的科学分析来研判其关联性。例如，《环境行政处罚证据指南》第 4. 2. 1 条指出，收集证据可以采取 10 余种方式，其中与实物证据有关的措施包括查阅、复制保存在国家机关及其他单位的相关材料；进入有关场所进行检查、勘察、采样、监测、录音、拍照、录像、提取原物原件；查阅、复制当事人的生产记录、排污记录、环保设施运行记录、合同、缴款凭据等材料；组织技术人员、委托相关机构进行监测、鉴定；调取、统计自动监控数据；依法采取先行登记保存措施；依法采取查封、扣押（暂扣）措施；申请公证进行证据保全等。又如，《交通运输行政执法程序规定》第 34 条规定，执法部门收集实物证据的方式有：向有关单位和个人调取证据；通过技术系统、设备收集、固定证据；委托有资质的机构对与违法行为有关的问题进行鉴定；对案件相关的现场或者涉及的物品进行勘验、检查；依法收集证据的其他方式。

二、行政执法中的原始证据与传来证据

受《最高人民法院关于行政诉讼证据若干问题的规定》第 63 条第 6 项的影响，原始证据与传来证据的划分和术语在行政执法证据法规范文件中经常使用，出现频率很高。例如，《海事行政执法证据管理规定》第 40 条第 2 款第 4 项要求比较数个证据对同一待证事实的证明效力时，按照原始证据优于传来证据的标准执行。

1. 原始证据

原始证据，亦称原生证据、从第一来源获得的证据，是指直接来源于案件环境或者过程之中的证据，以及初始形成的笔录证据、鉴定意见。原始证据与传来证据的划分标准是证据的来源。凡是直接来源于案件事实或者原始出处的证据，都可以称为原始证据，如案件现场扣押的物品、目击证人的证言等。所谓直接来源于案件事实，强调该证据是在案件事实的直接作用或者影响下形成的，如违法建设的建筑物；所谓直接来源于原始出处，强调该证据直接来源于证据生成的原始环境，如执法记录仪摄录的视频资料。既然原始证据直接来源于案件或者初始形成，那么它的关联性和真实性往往是很强的。与此相应，原始证据比传来证据的可靠性更高、证明力更强。证据是证明案件事实的根据。证据的可靠性取决于它是否真实，证据的证明力取决于它与案件事实的关联性的紧密程度。换言之，证据的真实性和关联性体现着该证据对过去案件事实信息的留存数量和质量，而留存的事实信息的数量和质量又决定着该证据是否可靠与其证明力大小强弱。一般而言，证据与案件事实的关系越接近、越直接，其留存的信息数量就越多、质量就越保真，可靠程度也就越高、证明力自然越强。反之，当证据与案件事实的关系被一个个中间复制、传抄、转述环节所隔断时，其流转过程中可能发生的失误、失真、信息损耗与改变就导致其留存的过去案件事实信息越来越少、质量越来越差，相应地可靠性程度与证明力也就越来越弱。

原始证据能否称为第一手证据、第一手资料或者第一手材料？学术界和实务部门存在见解分歧。有人认为原始证据就是直接来源于案件事实且未经复制或者转述的证据，也就是通常所说的“第一手资料”。[①] 有人说原始证据就是通常所讲的第一手材料。[②] 但是，也有学者主张不能简单地把原始证据和第一手证据等同，把派生证据和第二手证据视为一体。[③] 关键是怎么理解第一手、第二手。如果第一手是指第一来源，第二手是指第二甚至第三来源，那么这样等同对待、等同表达未尝不可。然而，如果第一手是指取证主体亲自收集，第二手是指取证主体之外的他人代为收集，则这样的等同就不合适。因为在取证主体亲力亲为、亲自收集证据的情形下，第一手证据可能是原始证据，也可能是派生证据，如行政执法人员亲自收取的原件是原生证据，亲自复制的复制件、亲自摘录的节（录）本、亲自翻译的译本则是传来证据，经过了执法者自己的中间流转环节。但是，这些证据都可以称为第一手证据。与此同时，在委托其他执法主体代为收集证据的情形下，也可能原始证据与传来证据并存，如代为收取的书证原件是原始证据、代为复制的复制件是派生证据，它们都是第二手证据，受托机关这位第二只手获取的证据。有鉴于此，在理论研究和实务表达中不宜把原始证据称为第一手证据、把传来证据称为第二手证据。如果实在喜好用序数加以通俗易懂地说明，则可以使用第一来源证据与第二来源证据等类似的表述。[④]

2. 传来证据

传来证据，也称派生证据、复制证据、传转证据，是指以原始证据为基础，经过中间环节而生成或者出现的证据。一般来说，原始证据的固定物、替代品、示意证据、复制证据和流转证据皆是传来证据。传来证据最大的特

---

① 参见陈光中主编：《证据法学》（第四版），北京：法律出版社2019年版，第214页。

② 参见曹晓凡著：《环境行政执法证据的收集与运用》，北京：中国民主法制出版社2015年版，第44页。

③ 参见何家弘、刘品新著：《证据法学》，北京：法律出版社2019年版，第135页。

④ 参见樊崇义主编：《证据法学》（第六版），北京：法律出版社2017年版，第209页。

点就是来源的派生性、传转性，它与案件事实或者案件环境不具有直接的、本初的距离，而是掺入了中间环节。因此，行政执法程序中运用传来证据需要重点审查流转环节的完整与案件信息的保真、存真。认知传来证据、识别传来证据，不能仅仅依据是否复制，不能简单地把复制件和复制品等同于传来证据，而是应当抓住该证据是否直接、本初地源自案件事实或者案件环境。直接来自案件的复制件或者复制品应当属于原始证据而不是传来证据。例如，随意张贴、破坏市容市貌的、大批量复印的小广告属于原始证据；制作、传播的淫秽录像带母带和复制带属于原始证据；用复写纸开具的收据第二联是原始证据。在执法程序中，执法人员对小广告和第二联收据进行复制后的复印件则属于传来证据，对淫秽录像带拷贝后的音像资料也属于传来证据。是否归属于传来证据，根本上是依据其是否直接来源于案件事实或者本初出处，绝不能简单地以其自身是否表现为复制件、复制品。

传来证据与传闻证据应当加以必要的区分，不宜等同。在行政执法程序中，有些证人并非案发现场的目击证人，而是听闻相关案件信息的人。固然这些证人也可以提供证人证言，但是这种证人证言应当属于传来证据。问题是能否把这种证人证言称为传闻证据，值得探讨。在英美法系的证据理论和实践中，存在排除传闻证据的规则。英美法系的传闻证据是指证人在法庭外作出的有关案件事实的陈述，也就是并非在审判或者听证时直接、当面出庭作证而作出的陈述。这些非直接、未出庭的证人陈述，如果作为证据使用，则一般情形下应当予以排除，特殊情形下可以依法采纳，这就是传闻证据规则。[①] 为了提高证人出庭作证的比率、抑制书面证言的恶性膨胀，我国也有一些学者主张建立传闻证据规则，“围绕证人出庭作证制度，原则上规定传闻证据规则，但可以作一些必要的限制”。[②] 当然，这种观点是否正确需要进一步

---

① 参见［美］罗纳德·J. 艾伦、理查德·B. 库恩斯、埃莉诺·斯威夫特著：《证据法：文本、问题和案例》（第三版），张保生、王进喜、赵滢译，北京：高等教育出版社 2006 年版，第 453-455 页。

② 详见张保生主编：《证据法学》（第二版），北京：中国政法大学出版社 2014 年版，第 287-288 页。

检验。针对行政执法程序，传来证据不同于传闻证据的主张是可取的，我国行政执法程序中听闻证人的陈述不宜称为传闻证据。首先，英美法系的传闻证据规则仅限于证人证言制度，而传来证据还包括实物证据。其次，传闻证据规则强调诉讼程序中出庭陈述证言，行政执法程序与诉讼程序不是一回事。诉讼程序中证人不出庭陈述并不意味着行政执法程序中证人也不愿意提供直接的、当面陈述的证言。再次，传闻证据规则中之所以排除传闻的一些理由，如未经宣誓、未经交叉询问等，在我国的诉讼程序中尚未建立，行政执法程序中亦复如是。最后，英美法系传闻证据规则所指称的传闻包括证人转述他人的陈述、证人以书面陈述代替到庭口头陈述、证人在庭外陈述的笔录等表现形态。而在行政执法程序中，听闻证人应当当面向行政执法机关陈述其所听闻的案件事实信息，充其量是一种转述他人陈述的陈述，其范围应小于英美法系传闻证据规则所谓之传闻。不过，为了最大限度地查明案件事实真相，应当尽量寻求原始证据。听闻证人的陈述，其证明力应当从严审查，只要有可能，都应当追寻最初的、耳闻目睹案件事实的证人，由原始证人提供陈述，则在形式上应当更为可取。

定案应当优先选择原始证据，但并非传来证据毫无使用价值。实际上传来证据的功能还是不少的。其一，传来证据可以作为发现和收集原始证据的线索。传来证据从原始证据派生而来，逆向寻根溯源，往往可以找到原始证据。其二，传来证据可以辅助审查原始证据的完整性和真实性。派生材料与原生材料相互印证、相互核实，可以补强原始证据的证明力。其三，在欠缺原始证据的情况下，如果传来证据的数量和质量达到证明体系的完整性和充分性，照样可以作为认定案件事实的证据。当然，运用传来证据时，除需要遵循一般的证据规则外，还应当特别遵循如下规则：（1）来源不明的材料，不能作为传来证据使用；（2）在不得不使用传来证据时，应优选传闻、转抄、复制次数最少的材料；（3）仅凭传来证据定案时，必须慎之又慎，万不可轻易作出案件事实的相关结论。①

三、行政执法中的直接证据与间接证据

根据证据与案件主要事实之间的关联方式，或者说证据发挥证明作用的不同形态，可以把行政执法证据划分为直接证据和间接证据。虽说在行政执法程序中应当尽量收集运用直接证据。但是，在可靠性上，直接证据和间接证据并无差异，也就是说，直接证据并不一定就比间接证据更为可靠。因此，《上海市城管执法调查取证规则》第 25 条第 4 项规定直接证据的证明力一般大于间接证据，并不完全正确。显然这是受了 2001 年 12 月 21 日《最高人民法院关于民事诉讼证据的若干规定》第 77 条第 4 项规定的影响。值得注意的是，该条已被 2019 年 12 月 25 日《最高人民法院关于修改〈关于民事诉讼证据的若干规定〉的决定》（法释〔2019〕19 号）第 109 条删除、废止了。

1. 直接证据

能够直接、独立地起到有助于查明或者证明案件待证事实作用的证据为直接证据。大多数人证和书证、视听资料、电子数据都可以归入直接证据。当事人与目击证人、参与证人是案件中的主体和参与者，对于案件的事实自然是直接介入、直接感知、直接记忆，故而可以直接表达与复制。书证记载的信息，通过基本的文义分析，其对案件事实的保留亦是直接的，当然对案件事实的揭示也属于直接证明方式了。这些直接证据对案件主要事实的证明具有直接性，即可以不依赖于其他证据，“一步到位”地直接用来证明案件的主要事实。

在行政执法程序中，对于直接证据的理解，必须防止把直接证据等同于肯定证实。直接证据不等于直接而肯定地证实，它强调的是证据与待证事实的关联没有经过中间环节，而不是证明力肯定具有或者肯定很大。直接证据

---

① 参见樊崇义主编：《证据法学》（第六版），北京：法律出版社 2017 年版，第 210 页。

的运用并不意味着肯定或者必然达成证明目的。所谓直接证据，强调的是该证据以直接方式与案件主要事实相关联，即能够直接发挥证明案件主要事实的作用。直接证据是指该证据在形式意义上可以直接发挥“证明”功能、“证明”作用，而不是指实质意义上的肯定“证明出来”、肯定“证明清楚”。任何证据，包括直接证据，其证明力是否足以揭示、足以证实案件中的待证事实，往往需要证据自身具有真实性。对于直接证据而言，只要其真实性没有问题，那么它对案件事实就可以直接证明出来、肯定证实清楚。此时，直接证据等于直接证明、肯定证实。“原则上讲，一个直接证据经过查证属实后，就可以对案件主要事实作出肯定或者否定的结论。”① 反之，如果直接证据本身的真实性未得到充分证实或者存有合理疑问，那么尽管它与案件事实的联系是直截了当的、没有经过中间环节的，它也不能肯定证实案件待证事实。例如，当事人可能本着趋利避害的心理陈述有利于己的事实而掩盖不利于己的事实；证人可能片面陈述有利于与其有良好关系的当事人的事实或者不利于与其有恶劣关系的当事人的事实；书证可能是伪造的或者被篡改变造了。在这些情形下，所谓的直接证据既不能正确证实案件事实，又有可能误导事实认定。当然，对于直接证据的运用，还需要考虑其合法性和关联性。如果欠缺合法性或关联性，其证据资格都将失去，又何来的肯定证实、必然证明清楚呢？例如，对现场目击证人进行欺骗、胁迫而获得的证言，应当排除。此时，尽管该证人证言属于直接证据，也不能作为定案根据。

直接证据是能够单独直接发挥证明案件主要事实作用的证据，因此，其最显著的特点是它对案件主要事实的证明关系是直接的，是无须借助于其他证据的。直接证据的这一特点使得它运用起来比较简单便捷，一经查证属实便可用作定案的主要依据，无须经过复杂的推理分析过程。直接证据的缺点在于收集和审查比较困难。来源窄、数量少、易受主观因素影响（直接证据以人证居多）。相较于物证和书证，人证既有弄虚作假的可能性，也有对抗审

① 曹晓凡著：《环境行政执法证据的收集与运用》，北京：中国民主法制出版社 2015 年版，第 48 页。

查判断的能动性。因此，在行政执法程序中，运用直接证据，尤其是言词性直接证据，务必慎重。

2. 间接证据

（1）间接证据的概念和特点

需要同其他证据相结合才能发挥证明或者查明作用的证据为间接证据。物证是典型的间接证据，笔录证据和鉴定意见也是间接证据。间接证据强调该证据与待证的案件事实之间具有间接联系，不能单独、直接用来证明案件事实，因而需要与其他证据结合起来才能发挥证明案件事实作用的证据。所以，间接证据也称“旁证”。

相较于直接证据，间接证据的不足之处在于：第一，证明关系的间接性。第二，证明过程的依赖性，有赖于若干间接证据相互结合。第三，证明方式的推理性。但间接证据也有优势，那就是范围广、种类多、数量大。与直接证据相比较，虽然间接证据欠缺证明事实真相上的直接性、单独性，但是，间接证据的运用在行政执法程序中更为多见。间接证据可以是发现其他证据的“向导”；可以印证直接证据的真实性；可以在形成证据逻辑体系的情形下完整、充分地揭示全部案件事实。①

虽然间接证据对案件事实的证明具有间接性，即必须与其他证据连接起来，而且往往要以某种推论为中介才能证明案件的主要事实。但间接证据一旦具备完整性和充分性时，是能够有助于行政执法主体完成查明职责的。间接证据的连接可以是环环相扣的链条式，但更多的是多股细绳拧成的绳索式。英国著名法学家弗雷德里克·波洛克（Frederick Pollock）曾经指出，有人曾经说间接证据像一根链条，每一个间接证据都是这个链条上的一环。其实不然，因为任何一环断开，整个链条就会断掉。间接证据更像是许多股细绳拧成的绳索。一股细绳也许不能承受重量，但许多股细绳合起来可能就足够结

---

① 参见李浩主编：《证据法学》，北京：高等教育出版社 2009 年版，第 172 页。

实有力了。[①] 事实确系如此。例如，原《常见文化市场行政处罚案件执法取证指引（试行）》也选取了10个比较常见的行政处罚案件，分别规定案由、执法依据、取证要点及提示、主要证据以及辅助证据等。其中所谓辅助证据基本上都属于间接证据。而所谓的主要证据，许多也属于间接证据。同样是通过间接证据的彼此印证、彼此结合来证实案件事实。

（2）间接证据推论案件事实的方法

间接证据的特点之一就是其证明方式或者证明过程的推理性。也就是说，间接证据对案件事实的证明是以推理的方式进行的，或者说是通过推理实现的。由于间接证据不能直接发挥证明案件事实的作用，所以它在案件的证明过程中有赖于若干间接证据相互结合，就需要一定的推理来完成，或者以一定的推理作为桥梁，连接事实的原因与结果、行为与动机、现象与本质，形成一个相互依赖、相互连接的证据绳或者证据链。这些由推理连接起来的间接证据构成一个完整、充分的证明体系，综合运用各种逻辑证明工具，从已知事实推论到另一个事实，多次推论证明，排除其他可能性结论，最终证实案件事实。[②]

间接证据本身不能单独地证明案件主要事实，它需要与其他证据结合起来，通过推论的方法才能证明案件主要事实。根据英国著名证据法学家杰里米·边沁（Jeremy Bentham）的观点，运用间接证据证明案件主要事实的过程至少存在两个推理：一是从间接证据到间接事实（案件的非主要事实）的证明过程中存在一个推理；二是从间接事实（案件的非主要事实）到案件主要事实的过程中含有一个特别的推理。间接证据确认案件事实的过程也就是通过间接证据证明了的间接案件事实（案件的非主要事实）来推论案件的直接事实存在与否的过程。前者是通过证明的方法来获得案件非主要事实确认的过程；后者是通过推论的方法认定案件主要事实的过程。由间接案件事实

① 转引自何家弘、刘品新著：《证据法学》，北京：法律出版社2019年版，第140页。

② 参见何家弘、刘品新著：《证据法学》，北京：法律出版社2019年版，第145页。

（非主要事实）推论出直接案件事实（主要事实）的过程需要将每一项间接证据所认定的案件非主要事实结合起来作为一个整体，形成“案件非主要事实群（相关事实群）”，然后在案件非主要事实群的基础上再通过推论来进行案件主要事实的认定。这一过程也就是案件构成要件事实各子项要素与整体要件之间的证明方向的一致性和逻辑推论的接续性。这一推论方法的过程可图示如下：[①]

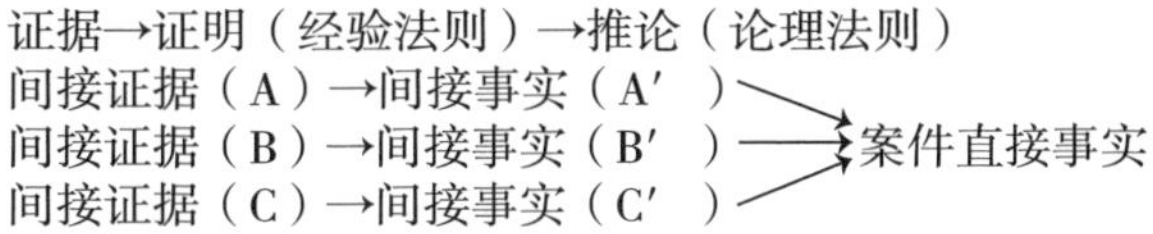

证据→证明（经验法则）→推论（论理法则）
间接证据（A）→间接事实（A′）→案件直接事实
间接证据（B）→间接事实（B′）→案件直接事实
间接证据（C）→间接事实（C′）→案件直接事实

（3）间接证据推论案件事实的风险

与直接证据相比，间接证据不能一步到位地证明案件事实，而是需要进行分析推理或者与其他证据相结合，才能证明有关待证事实。间接证据的证明力是由证据与案件事实之间联系的性质和程度所决定的，而且间接证据与案件事实之间联系的实现离不开推理，离不开一定的前提。因此，分析间接证据的证明力就是要分析该证据赖以连接事实要素的推理及其前提。这包括两个方面：一是前提的真实性；二是形式的正确性。所谓前提的真实性，即作为推论前提的、从间接证据得出的间接事实判断结论是否符合客观实际情况。所谓形式的正确性，即推理的形式是否符合逻辑推理的有关规则和基本规律。[②] 与此相应，运用间接证据推论案件事实的风险也存在于两个方面：一是间接证据的失真风险；二是间接证据的推理风险。[③]

其一，间接证据的失真风险。尽管与作为直接证据的言词证据相比，实物证据、科学证据等间接证据具有更强的客观性、稳定性、科学性等特点。

① 本段落内容及图示，参见郭华著：《案件事实认定方法》，北京：中国人民公安大学出版社2009年版，第279-287页。

② 何家弘、刘品新著：《证据法学》，北京：法律出版社2019年版，第426页。

③ 以下两类风险的介绍内容，参见刘静坤著：《证据审查规则与分析方法：原理·规范·实例》，北京：法律出版社2018年版，第59-67页。

但是，间接证据也蕴含着独特的证明风险。分析间接证据时，需要更加重视对其可能存在的失真风险的审查判断。间接证据的失真风险，包括但不限于：①来源不明的风险，如把案发前就存在于现场的，或者案件结束后第三方添加的物证，等同于案件发生发展过程中形成的证据。②改变灭失的风险，即被伪造、篡改或者毁灭的风险。③取证过程的风险，如不能识别有用证据、错误选取证据等。④证据动态变化的风险，受自然因素和人为因素的影响，证据保管链条不完整、不清晰等。⑤证据的错误鉴定风险，即存在垃圾科学鉴定的情形，实施的鉴定在程序和方法上欠缺准确性、可靠性、可验证性等要求。

其二，间接证据的推理风险。间接证据因其自身内在的特点，只有通过推理才能证明待证事实。从间接证据到待证事实的推理链条，每个环节都可能存在疑问和不确定性。就间接证据的链条而言，推理结论中的错误概率，首先出自每一事实或者构成步骤之考虑因素，其次出自从那些事实和考虑因素之整体推理中的错误概率。要而言之，间接证据的推理风险，包括但不限于：①隐匿或者遗漏潜在有用证据的风险，推论前提缺失。②诉诸专业权威的推测风险，如科学鉴定缺乏足够的科学基础，以资历和经验作为论证依据，鉴定意见不明确具体等。③单项论证的风险，如对同一物证的多次鉴定，既有肯定性结论，也有否定性结论，还有不能得出确定性结论的情形，此时就有必要全面审视产生各类结论的原因，不能仅仅选择其中某一结论。④循环推理的风险，用案件事实的假说结论，来选取证据、分析证据，又用偏向选取的证据来佐证事实假说。⑤并行论证的风险，基于并存的多个证据，论证同时发生的多个事件具有因果关系。⑥附随论证的风险，围绕既定的案件事实假说进行附随推理。⑦仓促概括的风险，基于不完整的信息，或者对部分事实假说进行检验，就得出特定的事实结论。⑧过度评价的风险，对间接证据赋予比实际更高的准确性。

（4）间接证据的证明力规则

针对上述运用间接证据推论案件事实的方法与风险，分析全案间接证据的证明力时，应当遵循基本的判断路径或者审查标准。间接证据同时具备下列条件时具有证明力，可以作为认定案件事实的根据：[①]

①每一间接证据都已经查证属实。为了防止失真风险，应对单一间接证据进行真实可靠性和关联性分析。首先，虚假的间接证据，肯定得不出符合案件真实情况的事实结论，每一个间接证据都应当具有真实性。其次，间接证据必须与案件事实存在客观联系，才能保证以间接证据为前提的推理的正确性。对据以定案的每一个间接证据的关联性，都有作出肯定性的判断。

②各间接证据之间相互印证，不存在无法排除的矛盾和无法解释的疑问。为了防止失真风险，应在间接证据之间进行一致性分析，这种分析的主要方法是比较分析法。通过比较，发现矛盾或者疑点，然后再加以排除或者作出合理解释。在矛盾排除前，不能勉强定案。

③全案证据已经形成完整的证明体系。为了防止失真风险与逻辑推论风险，应当对全部间接证据进行连续性或者完备性分析。这种分析的方法主要是综合分析法。每个或者每组间接证据必须能够证明案件的某个事实要素或者情节（非主要事实）。只有把能证明各个事实要素或者情节的证据，按照它们之间的联系排列起来，才能据以定案（得出主要事实的结论）。所以，全部间接证据必须形成完整的证明体系。

④运用间接证据进行的推理符合逻辑和经验。为了防止逻辑推论风险，必须对运用间接证据所进行的事实推论进行合理性分析，审查推论过程是否符合经验法则和论理法则。

⑤根据间接证据认定案件事实已经达到相应的证明标准。为了防止逻辑推论风险，应当对依据间接证据推论出的事实结果进行排他性分析，确保推理结论肯定、案件事实已经“还原”，达到了“事实清楚，证据确实、充分”的证明标准。

---

① 参见邱爱民著：《行政执法证据收集与运用规则研究》，北京：知识产权出版社 2022 年版，第 93 页。

四、行政执法全过程记录与程序证据

1. 行政执法全过程记录制度

《中共中央关于全面推进依法治国若干重大问题的决定》在深入推进依法行政，加快建设法治政府部分提出完善执法程序，建立执法全过程记录制度。中共中央、国务院先后印发的《法治政府建设实施纲要（2015—2020 年）》《法治政府建设实施纲要（2021—2025 年）》也进一步强调全面严格落实行政执法公示、执法全过程记录、重大执法决定法制审核制度。2017 年 1 月 19 日，《国务院办公厅印发推行行政执法公示制度执法全过程记录制度重大执法决定法制审核制度试点工作方案》（国办发〔2017〕14 号），要求试点单位应当通过文字、音像等记录方式，对行政执法行为进行记录并归档，实现全过程留痕和可回溯管理。2018 年 12 月 5 日，《国务院办公厅关于全面推行行政执法公示制度执法全过程记录制度重大执法决定法制审核制度的指导意见》对行政执法全过程记录作出了系统部署指出，行政执法全过程记录是行政执法活动合法有效的重要保证。行政执法机关要通过文字、音像等记录形式，对行政执法的启动、调查取证、审核决定、送达执行等全部过程进行记录，并全面系统归档保存，做到执法全过程留痕和可回溯管理。2021 年 1 月 22 日修订的《行政处罚法》第 47 条也规定，行政机关应当依法以文字、音像等形式，对行政处罚的启动、调查取证、审核、决定、送达、执行等进行全过程记录，归档保存。

行政执法全过程记录制度是指在行政执法程序中，通过文字和音像方式，全面记录执法过程、执法环节、执法事项并完整保留相应书证或者电子音像证据于办案卷宗的一项行政执法法定制度。它是行政执法“三项制度”中事关卷宗与程序证据的重要制度。

（1）文字记录。文字记录是以纸质文件或电子文件形式对行政执法活动进行全过程记录的方式。文字记录要求合法规范、客观全面、及时准确。在司法部制定的统一行政执法文书基本格式标准的基础上，国务院有关部门可以参照该标准，结合本部门执法实际，制定本部门、本系统统一适用的行政执法文书格式文本。地方各级人民政府可以在行政执法文书基本格式标准的基础上，参考国务院部门行政执法文书格式，结合本地实际，完善有关文书格式。各部门、各地方可以制定执法规范用语和执法文书制作指引，规范行政执法的重要事项和关键环节，确保文字记录合法化、规范化。

（2）音像记录。音像记录是通过照相机、录音机、摄像机、执法记录仪、视频监控等记录设备，实时对行政执法过程进行记录的方式。各级行政执法机关要根据行政执法行为的不同类别、阶段、环节，采用相应音像记录形式，充分发挥音像记录直观有力的证据作用、规范执法的监督作用、依法履职的保障作用。同时，应当做好音像记录与文字记录的衔接工作，充分考虑音像记录方式的必要性、适当性和实效性，对文字记录能够全面有效记录执法行为的，可以不进行音像记录；对查封扣押财产、强制拆除等直接涉及人身自由、生命健康、重大财产权益的现场执法活动和执法办案场所，要推行全程音像记录；对现场执法、调查取证、举行听证、留置送达和公告送达等容易引发争议的行政执法过程，要根据实际情况进行音像记录。要建立健全执法音像记录管理制度，明确执法音像记录的设备配备、使用规范、记录要素、存储应用、监督管理等要求。研究制定执法行为用语指引，指导执法人员规范文明开展音像记录。配备音像记录设备、建设询问室和听证室等音像记录场所，要按照工作必需、厉行节约、性能适度、安全稳定、适量够用的原则，结合本地区经济发展水平和本部门执法具体情况确定，不搞“一刀切”。

基于制度设计的成本效益原则，考虑我国经济社会发展的不平衡性，必须强调一点：文字记录是行政执法全过程记录制度的最基本要求，音像记录则是锦上添花。对于文字记录能够全面有效记录执法行为的，可以不进行音像记录。音像记录是智能执法、精准执法的重要支撑，其体系包括移动终端、物联网设备、执法场所、指挥中心、视频监控、云计算平台等。音像记录的优势是非常明显的，发展前景也十分广阔。但是，其建设和维护、使用的成本和费用相对较高，故不宜“一刀切”，盲目攀比、强制推广。[①]

2. 卷宗与程序证据

《行政处罚法》第75条规定，行政机关应当建立健全对行政处罚的监督制度。县级以上人民政府应当定期组织开展行政执法评议、考核，加强对行政处罚的监督检查，规范和保障行政处罚的实施。行政机关实施行政处罚应当接受社会监督。公民、法人或者其他组织对行政机关实施行政处罚的行为，有权申诉或者检举；行政机关应当认真审查，发现有错误的，应当主动改正。该法第七章第76条至第83条还规定了行政处罚程序中行政机关的各种违法不当行为及其相应的法律责任。此外，《行政强制法》第六章第61条至第64条规定了行政机关实施行政强制时的违法不当行为及其法律责任。《行政许可法》第60条要求，上级行政机关应当加强对下级行政机关实施行政许可的监督检查，及时纠正行政许可实施中的违法行为。第71条至第77条规定了行政许可程序中行政机关的各种违法不当行为及其法律责任。对于此类行政执法监督检查及其行政机关违法不当行为的认定，其事实依据是什么？当然且主要是行政执法机关的办案卷宗和程序证据。卷宗和程序证据，直接证实的对象是行政执法行为的合法性、规范性、真实性，间接证明案件法律关系要素和案件当事人的相关法律事实。

（1）行政执法卷宗

卷宗，也称案卷，是行政执法主体工作的成果和记录载体。行政执法主体应当严格按照法律法规的要求立卷存档。例如，《湖南省行政程序规定》第79条规定，行政机关应当建立行政执法案卷。公民、法人或者其他组织可以查阅与其相关的行政执法案卷，但是依法应当保密的除外。《公安机关办理行政案件程序规定》第260条也要求，对在办理行政案件过程中形成的文书材

① 参见袁雪石著：《中华人民共和国行政处罚法释义》，北京：中国法制出版社2021年版，第285-286页。

料，应当按照一案一卷原则建立案卷，并按照有关规定在结案或者终止案件调查后将案卷移送档案部门保管或者自行保管。

行政执法卷宗包括纸质版和电子版，二者具有同等效力。行政执法卷宗也可以分为正卷和副卷。《市场监督管理行政处罚程序规定》第 78 条就指出，案卷可以分正卷、副卷。正卷按照下列顺序归档：立案审批表；行政处罚决定书及送达回证；对当事人制发的其他法律文书及送达回证；证据材料；听证笔录；财物处理单据；其他有关材料。副卷按照下列顺序归档：案源材料；调查终结报告；审核意见；听证报告；结案审批表；其他有关材料。

行政执法卷宗自立案时开始建立，随执法程序发展而不断完善，至结案时健全。“在行政处罚程序中，行政案卷除记录全部证据材料之外，还包括行政处罚过程中的其他各种文献。”①《公安机关办理行政案件程序规定》第 261 条指出，行政案件的案卷应当包括下列内容：受案登记表或者其他发现案件的记录；证据材料；决定文书；在办理案件中形成的其他法律文书。由此可见，卷宗里主要的材料就是证据和文书。《海事行政执法证据管理规定》第 10 条要求，证据应当在适当场所予以妥善保存。无法纳入案卷保存的物证等证据，应当在案卷中说明其保存场所及保管人，并拍照随卷保存。证据应当按照海事行政执法和档案管理的相关规定进行归档保管。

卷宗分析的要点是审查其完备性，即与办理案件相关的真实材料是否齐全完整，具体包括：法定的卷宗应有事项是否齐备；卷宗材料与所办理执法案件是否相关；卷宗收录材料是否真实可靠。《公安机关办理行政案件程序规定》第 262 条强调，行政案件的法律文书及定性依据材料应当齐全完整，不得损毁、伪造。《邮政行政执法监督办法》第 16 条规定，邮政管理部门应当依法收集、整理行政处罚、行政强制、行政许可等行政执法行为的检查记录、证据材料、执法文书并立卷、归档，按照档案管理规定实行集中统一管理。

---

① 李红枫著：《行政处罚证据原理研究》，北京：中国政法大学出版社 2013 年版，第 51 页。

（2）行政执法程序证据

程序证据是指行政执法主体在执法程序中落实全过程记录制度而生成的程序佐证资料，以及严守法定程序而留存的文字、图表和影像资料等。《行政处罚法》第 47 条要求，行政机关应当依法以文字、音像等形式，对行政处罚的启动、调查取证、审核、决定、送达、执行等进行全过程记录，归档保存。这里全过程记录的材料，除了认定案件事实（实体法事实和证据法事实）的定案证据之外，就是行政执法行为自身程序的证据，能够证实执法程序合法规范的程序性证据。这些程序证据必须依法依规归档保存，因为它们事关案件评查、执法监督、评议考核、舆情应对、行政决策和健全社会信用体系等工作的开展和相关事实的认定。《山西省行政执法条例》第 23 条就明确规定，行政执法机关应当根据档案管理有关规定制作行政执法案卷，将办理完毕的行政执法事项的调查记录、证据、文书和审核签批等材料以及记录行政执法过程的音像资料等，编目装订、立卷归档、妥善管理。

本章典型案例

7-1：侵权美术作品属于实物证据

某市文化广电旅游局接到外市甲公司（生产经营工艺品）的投诉，指称本市某工艺品有限公司未经许可，复制其享有著作权的美术作品“彩条回头斑马”“托脸花纹猫”等（皆有《作品登记证书》）。某日，某市文化广电旅游局到本市某工艺品有限公司进行行政检查。调查发现该工艺品有限公司生产的“彩马站”“中猫”等 4 款共 200 件工艺品，其色彩、造型分别与报案人甲公司的“彩条回头斑马”“托脸花纹猫”等 4 款美术作品相似度较高，外观高度相似、造型设计基本一致、颜色纹路基本相同。执法人员对现场负责人进行了询问调查，该工艺品有限公司现场负责人未能出示相关美术作品的著作权许可使用证明。执法人员还对检查过程进行了拍照、摄像，对涉嫌侵权工艺品予以证据先行登记保存。后经进一步调查比对，认定本市某工艺品有限公司的产品构成侵权，属于未经著作权人许可，擅自复制其作品的行为。

遂给予如下行政处罚：没收200件侵权复制品，罚款人民币4000元。

本案中的侵权美术作品即为实物证据。

7-2：被擅自拆除的燃气管道、燃气球阀，以及自行安装的燃气阀门，为原始证据

某日，某市城市管理和综合执法局接到举报，该市某区某居民小区存在擅自拆除和移动燃气设施的违法行为。经现场勘查，当事人李某未注册登记具有相应资质的企业或个体户。李某安排不具有相应资质的人员擅自将室外燃气主管连接室内燃气设施间的部分不锈钢燃气管道以及燃气球阀拆除，并重新在距离燃气主管20厘米处安装了一个新的阀门。本案当事人李某安排未取得相应资质的人员擅自对燃气设施进行拆除和移动，其行为违反了《城镇燃气管理条例》第36条第1款之规定。依据《城镇燃气管理条例》第51条第1款之规定，该市城市管理和综合执法局依法对李某作出罚款人民币1万元的行政处罚。

本案现场客观存在的被擅自拆除的部分不锈钢燃气管道以及燃气球阀，还有距离燃气主管20厘米处安装的新阀门，皆属于原始证据。

7-3：植物检疫证书直接证明装运松木片货证不符，违反法律规定

某日，某省某县水上木材检查站检疫执法人员在该县管辖长江段检疫执法时，查扣某船只装运松木片。当事人丁某某持有《植物检疫证书》。该证书编号为（某）01234567，植物品名为落叶松木片。检查人员现场查验该船只时，发现其装运的木片与植物检疫证书记载不符。该船只实际装运的木片既有落叶松，又有辐射松、花旗松等。虽然落叶松木片已经办理了植物检疫证书，但是辐射松、花旗松等木片均未办理植物检疫证书。遂根据2017年10月7日第二次修订的《植物检疫条例》第18条第1款第1项规定，对货证不符的部分处以罚款。

本案中，《植物检疫证书》作为书证，直接证明了当事人丁某某装运的松木片货证不符，违背《植物检疫条例》第7条的强制检疫规定。

本章复习思考题

1. 简述言词证据与实物证据的优缺点及相互补充。
2. 简述传来证据的特点及其运用规则。
3. 简述间接证据的特点及其运用方法与规则。
4. 简述行政执法全过程记录制度的政策渊源与记录方式。

第八章 行政执法证据属性

本章概要

一切有助于行政执法主体查明案件真实情况的事实和材料，都是证据。从质量上看，它应当具备一定的属性才能成为证据。在行政执法程序中，并非所有事实或者材料都能够成为证据或者定案根据。能否作为证据使用、成为定案根据，取决于证据的属性。在人类证据制度的发展进程中，大陆法系形成了证据属性的两要素说。在此基础上，英美法系受对抗制和陪审团的影响，生成了一品性说；苏联和现当代中国则采用三特征说。在行政执法程序中，出现证据资格的争议时，该证据的提出者需要对证据资格加以必要的证明，此为证据鉴真（authentication）。

一、证据属性的比较分析

证据属性也被称为证据特征、证据要素、证据品格，是贯穿于行政执法证据收集与运用全过程的核心问题，它决定着证据能否作为定案依据，也彰显证据收集与运用工作是否有效。证据属性长期处于说不清、道不明的状态，一个重要的原因就是学术界和实务工作人员未能正确梳理证据属性认知方面的历史发展脉络，基于自身的学术背景和认知水平随意搭配，甚至是“拉郎配”。有鉴于此，这里对证据属性的历史发展进行一个比较法的分析和阐述。

1. 大陆法系长期发展积累形成证据属性的两要素说

认知或者梳理世界各国在证据属性问题上的见解与表达，应当把大陆法系的两要素说作为历史源头和基础。无论是英美法系，还是社会主义法系，其实都是建立在大陆法系的制度基础之上的，都与大陆法系有着紧密的历史渊源关系。

（1）大陆法系的历史发展

美国著名比较法学家约翰·亨利·梅利曼（John Henry Merryman）曾经指出，当今世界存在三大极富影响力的法系：大陆法系、普通法系（英美法系）和社会主义法系。但其中历史最悠久、分布最广泛、影响最深远的是大陆法系。英美法系肇始于公元1066年诺曼底人于哈斯丁斯（Hastings，亦译为黑斯廷斯）一役征服英格兰，其历史不过九百多年。社会主义法系一般认为是起源于十月革命，距今不过百年时间。社会主义法系是在大陆法系基础上的混合型的新法系。因此，这三大法系都起源于欧洲。大陆法系应当是其共同的历史渊源。要了解社会主义法系必须先了解大陆法系。对于大陆法系自身的历史起源与发展，梅利曼教授认为大陆法系是由数个有着不同历史起源以及在不同历史阶段发展起来的支法系组成。这些支法系包括罗马私法、教会法、商法、革命对大陆法系的影响以及法律科学五个部分。①

（2）大陆法系对证据属性的两要素说

历经15个多世纪的长期发展，大陆法系在证据属性的认知和审查判断上，形成了证据资格和证明力的两要素说。因为在世界各国抛弃神明裁判、采用证据裁判主义之后，任何国家和社会、任何法律程序中对证据进行审查判断，都必然会追问两个问题：其一，什么样的事实或者材料可以作为程序中的“证据”予以提出，允许其进入法律程序的“大门”之内，参与事实认定上的程序对抗。这就是所谓的证据资格问题。其二，具有证据资格的这些

① 详见［美］约翰·亨利·梅利曼著：《大陆法系》（第二版），顾培东、禄正平译，李浩校，北京：法律出版社2004年版，第1-13页。

事实或者材料，能不能帮助事实认定者“恢复出”过去发生的案件事实，换言之，这些事实或者材料是否留存过去案件的事实信息、多大程度上留存着信息，根据这些信息能否“复制出”过去发生的案件事实。这就是所谓的证明力问题。概言之，对证据的审查评断不外乎证据资格和证明力两个要素。[①]

中国政法大学郭志媛教授明确指出，大陆法系学者用“证据能力”和“证明力”来阐述证据的基本属性。[②] 这是正确的。大陆法系学者之所以用证据能力和证明力来表达证据属性，也不是凭空杜撰的，而是符合立法和司法实践的，是对立法和司法进行理论概括后提炼出来的。其实，早在我国民国时期，我国学者就已经注意到了大陆法系的两要素说。[③] 知名证据法学者周叔厚先生也指出，当事人与法院共同信守以证据证明事实的规则时，当事人应提出证据，同时该用以证明案件事实的证据，应该是有证据能力（资格）的证据。在此前提下，法院才会考虑证据的内容、判断证据的证明价值或者证明力。周先生也是指出大陆法系证据审查判断的两要素：证据资格和证明价值。[④] 知名学者苏满丽在谈及科学证据时同样强调：“科学证据于审判中所会呈现的问题，则有两个问题点值得探讨，一是科学证据的证据能力（容许性）问题；二是科学证据的证明力（证据价值）的问题。”[⑤] 有鉴于上述观点，完全可以认定在大陆法系的证据属性判断上，证据资格和证明力是两个基本的要素、一对基本的范畴。

证据资格，亦称证据能力、证明能力、证据的适格性、容许性、可采性等，是指相关事实或者材料得被采用为证据而必须具备的条件，即被法律所

---

① 参见何家弘、刘品新著：《证据法学》，北京：法律出版社 2019 年版，第 411 页。

② 详见陈光中主编：《证据法学》（第四版），北京：法律出版社 2019 年版，第 141-142 页。

③ 详见周荣编著：《证据法要论》，吴宏耀点校，北京：中国政法大学出版社 2012 年版，第 4-5 页；东吴大学法学院编：《证据法学》，吴宏耀、魏晓娜点校，北京：中国政法大学出版社 2012 年版，第 7-8 页。

④ 详见周叔厚著：《民事·刑事·行政证据法论》（第三版），台北：三民书局股份有限公司 1995 年版，第 2-5 页。

⑤ 苏满丽：《科学证据中 DNA 型鉴定的证据能力——日本足利案件的探讨》，载《法令月刊》2008 年第 2 期，第 116 页。

容许为证据的资格。应当说，证据资格是法定的。大陆法系对于证据资格的法律规制，一般不从正面积极规定哪些情形下、符合哪些条件就有资格，而是从反面消极规定哪些证据资料不具有证据能力或者证据能力受有限制，如德国法律中的证据禁止制度。大陆法系法律之所以一般用排除或者禁止的方式规定证据资格，其原因和目的在于最大限度地保证与事实认定有关的资料都可以进入法律程序。用正面积极的表达方法，难免挂一漏万，也增加认定与论证的难度。相反，用反面消极的表达方法，则较为周全，凡未被明确禁止或者排除的资料，都有证据资格。禁止或者排除掉无资格的，剩下全是具有证据资格的。

证明力，亦称证明价值、证据价值、关联性，是指证据在证明、证实待证事实（证明对象）存在或不存在上体现出来的价值，包括价值的有无、大小强弱等程度。证明力是证据在“复制出”或者“恢复出”过去案件事实上所具有的功效。证据有无证明力及证明力大小强弱，取决于它在多大程度上留存着过去案件事实的信息，留存的是不是案件中的信息，这些信息是否真实可靠。所以，关联性和真实性（对人证而言，一般称之为可信性或者可靠性）一般是判断证明力的路径。对于证据证明力的判断，如果同证据资格一样，由法律作出规定，事实认定者只需机械适用、量化计算，那么这就是证据法定制度。对于证据证明力的判断，如果完全委诸事实认定者的经验和理性，法律不作规定，则为自由心证主义。

认知大陆法系证据属性的两要素说，还有下列三个问题需要进一步厘清：

第一，证据资格法定与证据法定主义是不是一回事。我国民国时期的证据法学者普遍有一个错误的认识，那就是英美法系原则上采用法定证据主义或者形式的证据主义，即关于证据方法之种类及可否提出，与有无证据力及证据力之强弱，法律皆定明文，法院不得违反；大陆法系原则采用自由心证主义或者实质的证据主义，即证据之是否可采、证据力之强弱，皆凭法院根据经验与学识自由判断，法律不设明文限制。[①] 这种理解与表达是错误的。法定证据制度（证据法定主义）是大陆法系历史上出现过的、由立法预先规定证据证明力的制度，而英美法系从来没有出现过这一制度。英美法系的证据规则强调证据的可采性（证据资格）由法律规定，法官应当遵守证据规则对可采性的规定，这一制度体现的是证据资格法定。证据法定主义（法定证据制度）是指证据的证明力由法律规定；证据资格法定是指证据的证据资格、证据能力或者是否可采，由法律规定。两大法系都奉行证据资格法定，但证据法定主义仅在大陆法系出现过且早已被抛弃。所以，不能把证据资格法定与证据法定主义混为一谈。

第二，证据力不是指证据能力（证据资格），而是指证明力。国内有学者认为证据力不同于证明力，证据力是指证据资格或者证据能力。[②] 但是，也有学者指出，证明力，在民事诉讼中又被称为“证据力”，是指证据对于案件事实有无证明作用及证明作用如何。[③] 这里，证据力是指证明力，与证明力是同一概念。证据力不是指证据资格或者证据能力，而是指证明力或者证明价值。其实，早在民国时期，学界就认为证据力是指证明力，那时也把证据力称为“证力”。[④]

第三，证明价值与证明力是同一关系还是包含关系。何家弘、刘品新两位教授认为，证据证明力的主要内容是真实性和证明价值。对证据证明力的审查评断主要包括两个方面的内容：证据真实性的审查和证据证明价值的评断。显然，两位教授主张证明力包含着证明价值、证明力和证明价值不是同

---

① 详见蒋澧泉编著：《民刑诉讼证据法论》，吴宏耀、魏晓娜点校，北京：中国政法大学出版社2012年版，第7-9页。

② 详见樊崇义主编：《证据法学》（第六版），北京：法律出版社2017年版，第3页。

③ 参见陈光中主编：《证据法学》（第四版），北京：法律出版社2019年版，第142页；何家弘、刘品新著：《证据法学》，北京：法律出版社2019年版，第263页。

④ 详见东吴大学法学院编：《证据法学》，吴宏耀、魏晓娜点校，北京：中国政法大学出版社2012年版，第140页；周荣编著：《证据法要论》，吴宏耀点校，北京：中国政法大学出版社2012年版，第131页。

一概念。[①] 然而，其他学者认为，证明力就是指证明价值，二者是同一概念。例如，张保生教授指出，证据的证明力（probative force），又称“证明价值（probative value）”，是指证据对于案件待证事实是否存在所具有的证明作用及其程度。[②] 还有学者指出，证据的证明力，就是指证据所具有的内在事实（留存着的过去案件事实之信息）对案件事实的证明价值和证明作用。[③]

2. 英美法系建立在陪审制和对抗制基础上的一品性说

两要素说是证据属性最古老、最正确、最全面的认知与表达。但是，在英美法系的发展历程中，证据属性的规定却逐渐演化为一品性说了，主要关注证据的可采性。其原因在于英美法系的证据法立法与实践是建立在陪审制和对抗制基础之上的。比较法学家达马斯卡曾经指出，对于英美法系证据法的特殊性或者认定案件事实方法的特色，可以从两个角度分析其产生原因，一是陪审团制度，即非专业人士担任了案件事实的裁定者；二是对抗式诉讼制度，即诉讼双方律师在收集证据材料和将这些材料出示给法庭时扮演着显著角色。[④] 这与专业职业法官探知案件事实、推动程序进展的大陆法系明显不同。

在对抗制和陪审制的基础上，历经 10 个世纪的判例法（普通法和衡平法）、成文法的发展，英美法系在证据属性的认知和审查判断上，形成了可采性的一品性说。对此，著名证据法学者周叔厚先生曾经指出：在英美有陪审团审理的案件中，由陪审团衡量证据的证明价值或者证明力，法官只是依据证据的容许（可采）与排斥规则，为陪审团选择证据。法官的工作，好像是一个筛子，甚为琐细。如果不用陪审团的案件，则全由法官衡量证据以认定

---

① 详见何家弘、刘品新著：《证据法学》，北京：法律出版社 2019 年版，第 412 页。

② 详见张保生主编：《证据法学》（第二版），北京：中国政法大学出版社 2014 年版，第 29 页。

③ 详见樊崇义主编：《证据法学》（第六版），北京：法律出版社 2017 年版，第 3 页。

④ 详见［美］米尔建·R. 达马斯卡著：《漂移的证据法》，李学军、刘晓丹、姚永吉、刘为军译，何家弘审校，北京：中国政法大学出版社 2003 年版，第 1-4 页。

案件事实。与大陆法系完全由法官衡量证据的证明力强弱不同，英美法系有容许与排斥规则，由法官选择证据，交由陪审团衡量证明力，这就是可采性交给法庭、证明力交给陪审团（Admissibility for court，weight for jury）。[①]

我国学者在证据属性比较法考察的语境下，提出这样的见解：证据的关联性（relevance）与可采性（admissibility）是英美证据法的基本概念；证据的可采性以关联性为前提，但是有关联性的证据不都具有可采性。[②] 据此，显见英美法系证据属性只考虑其可采性。而证据是否可采，是否具有可采性，是以证据的关联性为前提的，关联性是可采性的基础。美国《联邦证据规则》第 402 条从正反两个角度规定，凡相关的证据都可采；不相关的证据不可采（Relevant evidence is admissible；irrelevant evidence is not admissible），就非常明确地肯定了这一点。因此必须强调，英美法系证据属性认知上的可采性与相关性不是平行的并列关系，而是决定与被决定的上下递进关系。唯其如此，才称英美法系证据属性的主张为一品性说。证据的可采性，亦称容许性，是指在听审、审判或者其他法律程序中被允许进入程序的证据所应有的品质或者状况。在基本的功能上，英美法系证据属性的可采性与大陆法系证据属性的证据能力，几乎一致。可采性或者证据能力，都是指具有一定资格的证据才可以采纳，被允许进入法律程序。[③] 相关性是可采性的必要条件，也是判断可采性的基本路径。所谓相关性，又称关联性，是指证据与案件待证事实之间具有逻辑证明关系，该证据留存着过去发生的案件事实的相关信息，据此证据可以认定案件事实的存在或者不存在。对于相关性的检验或者判断，根据美国《联邦证据规则》第 401 条的要求，应当包括证明性和实质性两个方面。相关性是实质性和证明性的结合。如果所提出的证据对案件中的某个实质性争议问题具有证明性（有助于认定该问题），那它就具有相关性。

---

① 详见周叔厚著：《民事·刑事·行政证据法论》（第三版），台北：三民书局股份有限公司 1995 年版，第 4、32 页。

② 参见陈光中主编：《证据法学》（第四版），北京：法律出版社 2019 年版，第 139 页。

③ 参见张保生主编：《证据法学》（第二版），北京：中国政法大学出版社 2014 年版，第 23 页。

固然，英美法系在陪审制和对抗制的基础上形成了证据属性的一品性说。但是，这种一品性说在法律实践中也是存在各种例外情形的，简言之，主要包括：①无陪审团时，专业法官既考虑可采性，也考虑证明力（probative value）。②基于其他价值的考量，有些证据纵使有相关性，也会不可采，如美国《联邦证据规则》第四章规定的重复、拖延、易生偏见等。③专家证言的可采性取决于相关性和可靠性（美国《联邦证据规则》第702条），证人证言的可采性取决于相关性和可信性（美国《联邦证据规则》第602条），不是仅仅考虑相关性一项。④相关性的判断要素中，其实也包含着证明力的考量，证明性和实质性，离不开证明力的考察。绝对离开证明力的考量来谈相关性是不完整的。这些例外，除了体现英美法系证据属性与大陆法系证据属性的历史渊源之外，更多地彰显着证据属性两要素说的正确和全面。

3. 俄罗斯和中国的证据三特征说

从历史发展的脉络看，苏联的法律制度深受大陆法系国家，尤其是德国法律的影响；现在的俄罗斯法律也是建立在苏联法律和大陆法系法律的基础之上的。这正如梅利曼教授所言，在演变为社会主义国家的古巴以及其他东欧国家，包括苏联，大陆法系同样占据着主导地位。大陆法系对社会主义法律制度所产生的影响依然会经久不衰。[①] 中华人民共和国的法律制度深受苏联法律的影响亦是不争的事实。在俄罗斯的现行立法中，无论是刑事诉讼证据还是民事诉讼证据，以及其他法律程序中的证据，三特征是基本的证据属性，分别是合法性（可采信性、许可性）、真实性、相关性（关联性）。[②]

我国自20世纪50年代以来，法学界，尤其是诉讼法学界，对证据属性一直存在争议，传统三性说主张证据应当具有客观性（真实性）、关联性（相

① 参见［美］约翰·亨利·梅利曼著：《大陆法系》（第二版），顾培东、禄正平译，李浩校，北京：法律出版社2004年版，第3页。

② 参见《世界各国刑事诉讼法》编辑委员会编译：《世界各国刑事诉讼法·欧洲卷》（上册），北京：中国检察出版社2016年版，第407、411页；《俄罗斯民事诉讼法典》，程丽庄、张西安译，厦门：厦门大学出版社2017年版，第20-21、24页。

关性）和合法性（法律性）；传统两性说认为合法性不是证据的本质属性，只有客观性和关联性才是；新两性说则认为客观性不是证据的属性，证据属性仅有关联性和合法性。[①] 尽管学术界存在这样或者那样的争议，各种学说也是百花齐放、百家争鸣。但是，从现行有效的法律文件来看，无论是在诉讼程序中，还是在行政执法程序中，三特征说仍然是主流表述，如 2018 年 2 月 6 日发布的《最高人民法院关于适用〈中华人民共和国行政诉讼法〉的解释》第 42 条也规定，能够反映案件真实情况、与待证事实相关联、来源和形式符合法律规定的证据，应当作为认定案件事实的根据。而《交通运输行政执法程序规定》第 31 条则直接规定，证据应当具有合法性、真实性、关联性。在行政执法的一些地方性规定中，也是强调定案证据应当具备合法性、真实性和关联性这三项基本属性。例如，《福建省行政执法条例》第 54 条要求，所有作为行政执法决定依据的证据材料应当具备合法性、真实性和关联性。又如，《江苏省行政程序规定》第 57 条规定，不具备合法性、真实性和关联性的证据材料不得作为行政执法决定的依据。

二、行政执法证据的两要素

运用证据的行政执法主体从外部评价、分析证据时考虑的证据特征为证据要素。证据要素包括证据资格和证明力两项。证据资格具有前置性。有行政法学者指出，证据资格与证明力是一对联系非常密切的概念。证据资格解决的是证据的门槛问题，不具有证据资格的证据材料，根本不能作为证据提出，更不能作为定案的根据；证明力解决的是具有证据资格的证据对待证事实的证明程度、强弱问题。因此可以说，证据资格是从形式方面观察证据的资格条件；证明力则是从实质方面考察其价值。证据资格和证明力是证据评

---

① 详见宋英辉、汤维建主编：《证据法学研究述评》，北京：中国人民公安大学出版社 2006 年版，第 158-165 页。

价、分析主体考察证据时的基本追问。[①]

1. 证据资格

证据资格，亦称证据能力，是指某事实或者材料能够作为证据进入行政执法程序的可能性。

证据资格由法律法规加以规定。凡不为法律法规所禁止或者排除的事实或者材料，都具有证据资格。正如大陆法系规定证据资格的传统，我国行政执法证据法规范文件对证据资格的表达也是采用反向排除的表达技术，通过规定一些证据材料不能作为定案根据来彰显证据资格。例如，《治安管理处罚法》第 79 条就规定，公安机关及其人民警察对治安案件的调查，应当依法进行。严禁刑讯逼供或者采用威胁、引诱、欺骗等非法手段收集证据。以非法手段收集的证据不得作为处罚的根据。

综合行政执法证据法文件的表述，不具有行政执法证据资格的证据包括但不限于：

（1）一切不具备合法性的证据，包括但不限于：

①严重违反法定程序收集的证据；

②以引诱、欺诈、胁迫、暴力等不正当手段获取的证据；

③以偷拍、偷录、窃听等手段获取且侵害他人合法权益的证据；

④以其他违反法律禁止性规定或者侵犯他人合法权益的方法获取的证据；

⑤不能正确表达意志且无证人资格的人提供的证言；

⑥鉴定人不具备鉴定资格、鉴定程序严重违法情形下出具的鉴定意见；

⑦存在明显不符合法律、法规、规章和相关规定要求的勘验、检查、现场笔录。

---

① 参见王万华著：《中华人民共和国行政执法程序条例（建议稿）及立法理由》，北京：中国人民公安大学出版社 2016 年版，第 79 页。

（2）无形式关联性的证据，包括但不限于：

①与案件没有任何联系的证据材料；

②对案件待证事实的证明没有实质指向意义的重复证据、拖延证据；

③对证明目标会带来不当影响的误导证据或者明显偏见证据：

④不能指向案件中专门性问题判断的、意见不明确或者内容不完整的鉴定意见。

（3）无形式真实性的证据，包括但不限于：

①根本不能成立的证据；

②无法感知和认识的证据；

③被伪造、变造或者技术处理而无法辨明真伪的证据；

④被询问人身份未经确认或者没有进行个别询问而取得的证人证言、当事人陈述。

（4）不能对证据资格进行鉴真的证据，包括但不限于：

①对来源及收集过程有疑问，不能作出合理解释的书证、物证；

②没有其他证据佐证且相关人员不予认可的证据复制件或者复制品；

③经审查或者鉴定无法确定真伪的视听资料、电子数据；

④制作和取得时间、地点、方式等有异议，不能提供必要证明的视听资料、电子数据；

⑤没有经证人、当事人核对确认的证人证言、当事人陈述；

⑥在中华人民共和国境外形成的未办理法定证明手续的证据；

（5）不具备合法性、形式真实性和形式关联性的其他证据。

2. 证明力

证明力，亦称证明价值，是指某事实或者材料因其留存案件信息而具有的揭示过去事实情况的价值，包括价值的有无及大小强弱。

证明力由行政执法主体及法制审核人员、行政复议人员和行政审判法官等认定主体自由裁量。因此，行政执法证据法规范文件很少有直接、详细规定某证据的证明力状况的条款，以免有法定证据制度之嫌。所谓法定证据制度，是指盛行于欧洲16世纪至18世纪君主专制时代的一种由法律直接规定证据证明力有无及大小强弱的制度。该制度取消了法官和事实认定者自由评断证据证明力和取舍证据的权力，强调法官和事实认定者机械地运用法律规定的证明力判断规则，进行证明力的加减乘除来认定案情。① 虽直接规定某证据证明力有无及大小不太妥当，但是，在行政执法证据法规范文件中，还是有两种事关证据证明力的表述方式，其一是规定某些证据的证明力有待补强；其二是规定证明同一事实的数个证据之间的证明力比较规则。前者如《海事行政执法证据管理规定》第41条；后者如原《价格行政处罚证据规定》第41条。必须强调指出，这两种规定都是一种便于操作、指导实践的建议性条款，相较于证据资格的条文，其强制性较弱。尤其是证据证明力比较的规定，仅具一般指导意义或者建议价值，并不妨碍行政执法主体及其相关人员自由判断证据的证明力。

（1）证据证明力有待补强的规定。综合行政执法证据法文件的表述，规定证据不能单独作为定案依据，其证明力需要其他确实、充分的证据予以必要的补强的情形有：

①无其他证据佐证的当事人陈述；

②未成年人所作的与其年龄和智力状况不相适应的证言；

③与一方当事人有亲属关系或者其他密切关系的证人所作的对该当事人有利的证言，或者与一方当事人有不利关系的证人所作的对该当事人不利的证言；

④有正当理由不当面陈述作证的书面证人证言；

⑤难以识别是否经过修改的视听资料、电子数据；

⑥无法与原件、原物核对的复制件或者复制品；

⑦经一方当事人或者他人改动，对方当事人不予认可的证据；

---

① 详见卞建林主编：《证据法学》（第三版），北京：中国政法大学出版社2007年版，第20-25页。

⑧其他不能单独作为定案依据的证据。

（2）证明力相互比较的规定。综合行政执法证据法文件的表述，对证明同一事实的数个证据，其证明力比较分析的规则主要有：

①国家机关、其他职能部门依职权制作的公文书证的证明力一般大于其他书证；

②鉴定意见、勘验笔录、档案材料或者经过公证、登记的书证，其证明力一般大于其他书证、视听资料、电子数据和证人证言；

③原始证据的证明力一般大于传来证据；

④直接证据的证明力一般大于间接证据；

⑤证人提供的对与其有亲属关系或者其他特定关系的当事人有利的证言，其证明力一般低于其他证人证言；

⑥有数个证人证言的，应根据不同证人的自身情况、对案件事实的了解程度等，结合案情进行综合分析认定；

⑦原件、原物优于复制件、复制品；

⑧数个种类不同、内容一致的证据优于一个孤立的证据。

三、行政执法证据的三特征

我国行政执法证据的证据属性包括合法性、真实性和关联性，合称证据三特征或者简称证据“三性”。三者一并具备时该证据才能够作为认定案件事实的根据。例如，原《文化市场行政处罚案件证据规则（试行）》第3条第2款强调，证据必须经过客观性、关联性和合法性审查，方能作为行政处罚的依据。证据的真实性和关联性与某事实或者材料一体产生；证据的合法性于该事实或者材料被调查收集或者制作生成时出现。有学者指出，根据现行有效的法律文件、司法解释以及司法实践，我国的证据属性应概括为真实性、关联性和合法性，其中真实性和关联性二者内涵结合起来近似于大陆法系的证明力；合法性内涵近似于大陆法系的证据资格。[①] 这种观点看到了证据三特征与证据两要素之间的联系，虽总体上是正确的，但是，不够细致严谨。严格来说，证据的合法性、形式真实性和形式关联性影响证据资格。证据的内容真实性和实质关联性决定其证明力。

1. 证据的合法性

证据合法性，亦称证据的法律性，是证据属性中的外赋属性，其内涵包括但不限于下列要求：

（1）任何作为证据的事实或者材料必须属于现行有效的法律法规所许可的证据种类。

（2）事实类证据的提取主体、提取过程符合法律法规的要求。

（3）材料类证据的生成主体、生成过程、证据内容、证据形式符合法律法规的要求。

证据合法性不是指作为证据的人或者物具有法律所许可的正当性、流通性，而是强调证据种类的法定，以及各种类证据收集、提取、生成的主体、过程、内容和形式等完全符合法律法规的基本要求。证据合法性更多地在于彰显程序的正当与规范，遏止非法的取证程序，追求依法行政、依法取证。《公安机关办理行政案件程序规定》第 27 条就明确要求，公安机关必须依照法定程序，收集能够证实违法嫌疑人是否违法、违法情节轻重的证据。严禁刑讯逼供和以威胁、欺骗等非法方法收集证据。采用刑讯逼供等非法方法收集的违法嫌疑人的陈述和申辩以及采用暴力、威胁等非法方法收集的被侵害人陈述、其他证人证言，不能作为定案的根据。收集物证、书证不符合法定程序，可能严重影响执法公正的，应当予以补正或者作出合理解释；不能补正或者作出合理解释的，不能作为定案的根据。

对于证据的合法性，亦可简要归纳为种类法定、主体适格、过程规范、

① 参见陈光中主编：《证据法学》（第四版），北京：法律出版社 2019 年版，第 142 页。

内容客观、形式完备。因此，在行政执法程序中，审查分析证据的合法性，亦应当从这些方面入手。例如，《交通运输行政执法程序规定》第 47 条就明确指出，审查证据的合法性，应当审查下列事项：调查取证的执法人员是否具有相应的执法资格；证据的取得方式是否符合法律、法规和规章的规定；证据是否符合法定形式；是否有影响证据效力的其他违法情形。这些合法性的要件，从宏观上体现着法治的要求，而在微观上则保全着证据内在的关联性和真实性。取证过程合法规范，物证链条完整，可以保全物证的关联性与真实性；取证方式文明合法，没有刑讯逼供和威胁，可以保证人证陈述的真实性，真实的陈述才具有关联性，尤其是实质关联性，即对案件事实的准确揭示。

2. 证据的真实性

证据的真实性，亦称证据的客观性，它是证据的内生属性，其内涵包括但不限于下列要求：

（1）形式真实：证据应当具备成立为该等证据应有的形式要件；证据应当具备被各类主体感知和认识的外在表现形式。

（2）内容真实：证据所留存、表达的案件事实信息是客观真实的，不存在诸如伪造、变造等虚假情形，以及非臆测、猜想、评价、分析等主观信息。

现代证据法学界，也有学者主张证据客观性标准的两分。何家弘与刘品新两位教授认为，在具体的司法和执法活动中，客观性包括两个方面。首先，证据的内容必须具有一定的客观性，必须是对客观事物的反映。其次，证据必须具备客观存在的形式，必须是人们可以通过某种方式感知的东西。无论是物证、书证，还是证人证言、鉴定意见，都必须有其客观的外在表现形式，都必须是看得见、摸得着的东西。两位教授还指出，如果使用真实性一词替代客观性的措辞，则事关证据资格条件的真实性应当是一种法律上的真实性。换言之，用于证明案件事实的证据必须在形式上或者表面上是真实的，若完全虚假或者伪造则不得被采纳，没有证据资格。至于该证据在实质上的真实程度，即可靠性大小，则属于判断其证明力的标准。[①] 由此观点可见，证据的形式真实决定证据资格；内容真实或者实质真实影响证明价值。

在行政执法程序中，对于证据真实性的判断，其路径当然是从形式与内容两个方面考量，具体而言，则包括若干细节因素。例如，《海事行政执法证据管理规定》第 37 条第 1 款规定，审查证据的真实性，应当审查下列事项：证据形成的原因；发现证据时的客观环境；证据是否为原件、原物，复制件、复制品与原件、原物是否相符；提供证据的人或者证人与当事人是否具有利害关系；影响证据真实性的其他因素。第 2 款重点强调单个证据的部分内容不真实的，不真实部分不得采信。这是综合考虑了证据的形式真实与内容真实，尤其指出证据内容不真实时，对该证据不得采信，即不认可其证明力。

3. 证据的关联性

证据的关联性，亦称证据的相关性，它也是证据的内生属性，其内涵包括但不限于下列要求：

（1）形式关联：证据来源于过去发生的案件环境且与案件事实具有部分或者全部的牵连。

（2）实质关联：证据所留存、表达的案件事实信息足以帮助行政执法主体认定部分或者全部过去发生的案件事实。

对于证据的关联性进行两分或者作细致的解剖，在国内外都是存在先例的。例如，美国著名学者华尔兹教授指出：相关性是实质性和证明性的结合。如果所提出的证据对案件中的某个实质性争议问题具有证明性（有助于认定该问题），那它就具有相关性。所提的证据会使某个主张（实质性事实问题）的存在成为可能（或不可能）吗？如果会，它就有证明力，并因此具有相关性。华尔兹教授提出用来检验相关性的方法是追问如下三个问题：其一，所提的证据是用来证明什么的？（问题是什么？）其二，这是本案中的实质性问

---

① 详见何家弘、刘品新著：《证据法学》，北京：法律出版社 2019 年版，第 118-119 页。

题吗？其三，所提出的证据对该问题有证明性（它能帮助确认该问题）吗？[①] 国内也有学者指出，对证据关联性的认识，有两点应当注意：第一，从形式上推论，证据应当与案件事实之间有逻辑上的联系；第二，从内容上看，证据所反映的内容应当是能够直接或者间接说明案件有关事实情况的。[②]

在行政执法程序中，如何判断证据的关联性？美国华尔兹教授的认知和路径是值得借鉴的。在我国的行政执法证据规范性文件中，也有不少类似的表述，如《环境行政处罚证据指南》第5.2.2条指出，证据的关联性审查主要认定证据与待证事实之间的联系，重点从下列方面判断：

（1）证据与待证事实之间是否存在法律上的客观联系；

（2）证据与待证事实的联系程度；

（3）全部证据、单个证据拟证明的各事实要素能否共同指向据以作出行政处罚决定的事实结论，该事实结论是否唯一；

（4）是否有影响证据关联性的因素。

4. 影响证据三特征的因素

要而言之，证据的合法性、真实性和关联性是由下列行为、环节和状态所决定的：

（1）证据形式；

（2）证据来源、证据生成；

（3）证据处所、证据环境；

（4）证据提取、证据扣押、证据保全、证据固定、证据保管、证据送检；

（5）证据内在和外在的一些特征、证据内涵；

（6）证人身份、证人感知、证人记忆、证人表达；

（7）其他对证据内在属性有影响的因素。

---

① 详见［美］乔恩·R. 华尔兹著：《刑事证据大全》，何家弘等译，北京：中国人民公安大学出版社1993年版，第64-66页。

② 详见江伟主编：《证据法学》，北京：法律出版社1999年版，第214-216页。

四、行政执法证据的鉴真

行政执法证据必须首先具有证据资格，其次才能讨论其证明价值。在行政执法程序中，当存在对某事实或者材料的证据资格产生合理怀疑或者争议时，收集、提出或者引入该证据的相关主体，应当承担证明该证据确系自己所主张的证据的责任，也就是需要对该证据的证据资格加以必要的证明。这种活动在英美法系被称为证据鉴真或者证据证真（authentication）。[①]

1. 证据鉴真的概念和性质

证据鉴真是指证据提出者为了使所提证据获取证据资格而对其形式关联性、形式真实性以及过程合法性等属性所进行的证明活动。证据鉴真的本质是一种证明，是对事关证据资格的必要事项的证明。该证明不同于运用证据对案件实体法事实或者程序法事实的证明，它仅仅是对某些证据资格有争议或者合理怀疑的证据的属性进行证实，而且是专门针对事关证据资格的形式关联性、形式真实性和过程合法性。此时，该证据有关资格的形式关联性、形式真实性和过程合法性等属性事实是证明对象，其证明标准只需要达到比较优势或者表面可信即可。

有关证据鉴真的规定，在行政执法证据法规范文件中极为常见，如《海事行政执法证据管理规定》第 7 条第 2 款要求对于收集的证据应当载明来源、取得时间，并由海事行政执法人员以及当事人签字或者盖章确认。当事人拒绝签章的，海事行政执法人员应当在相应的证据材料上注明情况，有见证人的，还应当由见证人签字或者盖章。这里要求当事人、执法人员、见证人签字或者盖章，就是对证据形式关联性、形式真实性和过程合法性的证明。

2. 证据鉴真的构成要素

除非法律法规有明确规定或者证据自身已经包括鉴真要素，证据鉴真一

① 本部分内容参见邱爱民著：《实物证据鉴真制度研究》，北京：知识产权出版社 2012 年版。

般需要提出另外的旁证加以证明。综合考量，证据鉴真活动的构成要素包括如下五个方面：

（1）证据鉴真的主体

通常情况下，凡是承担举证责任的当事人，在其履行举证责任、提出证据时，如果对方对该证据的证据资格提出异议或者形成争议，则该当事人应当对所提出的证据予以鉴真。在行政执法程序中，由于是行政执法主体收集证据、运用证据认定或者查明案件事实，所以相关法律法规规章为了解决证据鉴真问题或者说为了减少证据资格上的争议而在证据收集或者生成的环节就要求采取一些证据资格佐证的措施，如《山西省行政执法条例》第 18 条第 2 款的规定。此外，在行政执法程序中，部分前置或者辅助的证人也可能是证据鉴真的主体，如勘验见证人在勘验笔录、勘验所取得证据发生涉及证据资格的争议时，往往需要出面证实勘验当初时自己的所见所闻，并以此佐证笔录的形式真正、物证的形式关联（来源清楚），如《农业行政处罚程序规定》第 39 条的规定。

（2）证据鉴真的对象

证据鉴真的对象是指证据鉴真的客体。既然是证据鉴真，那么其客体自然是证据。在行政执法证据鉴真实务中，作为客体的证据无论是原件、原物、原始载体，还是复制件、复制品等各种示意证据或者替代证据，都需要鉴真。例如，《交通运输行政执法程序规定》第 37 条对收集视听资料的各项要求，无不体现着对证据鉴真的考虑，无论是收取原始载体还是收集复制件，都需要相应的鉴真。该条指出：

①收集有关资料的原始载体，并由证据提供人在原始载体或者说明文件上签名或者盖章确认。

②收集原始载体确有困难的，可以收集复制件。收集复制件的，应当由证据提供人出具由其签名或者盖章的说明文件，注明复制件与原始载体内容一致。

③原件、复制件均应当注明制作方法、制作时间、制作地点、制作人和

证明对象等。

④复制视听资料的形式包括采用存储磁盘、存储光盘进行复制保存、对屏幕显示内容进行打印固定、对所载内容进行书面摘录与描述等。条件允许时，应当优先以书面形式对视听资料内容进行固定，由证据提供人注明“经核对与原件一致”，并签名或者盖章确认。

⑤视听资料的存储介质无法入卷的，可以转录入存储光盘存入案卷，并标明光盘序号、证据原始制作方法、制作时间、制作地点、制作人，以及转录的制作人、制作时间、制作地点等。证据存储介质需要退还证据提供人的，应当要求证据提供人对转录的复制件进行确认。

（3）证据鉴真的内容

证据鉴真的内容当然是那些影响证据资格的证据合法性（主要是过程合法性）、形式关联性和形式真实性。但是在具体的行政执法实务程序中，证据鉴定的内容更多地落脚于微观细节方面，关注的重点是影响证据合法性、关联性和真实性的具体行为、环节和状态。换言之，证据鉴真与证据分析一样，其内容具有三个层次：第一层次是证据的资格；第二层次是影响证据资格的过程合法性、形式关联性和形式真实性；第三层次是决定过程合法性、形式关联性和形式真实性的微观细节，证据生成、证据发现、证据保全、证据收集等方面的若干行为、环节与状态，如原《价格行政处罚证据规定》第 35 条的要求。

（4）证据鉴真的方法

一般而言，证据鉴真的方法包括自我鉴真和旁证鉴真两类。所谓自我鉴真，亦称立法鉴真，是指法律规定的公文书（如许可证书、红头文件）或者权威出版物（如立法机关公报），它们自身所包含的名称、印章、制作主体或者出版社就足以证明它们的真实性。若无重大理由不得怀疑其真实性。相应地，提出者、使用者亦无须证实其具备法定资格。原《文化市场行政处罚案件证据规则（试行）》第 29 条第 1 项在对数个证据的效力关系进行比较时指出，国家机关以及其他职能部门依职权制作的公文文书优于其他书证。这就是因为公文书可以自我鉴真，当然具有真实性，而其他书证不能自我鉴真、需要旁证鉴真。所谓旁证鉴真，是指在司法或者行政执法程序中，一旦就证据资格产生异议或者争议，该证据的提出者或者使用者就应当运用其他外在的人证或者物证来佐证该证据具备证据资格。《海事行政执法证据管理规定》第 7 条第 2 款要求当事人签字或者盖章确认、见证人签字或者盖章，就是旁证鉴真的典型形式。

（5）证据鉴真的程序

行政执法证据的鉴真存在于三类程序中：行政执法程序、行政复议程序、行政诉讼程序。在行政执法程序的证据鉴真主要见于析证、听证两种场合，尤其是听证程序中。例如，《黑龙江省行政执法程序规定》第 26 条第 1 款第 4 项规定，听证程序中的一个重要环节就是出示证据，进行质证。所谓质证，其实就是对证据的资格和证明价值提出异议或者否定性意见。

本章典型案例

8-1：两名协管员摄录的音像电子证据是否具有合法性

某日，某市某区城管综合执法局两名协管员在沿街巡查时，发现某小贩占道经营，遂用随身携带的执法记录仪摄录了一段现场视频。在该局执法技能培训交流会议上，针对该段视频资料能否作为定案根据产生了分歧。一种观点认为，协管人员不是行政执法人员，不具有取证的主体资格，所摄录的音像视频资料可以作为案件线索来源，但不能作为定案根据。另一种观点认为，执法记录仪摄录的视频具有连贯性、直观性、完整性，可以作为定案证据。

必须强调：无论是国家的政策文件，还是相关的法律法规规章，以及规范性文件，对于调查取证主体的合法性，都有明确规定。调查取证只能由具有行政执法资格的执法人员实施。执法辅助人员（如辅警、协管员）可以在执法人员的带领与指导之下，参与调查取证、协助调查取证。而本案小贩占道经营的违法事实，完全由两名协管员摄录留存，该视听资料作为案件线索来源可以使用，但作为行政处罚的定案证据却不具备合法性，没有证据资格。

8-2：视听资料应注明制作方法、制作时间和制作人等信息才具有合法的证据资格

某日10时20分许，某市公安局某分局某边防派出所接到110指令：有人在该市某区某村石山东北角烧荒引发石山火灾。受理此案后，公安民警进行调查取证，经查证后依据取证事实，认定杨某某于当日9时许，在该市某区某村石山东北角开垦的地里烧荒引起石山火灾，造成石山部分树木受损，遂对杨某某作出拘留十日的行政处罚。杨某某提出证据证明自己当时不在现场，放火烧荒引发火灾非自己所为，其中有一份视听资料（光盘）。在此治安管理处罚引起的行政诉讼中，人民法院对该视听资料（光盘）未予采信，其理由是该视听资料没有制作方法、制作时间、制作人的交代，亦无相关文字记录，不符合视听资料作为证据的合法性要求。

8-3：为了确保证据的相关性和真实性，扣押全部电脑并非滥用职权

某日，某市文化行政执法大队接群众举报，在该市某街道某小区某出租屋内，有一中型黑网吧。执法人员到达现场后，发现该黑网吧有二十多台电脑，正在营业，还有四名未成年人在打游戏。执法人员要求经营业主出示网络文化经营许可证、营业执照、税务登记证、网吧安全许可证、消防安全许可证、收费许可证等证照。该业主表示什么证照都没有。为了进一步查证案情，执法人员将现场所有电脑及相关设备封存扣押，保管于文化行政执法大队物证室。随后，该经营业主向上级部门及新闻媒体举报该文化行政执法大队滥用职权，侵犯公民财产权。

对于本案文化行政执法大队查扣黑网吧全部电脑的行为，不能认定为滥用职权。一方面，电子网络数据信息有特殊性，数据与数据载体不可分离，相较于数据复制，整体扣押数据载体更为可取。另一方面，该黑网吧没有任何许可证照，完全彻底就是非法经营，任何一台电脑及相关设备，都是违法经营的物品，都与案件相关，依据《行政强制法》第23条的规定，都可以扣押。这种扣押保证了涉案电脑及相关设备作为定案证据的真实性和关联性。

本章复习思考题

1. 简述大陆法系证据属性认知的“两要素”及其判断路径。
2. 简述英美法系证据属性认知的“一品性”及其例外。
3. 简述证据“三特征”的具体内涵。
4. 简述证据鉴真及其构成要素。

第九章　行政执法调查取证概述

本章概要

狭义的调查取证仅指行政执法机关和执法人员自我发现、收集证据的专门活动；广义的调查取证还包括证据保全、证据公证和协助取证。在行政执法程序中，实施调查取证应当遵循合法、客观、全面、公正、及时、合理和保守秘密等基本原则。行政执法调查取证的工作方法必须强调法定性，同时注重科技取证手段的运用。一般而言，收集人证的主要方法是询问。收集书证的主要方法是提取。收集物证的方法包括发现方法，如勘验、检查；固定方法，如查封、扣押；提取方法，如抽样取证。而科学证据的生成与收集，不外乎专家鉴定和音像电子技术手段的运用。行政执法调查取证的工作步骤一般包括：待证事实的确立与启动调查；具体实施调查；证据分析与终结调查。

一、行政执法调查取证的概念和意义

1. 行政执法调查取证的概念

调查取证，也称调查收集证据、证据调查、证据收集，简称取证，是行政执法证据运用过程的第一步，也是最为重要的一步。

狭义的调查取证仅指行政执法主体通过自身行为发现、采集、提取各种证据的活动。例如，《上海市城管执法调查取证规则》第 3 条指出，城管执法调查取证是指上海市范围内城管执法部门和乡镇人民政府及其城管执法人员在履行行政执法职责过程中，针对公民、法人或者其他组织涉及违反城市管理相关法律、法规、规章的行为，进行调查和收集有关证据的活动。

狭义的调查取证强调行政执法主体及其工作人员运用法律许可的方法和手段亲力亲为、直接获取证据的情形。广义的调查取证则在狭义的基础上，增加了证据固定与保全、证据公证和执法协作。与狭义调查取证相比，广义调查取证呈现出一定的间接性、暂时性和借助第三方力量完成取证的情形。《公安机关办理行政案件程序规定》第七章调查取证就是广义的使用。在该章中，诸如询问、勘验、检查等属于狭义的调查取证，而证据保全、办案协作则属于广义的调查取证。

证据固定与保全在诉讼证据法中称为证据保全或者保全证据，如《行政诉讼法》第 42 条规定在证据可能灭失或者以后难以取得的情况下，诉讼参加人可以向人民法院申请保全证据，人民法院也可以主动采取保全措施。对于行政执法程序中的证据保全，大多数领域都仅指先行登记保存。王万华教授起草的《行政执法程序条例（建议稿）》第 58 条也是以证据保全为条旨，先行登记保存为唯一的证据保全措施。[①] 但是，也有扩大其范围的，如《公安机关办理行政案件程序规定》第七章第七节证据保全，除了规定先行登记保存外，还有扣押或者扣留、查封、抽样取证、冻结等措施。该文件第 111 条要求，公安机关在实施扣押、扣留、查封、抽样取证、先行登记保存等证据保全措施时，应当会同当事人查点清楚，制作并当场交付证据保全决定书。显然，这里的先行登记保存与查封、扣押或者扣留、冻结、抽样取证等是并列的证据保全措施。

协助调查取证是行政执法办案协作的内容之一，是指行政执法主体彼此接受其他行政执法主体的委托，代为实施调查取证活动。《交通运输行政执法

① 详见王万华著：《中华人民共和国行政执法程序条例（建议稿）及立法理由》，北京：中国人民公安大学出版社 2016 年版，第 74 页。

程序规定》第65条要求委托其他单位协助调查、取证的，应当制作并出具协助调查函。此处的其他单位可以理解为其他交通运输执法部门，或者交通运输执法部门之外的执法部门，甚至司法部门、社会团体、企事业单位等。

2. 行政执法调查取证的意义

行政执法调查取证的意义可以从多个角度加以认知。

（1）从行政执法证据运用过程的角度看，调查取证是证据运用的第一步，基础环节；

（2）从行政执法查明案件事实职责的角度看，调查取证是查明案件事实的必要前提；

（3）从行政执法正确适用法律的角度看，调查取证是适用法律的保障要件之一；

（4）从行政执法法制审核和法治要求角度看，调查取证是彰显依法行政水平的主要标志；

（5）从行政执法当事人责任追究与权益保障的角度看，调查取证是重要保证。

二、行政执法调查取证工作原则

行政执法调查取证的工作原则，是指行政执法主体在实施调查取证的过程中应当遵循的基本精神和行为准则。调查取证的工作原则是保障调查取证工作顺利开展的最高法律规范。谨守这些工作原则才能保证调查取证的有效性，才能确保所收取的证据具有合法性、真实性和关联性。

综合相关行政执法证据法的规范文件，行政执法主体及其适格工作人员调查收集证据必须遵循合法、客观、全面、公正、及时、合理的基本原则。

1. 取证合法原则

取证合法原则的正面要求是所有调查收集证据的活动都必须遵守法律、

法规和规章的规定，有法律依据；反面禁止事项为不得以任何非法的方法调查收集证据。原《价格行政处罚证据规定》第 13 条要求，政府价格主管部门依照法定程序收集证据时应当符合若干规定就从正反两个方面体现了合法性原则，这些规定是：执法人员不得少于两人，并出示执法证件；执法人员与当事人有直接利害关系的，应当回避；告知当事人或者证据提供人对涉及国家秘密、商业秘密、个人隐私的证据作出明确标注；告知当事人或者有关人员不如实提供证据、证言和作伪证或者隐匿证据应负的法律责任；不得以威胁、引诱、欺骗以及其他非法方式收集证据。取证合法原则是生成证据合法性的保障。换言之，证据的合法性就是强调取证的合法。

2. 取证客观原则

取证客观原则要求遵守诚实信用原则，在调查取证过程中尊重事实、保持事实、坚持事实，实事求是，力戒主观想象、先入为主，更不可弄虚作假、歪曲事实真相。《交通运输行政执法程序规定》第 33 条要求，执法人员应当合法、及时、客观、全面地收集证据材料，依法履行保密义务，不得收集与案件无关的材料，不得将证据用于法定职责以外的其他用途。第 64 条又强调，执法部门应当依法依规全面、客观、公正地调查，收集相关证据。可见客观取证的重要性。客观取证原则的贯彻主要在于保障证据的客观真实性、关联性。

3. 取证全面原则

取证全面原则是保障证据真实性、关联性的要求。《黑龙江省行政执法程序规定》第 17 条规定，行政执法单位需要核查公民、法人或者其他组织申请，或者实施行政处罚、行政强制等行政执法行为依法需要查明事实的，应当全面、客观、公正、及时开展调查，收集保存有关证据。行政执法单位不得仅收集对行政相对人不利的证据。这些条款都体现了取证全面原则的内涵。

要而言之，取证全面原则有如下要求：[1]

（1）取证范围的全面。凡是有助于查明行政执法案件事实的证据材料都应当加以收集。既不能遗漏，也不能随意取舍。以案件待证事实和基本事实构成要素为出发点，既不能缩小调查取证范围，又不能无限扩大调查取证范围。同时，深入细致也是全面原则的应有之义。欠缺深入细致的调查取证是不可能达到全面要求的。

（2）本证与反证的全面。调查取证应当本证（有利证据）与反证（不利证据）一起收集，不得选择性调查取证。既要收集对当事人不利的证据（往往是对行政执法主体有利的证据），也要收集对当事人有利的证据（往往是阻遏行政执法决定的证据）。

（3）言词证据与实物证据的并重。言词证据由于是人的陈述，因此虚假性的可能性较大，但关联性较强；实物证据客观真实性较强，往往关联性较弱。在行政执法程序中，能够做到两者并重是最佳的选择。既要注重收集当事人陈述、证人证言等言词证据，又要注意收集物证、书证、视听资料、电子数据等实物证据。绝对不能轻信当事人陈述，无论这种陈述是对当事人有利还是不利，都不能仅凭当事人陈述一项证据就定案。

（4）主动取证与被动接受的兼顾。行政执法调查取证是以行政执法主体及其执法人员主动调查、发现、收取证据为主要形式的。但是，在行政执法程序中，当事人、证人、保管人等也有权向行政执法主体提供各种证据，一定情形下，他们也有义务配合行政执法主体的调查取证活动。所以，行政执法调查取证应当避免闭门造车、单打独立的错误理念，将主动调查收集证据与被动接受当事人、证人、保管人提出证据相结合。

（5）传统取证方法与现代科技手段的全面结合。随着科学技术的日新月异，在行政执法程序中，借助于现代科技手段取证将日益成为主要的调查取证手段。科技取证主要包括利用各种科技设备的非接触性取证，如执法记录

---

① 参见交通运输部政策法规司编：《交通运输行政执法证据收集与运用》，北京：人民交通出版社 2012 年版，第 72-73 页。

仪、智能手机、数码照相机、数码摄像机、无人机、视频监控系统、在线检测系统等；还有就是借助于专家知识和技能的科学鉴定，包括但不限于法医学鉴定、生物学鉴定、物理技术鉴定、化学分析鉴定等。取证全面原则也要求将传统取证方法，如询问、勘查、辨认、查封、扣押、复制等，与现代科技手段相结合。

4. 取证公正原则

取证公正原则要求保持中立，平等对待（冲突）各方，做到不偏不倚。《海事行政执法证据管理规定》第 4 条强调，海事行政执法调查取证应当遵循合法、公正、公开的原则，及时、全面、客观地收集证据。公正、公平原则虽然更多地体现在行政执法的法律适用方面，但是对于调查取证来说，它也有指导意义，对于证据的真实性和关联性具有一定的价值，其要点有：

（1）个案中平等对待。行政执法主体及其执法人员在调查取证时应秉持法律面前人人平等的原则，保持客观中立的心态，摈弃个人偏见，排除外界干扰和压力，公平公正地对待相关各方，规范调查取证。例如，在摄录行政执法人员与当事人冲突现场时，不能仅摄录当事人暴力抗法的情景而不摄录暴力执法的情况。

（2）类案中一视同仁。相同的案件类似的调查取证是体现公正的一个规则，如在勘查成片违法建筑（超范围违法搭建或者扩建）时不能对张三家严谨细致、锱铢必较，而对李四家则草率粗略、大而化之。

5. 取证及时原则

取证及时原则要求实施调查取证工作应当迅速，不拖延、不懈怠，严防证据灭失。这一原则的贯彻对于保障证据的真实性、关联性具有重要意义。《市场监督管理行政处罚程序规定》第 21 条第 1 款也强调办案人员应当及时进行案件调查，收集、调取证据，并依照法律、法规、规章的规定进行检查。

适用取证及时原则时还应当注意如下两个方面：

（1）取证迅速不能产生危险，应当注意人或物的安全。迅速与安全往往是一对矛盾，但必须平衡好。在迅速及时开展调查取证工作的同时，必须保证相关人员和实物的安全与完整。例如，对违法当事人开展调查询问不能采取急速追踪的方式；勘验现场不能采取急速翻动的手段等。

（2）取证迅速不等于走马观花，应当深入细致。工作效率不能仅看单位时间的出产量，还应当注重单位时间内的有效出产量，即不能只重数量而忽视质量。调查取证深入细致是全面调查原则的内涵，也是适用取证及时原则时需要关注的要求。迅速及时与深入细致本质上是一致的，不应产生冲突。

6. 取证合理原则

取证合理原则要求采取任何调查取证措施都应当优先选择给相对人最小损害的方式方法。该原则可以视为取证合法原则的延伸与细化，虽然不能直接影响证据的合法性，但却与取证合法密切相关。《福建省行政执法条例》第28条就要求，行政执法机关依法需要核查公民、法人和其他组织的申请的，或者对公民、法人和其他组织实施行政处罚、行政强制等行政执法行为依法需要查明事实的，应当合法、全面、客观、及时开展调查，合理使用必要、适当的措施。取证合理原则的要点在于：

（1）取证措施的谦抑。所谓取证措施的谦抑，是指在保证顺利调查取证的前提下，尽量不要采用或者滥用对相对人权益有所损害的手段。例如，《公安机关办理行政案件程序规定》第109条第2款要求，抽样取证应当采取随机的方式，抽取样品的数量以能够认定本品的品质特征为限。这就是抽样取证时提取样品的数量上的谦抑，不能超越事实认定需要而大范围、多数量地提取样品，否则就不具合理性。

（2）取证过程中对当事人损害或者不利益的最小化。《公安机关办理行政案件程序规定》第71条第2款要求，询问查证期间应当保证违法嫌疑人的饮食和必要的休息时间。第85条第1款强调，检查场所或者物品时，应当注意避免对物品造成不必要的损坏。这些都是合理的制度设计。

7. 保守秘密原则

行政执法案件涉及国家秘密、商业秘密和个人隐私时，调查取证需要遵循保守秘密原则。对此，相关行政执法证据法规范文件也多有规定，如《市场监督管理行政处罚程序规定》第 5 条要求，市场监督管理部门及参与案件办理的有关人员对实施行政处罚过程中知悉的国家秘密、商业秘密和个人隐私应当依法予以保密。所以，行政执法主体及其工作人员对于在调查取证过程中所知悉的国家秘密、商业秘密或者个人隐私都应当予以保密，任何人不得直接或者间接地通过自己或者第三方加以泄露或者使用。

三、行政执法调查取证工作方法

行政执法调查取证的工作方法，亦称为调查取证的措施、调查取证的方式、调查方法等。行政执法主体不得采取任何无法律法规规章依据的调查取证手段。理由在于遵循法治要求，法无授权不可为。

1. 调查取证的各种方法

调查取证的工作方法，首先应当强调有明确的法律法规规章授权；其次应当根据不同种类证据的不同特点，有针对性地采取与之相适应的措施或者手段，以保障其证据资格的具备和证明价值的保全。综合现行有效的行政执法证据法规范文件，行政执法主体依法可以采取的调查取证方法主要包括：①

（1）询问并且制作《调查询问笔录》：针对当事人陈述、证人证言等言词证据；

（2）勘验、检查并制作笔录（含同步录音、录像、摄影、拍照）：针对现场、物证；

（3）收集、调取（含委托调取）、提取并附交接手续：针对物证、书证、

---

① 邱爱民著：《行政执法证据收集与运用规则研究》，北京：知识产权出版社 2022 年版，第 118-122 页。

视听资料、电子证据；

（4）抽样取证并制作证明文书：针对多数物证；

（5）查封、扣押并附手续：针对物证、书证；

（6）冻结存款、汇款和有价证券等财产并附手续：针对钱款、有价证券；

（7）查阅、摘抄、复制：针对他人保管的文书证据；

（8）录音、录像、拍照、摄影，生成视听资料和电子数据：针对现场、物证、书证，以及一切取证行为的补强；

（9）委托或者指定鉴定从而获得鉴定意见：针对专门性问题；

（10）实施辨认：针对物品、场所和人员的确认；

（11）先行登记保存并附文书：针对证据固定和保全；

（12）委托办理证据公证：针对证据固定和保全；

（13）法律法规规定的其他调查取证措施。

对于上述调查取证的工作方法，可以依据证据类型的不同，将其划分为人证调查方法、书证调查方法、物证调查方法和科学证据调查方法。证据分类的功能之一，就是针对不同的证据选择相应的调查收集方法。因此，对于行政执法调查取证各种方法，提出一种简便易记的分类，即1234分类法：

第一，收集人证（言词证据）：1个字，问。对于行政执法中的当事人陈述、证人证言，其调查收集的方法就是询问。

第二，收集书证：2个字，拿来。收集书证基本上就是“拿来主义”。当然，是调取原件还是复制件？什么情况下可以查阅、摘抄和复制？如何使用复制件？等等，存在许多规范要求。

第三，收集物证：3个字，找、定、取。所谓找，是指物证的发现，其方法主要是勘验、检查或者巡查；所谓定，是指对物证的固定和保全，其方法主要有辨认、先行登记保存和查封扣押、冻结；所谓取，是指对物证的提取，包括提取的最佳证据规则（原物和原始载体优先）、多数物证的抽样取证以及物证保管链条等。

第四，生成或者获取科学证据：4个字，电子（音像电子数据）、“夫子”

（专家鉴定）。生成视听资料和电子数据的技术为电子，尽管二者也存在模拟技术和数字技术的差异；形成鉴定意见的是专家学者，故称“夫子”。视听资料、电子数据和鉴定意见，都有一个共性，它们都是具备科技含量的、建立在科学技术基础之上的证据种类。录音、录像、拍照、摄影等是视听资料和电子数据留存案件信息的技术方法。种属鉴别和同一认定是专家鉴定得出科学意见的技术方法。

2. 注重科技取证手段的运用

行政执法主体在调查取证工作中应当着力运用现代科技取证手段，包括但不限于非接触性取证和科学鉴定。《法治政府建设实施纲要（2015—2020）》提出“强化信息技术、装备的配置和应用”。《国务院办公厅关于全面推行行政执法公示制度执法全过程记录制度重大执法决定法制审核制度的指导意见》对行政执法提出了音像记录与文字记录有机衔接；加强信息化平台建设；推进信息共享；强化智能应用，积极推进人工智能技术在行政执法实践中的运用等要求，无不体现着科技手段在调查取证乃至整个执法程序中的重要作用。就人类整个证明手段的进步而言，大体上经历了神证（神誓法和神明裁判）、人证（尤其重视嫌疑人、被告人的口供和自认）、物证（实物证据及其科学解读）三个时代，现在正迈向数字证据时代。尽管各国摆脱神证，走向人证、物证有先有后，但是，科技手段在法律程序中的作用却是越来越大，尤其是在证明手段方面。

（1）科技取证手段的组成

在行政执法程序中运用的科技手段，可以统称为法庭科学。所谓法庭科学（Forensic Science）通常是指综合运用物理学、化学、医学、生物学等自然科学的原理和技术方法，研究证据采集、鉴定之一般规律的科学理论体系和技术方法体系。从更广泛的意义上说，任何科学技术被应用于解决法律程序中的事实认定问题，都可以被视为法庭科学。[①] 在行政执法程序中运用到的法庭科学，主要包括法医学、生物学、物理学和化学四大门类。这些科技手段从证据调查角度看，包括各种非接触性取证技术和科学鉴定技术。对于证据调查中运用的这些技术手段，有学者根据技术所发挥的作用，划分为三大类：其一为发现、提取证据的技术，如光学技术、静电感应技术、电磁信号技术、化学显现技术等；其二为记录、存储、传递信息的技术，如电磁技术和计算机技术等；其三为检验、鉴定技术。[②] 其实，前两类技术的共性就是不与当事人直接接触，完全可以并称为非接触性取证技术。非接触性取证技术以物理学原理和方法为主，又可以分为移动取证技术及其设备、固定视频监控技术及其系统。非接触性取证技术主要生成视听资料和电子数据。《行政处罚法》第 41 条规定的电子技术监控设备，就是非接触性取证技术和设备。根据 2015 年 4 月 24 日修正的《全国人民代表大会常务委员会关于司法鉴定管理问题的决定》第 2 条和第 17 条，科学鉴定的种类可分为法医类鉴定、物证类鉴定、声像资料鉴定和其他鉴定。

（2）科学技术的可靠性判断

利用科技手段生成的，具有科技含量的证据，在学理上被称为科学证据。在行政执法证据种类中，视听资料、电子数据和鉴定意见，都是科学证据。科学证据的证据资格仍然离不开合法性、关联性和真实性。所谓的科学性其实蕴含于合法性、关联性和真实性之中。在这里，科学技术和原理的可靠至为重要。《行政处罚法》第 41 条第 1 款要求，行政机关在利用电子技术监控设备收集、固定违法事实时，应当经过法制和技术审核，其中的技术审核也包含科学可靠性判断。因为可靠了才有真正的科学性；可靠了才会存在合法性、关联性和真实性。那么，如何判断科学原理和技术的可靠性呢？参照美国《统一证据规则》第 702 条的规定，审核判断行政执法中的科学技术是否

---

① 参见张保生主编：《证据法学》（第二版），北京：中国政法大学出版社 2014 年版，第 210 页。

② 详见何家弘主编：《证据调查实用教程》，北京：中国人民大学出版社 2000 年版，第 257-259 页。

具有科学可靠性，可以通过下列路径和要素：①

①凡是有法律、法规、规章（含一些行业标准）或者最高人民法院、最高人民检察院指导案例、公报案例明确规定或者确认的科学技术及其原理和方法，都应当视为存在科学可靠性。诸如在《全国人民代表大会常务委员会关于司法鉴定管理问题的决定》中被列明的科学鉴定技术，即为存在科学可靠性的科技手段。相应地，凡是被有关法律、法规、规章或者司法裁决所否定的一些技术则应当视为没有科学可靠性。例如，2020 年 8 月 14 日《最高人民法院关于人民法院民事诉讼中委托鉴定审查工作若干问题的规定》（法〔2020〕202 号）第 1 条就明确排斥了测谎的科学性。虽说这一文件是针对民事诉讼中的科学鉴定问题的，但行政执法程序的鉴定技术审查完全可以参照执行。

②可靠性的推定。如果某一原理或者方法实际上已经在相关的科学、技术或者专业团体内被接受，那么该原理或者方法便是合理可靠的。当事人可以通过证明该原理或者方法不具有合理可靠性要比具有合理可靠性更为可能来反驳这一推定。例如，由原卫生部、原国家环保总局及原国家质量监督检验检疫总局联合颁布的《室内空气质量标准》（GB/T 18883—2002）及其检测技术，实质上是一个健康人居环境的基本标准，对建筑开发商、装修商、家具商并没有强制约束力，所以是推荐标准。然而，它在行业内被普遍接受，于是具有了科学可靠性。

③不可靠的推定。如果某一原理或者方法实际上还没有在相关的科学、技术或者专业团体内被接受，那么该原理或者方法便不具有合理可靠性。当事人可以通过证明该原理或者方法具有合理可靠性要比不具有合理可靠性更为可能来反驳这一推定。没有被接受，常见现象就是该技术和方法存在较大的争议和分歧。例如，使用警犬识别（嗅辨）技术判断垃圾的恶臭气味，就是未被普遍接受的技术手段。推而广之，警犬鉴定记录在行政诉讼中也是不

① 参见邱爱民著：《科学证据基础理论研究》，北京：知识产权出版社 2013 年版，第 299-300 页。

能作为证据使用的。①

④可靠性的其他要素。在认定某一科学原理或者方法的可靠性时，应当考虑一切相关的附加因素，这些因素可以包括：该原理或者方法已经得到检测的程度；用以检测该原理或者方法的研究技术的充分性；该原理或者方法已经公开发表，以及得到同行审核的程度；在使用该原理或者方法时的差错率；科技专家使用这种原理或者方法的既往经验；该原理或者方法在相关科学、技术或专业团体内获得接受的程度；科技专家的专业知识所属学科在整个科学、技术或专业团体内获得接受的程度。

四、行政执法调查取证工作步骤

行政执法主体调查收集证据应当以案件中需要查明的待证事实为出发点；以达到相应的证明标准为终结点。居于中间环节的具体的调查取证过程应当合法、规范、科学、有效地实施，努力实现或者保障证据的合法性、关联性和真实性。同时，行政执法主体调查收集证据应当制订工作计划和保障预案，就实施调查取证的人员、时间、地点、方式、突发状况处置等作出安排。而且，调查收集证据应当与分析审核证据交互进行。通过对已取得证据的分析来决定是否后续补充取证或者重新调查。所以，从宏观上看，行政执法调查取证可以分为三大阶段：待证事实的确立与启动调查；具体实施调查；证据分析与终结调查。

1. 行政执法证据调查基本步骤

证据调查依循基本的步骤，既是法定义务，也是工作职责。有学者提出，尽管案件的种类、性质和具体情况不同，证据调查的程序或者步骤也会有所差异。但是，就大多数案件而言，证据调查过程都应当包括明确调查任务、

① 参见刘玉民、李洋、韩志英编著：《行政证据收集、举证、审查》，北京：中国民主法制出版社 2014 年版，第 14-17 页。

分析已知证据、提出调查假设、收集保管证据和审查运用证据等基本步骤。[①]这种见解是正确的。不过，应当把证据调查的基本步骤划分为三大阶段：启动、实施、结束。[②]

（1）证据调查的启动。启动证据调查一般在立案以后或者与立案同时进行，如《公安机关办理行政案件程序规定》第 61 条和第 62 条就要求公安机关在接到报案、控告、举报、群众扭送或者违法嫌疑人投案后，或者在日常执法执勤中发现违法行为时，对属于本单位管辖范围内的案件，应当立即调查处理。属于公安机关职责范围，但不属于本单位管辖的案件，事由紧急时，受理案件或者发现案件的公安机关及其人民警察应当依法先行采取必要的强制措施或者其他处置措施，然后再行移送。调查取证启动阶段的主要工作包括：待证事实确立与调查任务明确；安排具体实施调查人员；分析已有证据；制订调查计划或者方案。

（2）证据调查的实施。在证据调查的具体实施阶段，调查取证人员应当以调查计划或者方案为行为指针，通过适当的行为模式、运用适当的手段和方法去发现、固定、提取证据。无论采用何种调查取证方法或者措施，也不管是传统手段还是技术手段，其调查模式基本上都离不开从事到人或者从人到事两类模式。采用从事到人的调查模式时，可以根据案件实际情况选择从“何故（原因与因果关系）”到“何人”；从“何时（时间联系）”“何地（空间联系）”到“何人”；从“何情（主体行为及主体关联）”到“何人”；从“何物（涉案物品与场所）”到“何人”四种具体实施途径。选择从人到事的调查模式时，可以根据案件实际情况选择从“何时”到“何事”；从“何地”到“何事”；从“何情”到“何事”；从“何故”到“何事”；从“何物”到“何事”五种具体实施途径。[③] 这两类调查模式具有异曲同工之

① 参见何家弘主编：《证据调查实用教程》，北京：中国人民大学出版社 2000 年版，第 124 页。

② 参见邱爱民著：《行政执法证据收集与运用规则研究》，北京：知识产权出版社 2022 年版，第 125–126 页。

③ 详见何家弘主编：《证据调查实用教程》，北京：中国人民大学出版社 2000 年版，第 120–124 页。

处，都是追求查明案件事实核心要素的“七个何”，即何人、何事、何时、何地、何情、何物、何故。《上海市城市管理行政执法程序规定》第 27 条规定也体现了“七个何”的重要性，该条指出：调查取证的案件事实应当包括当事人的基本情况；违法行为是否存在；违法行为是否为当事人实施；实施违法行为的时间、地点、手段、后果以及其他情节；当事人有无法定从重、从轻、减轻以及不予行政处罚的情形；与案件有关的其他事实。这一文件规定显示了这两类具体模式的正当性与合理性。此外，在具体实施调查取证时，还需要注意取证与析证相辅相成，以及证据保管链条的完整性。

（3）证据调查的结束。法律行为是在法律时空中实施的，不可能一直进行下去，都有终结的时候，调查取证也是如此。证据调查的结果，无论是何种情形，依法应当结束时都必须结束。《农业行政处罚程序规定》第 49 条规定，农业行政执法人员在调查结束后，应当根据不同情形提出如下处理建议，并制作案件处理意见书，报请农业行政处罚机关负责人审查：①确有应受行政处罚的违法行为的，根据情节轻重及具体情况，建议作出行政处罚；②违法事实不能成立的，建议不予行政处罚；③违法行为轻微并及时改正，没有造成危害后果的，建议不予行政处罚；④当事人有证据足以证明没有主观过错的，建议不予行政处罚，但法律、行政法规另有规定的除外；⑤初次违法且危害后果轻微并及时改正的，建议可以不予行政处罚；⑥违法行为超过追责时效的，建议不再给予行政处罚；⑦违法行为不属于农业行政处罚机关管辖的，建议移送其他行政机关；⑧违法行为涉嫌犯罪应当移送司法机关的，建议移送司法机关；⑨依法作出处理的其他情形。由此文件可知，证据调查结束是一个重要的程序标志。证据调查结束阶段的事项，包括分析全部证据，判断有无达致证明标准；选择定案证据；告知当事人并听取其意见（简易听取与听证会）；作出补充调查或者最终处理结论（撤案、定案）等。

2. 取证与析证的交互往返

析证，即证据分析，也称证据审查判断或者证据评价分析，既是行政执法证据运用过程中的一个独立的环节，也与取证、举证、理证（证据整理）等环节相牵连，交互并存。原《价格行政处罚证据规定》第33条要求执法人员应当对收集的证据材料进行审核，确保证据的真实性、合法性和关联性，并及时整理和补充收集相关证据材料。这就是要求取证、析证、理证、再取证的交互循环。事实上，取证的同时就存在对证据真实性、合法性和关联性的研判。对已经获取的证据进行真实性、合法性和关联性分析后，才能决定是否需要进一步调查取证。正如有学者指出的那样，审查证据往往贯穿于案件调查的始终，而且是与收集证据交叉进行的：一方面，调查人员在收集证据的过程中经常需要对收集来的证据进行评断与核实；另一方面，对证据的及时评断又可以指导和推进以后的证据调查工作。① 在行政执法程序中，应当克服一蹴而就的心理，能够一次取证就完成调查任务的，自然很好。但是，不能够一次完成调查任务时，也应当再次实施调查活动。是否已经完成调查取证任务、案件事实有无查清，依赖于对已有证据的分析。形象地说，取证与析证交互往返，相辅相成。

3. 行政执法证据调查的路径

调查取证的途径侧重于行为模式，从事到人还是从人到事，强调行政执法主体自身查明案件事实“七个何”的思维过程与行动方向。而调查取证的路径则是指证据的获取渠道、收集或者提供证据的主体。除行政执法主体自己收集或者生成证据外，还有哪些自然人或者单位向行政执法主体提供证据，这是调查路径探讨的问题。案件证据的终极来源要么是人，要么是物。从调查获取证据的渠道和来源看，主要是人。作为证据的物，不经过人手，是不会自动呈现于案件之中的。在许多行政执法证据法规范文件中，或明或暗地都有取证路径的相关规定，如《公安机关办理行政案件程序规定》第27条确立公安机关自行收集证据的路径；第28条规定向有关单位和个人收集、调

① 参见何家弘主编：《证据调查实用教程》，北京：中国人民大学出版社2000年版，第128页。

取，由有关单位和个人提供证据的路径；第 87 条规定指派或者外聘专家鉴定，由鉴定人提供鉴定意见证据的路径；第 117 条规定异地公安机关协作事宜，由异地公安机关协助收集证据的路径。综合而言，行政执法调查取证的路径，或者说证据生成、收集与证据提供的主体，包括下列几类情形：

（1）行政执法主体自身。在我国的行政执法体制中，行政执法主体一般包括三类：行政机关；法律、法规授权的组织；依据法律、法规和规章而受托从事行政执法的组织。对此，《行政处罚法》第三章第 17 条、第 19 条、第 20 条、第 21 条有明确规定。另外，行政执法主体还可以分为单一执法主体与综合执法主体。《行政处罚法》第 18 条第 1 款和第 2 款规定，国家在城市管理、市场监管、生态环境、文化市场、交通运输、农业等领域推行建立综合行政执法制度，相对集中行政处罚权。国务院或者省、自治区、直辖市人民政府可以决定一个行政机关行使有关行政机关的行政处罚权。行政执法主体亦可分为普通执法主体与专属执法主体。《行政处罚法》第 18 条第 3 款指出，限制人身自由的行政处罚权只能由公安机关和法律规定的其他机关行使。那么在限制人身自由这一行政处罚类型上，执法主体只能专属于公安机关。此外，诸如罚款处罚则其他执法主体皆可适用。行政执法主体是调查取证的最主要主体，其获取证据的形态包括自身依法生成证据材料和实施行政检查、巡查、勘查、调查发现并收集证据材料两种具体形态。行政执法主体自身生成证据材料又包括使用或者设置非接触性取证设备生成音像电子证据材料（如视频监控系统信息）；全过程文字或者音像记录生成证据材料（如执法记录仪摄录信息）；对人证的记录材料（如询问笔录）；对物证制作的示意证据材料（如复制品、勘查图表与影像）；对书证制作的替代证据材料（如复印件）；自行监测、检测、鉴定形成的报告、数据和专家意见；等等。执法检查与巡查，则是行政执法主体主动发现证据的重要路径。在行政处罚案件中，现场检查是普遍发现、收集证据的渠道，大部分物证、书证和视听资料都是通过此渠道而获得。[1]《交通运输行政执法程序规定》第 19 条规定，依照相关的法律、法规和规章，交通运输行政执法部门可以在路面、水面、生产经营等场所实施现场检查；对行政相对人实施书面调查；通过技术系统、设备实施电子监控。第 29 条强调实施行政检查，应当制作检查记录，如实记录检查情况。对于行政检查过程中涉及的证据材料，应当依法及时采集和保存。《市场监督管理行政处罚程序规定》第 23 条第 2 款指出，立案前核查或者监督检查过程中依法取得的证据材料，可以作为案件的证据使用。

（2）当事人或者相对人。一般而言，行政执法的相对方，包括自然人、法人、非法人组织等，在行政实体法律关系中被称为相对人；在行政程序法律关系中被称为当事人。例如，《江苏省行政程序规定》第 23 条第 1 款指出，当事人，是指与行政行为有法律上的利害关系，以自己名义参与行政程序的公民、法人或者其他组织。当然也有例外，如《交通运输行政执法程序规定》第 19 条就使用了行政相对人的称谓。对于当事人或者相对人，还有其他一些表述，如《治安管理处罚法》中有当事人（第 81 条）、被询问人（第 84 条）、违反治安管理行为人（第 94 条）、被处罚人（第 96 条）等不同表达；《行政许可法》有申请人（第 5 条）、被许可人（第 49 条）的不同指称。

（3）利害关系人或者其他证人。《江苏省行政程序规定》第 23 条第 2 款指出，与行政行为的结果有法律上的利害关系的公民、法人或者其他组织，是利害关系人，行政机关应当依法通知其参与行政程序。利害关系人是行政管理与行政执法程序中经常出现的一类主体，他们不是当事人或者相对人，但是与行政管理或者行政执法行为的结果有密切的权利义务关联，如《行政许可法》第 47 条规定的与申请许可事项有重大利益关系的利害关系人。《治安管理处罚法》第 85 条规定的被侵害人也属于利害关系人。利害关系人作为证据材料的渠道之一，他们提供的陈述属于证人证言。证人除了利害关系人之外，还包括与案件处理结果没有任何利害关系的目击证人和传闻证人。利

---

① 参见华晨泓、刘玉江等编著：《行政执法证据的收集与运用》，南京：江苏科学技术出版社 2007 年版，第 75 页。

害关系人和证人可以向行政执法机关提供他们掌握的各种证据，也可以作出口头陈述。《公安机关办理行政案件程序规定》第 26 条第 1 款第 3 项就把被害人陈述和其他证人证言作为一类证据。利害关系人或者其他证人作为调查取证之路径，也分主动提供证据或者作出陈述；被动提供证据或者作出陈述两种具体形态。[①]《湖南省行政程序规定》第 67 条要求知晓有关情况的公民、法人或者其他组织应当协助行政机关的调查。这里的协助调查既包括主动协助，也包括被动协助。例如，公民上下班途中发现违法行为事实，用手机拍摄图像视频主动提交行政执法部门或者上传政府信息收集平台，就是主动协助。在行政执法主体调取时提交，则有一定的被动性，当然也属于协助。

（4）鉴定人。在行政执法程序中提供鉴定意见的鉴定人分两类：一类是社会化的鉴定机构中的鉴定人；另一类是公安侦查机关内设机构的鉴定人。对此，《全国人民代表大会常务委员会关于司法鉴定管理问题的决定》有明确的规定。2019 年 11 月 22 日，公安部颁布的《公安机关鉴定人登记管理办法》第 2 条指出，公安机关鉴定人是指经公安机关登记管理部门核准登记，取得鉴定人资格证书并从事鉴定工作的专业技术人员。根据该办法第 3 条的规定，公安侦查中的鉴定，是指为解决案（事）件调查和诉讼活动中某些专门性问题，公安机关鉴定机构的鉴定人运用自然科学和社会科学的理论成果与技术方法，对人身、尸体、生物检材、痕迹、文件、证件、视听资料、电子数据及其他相关物品、物质等进行检验、鉴别、分析、判断，并出具鉴定意见或者检验结果的科学实证活动。

（5）其他机关、团体、企事业单位。有学者提出，行政执法证据收集的渠道是多方面的，还包括深入群众调查，以及机关单位或者周边居民主动提供证据。[②] 情况确系如此，除上述主体外，主动或者被动向行政执法主体提供

---

① 参见交通运输部政策法规司编写：《交通运输行政执法证据收集与运用》，北京：人民交通出版社 2012 年版，第 87 页。

② 参见曹晓凡著：《环境行政执法证据的收集与运用》，北京：中国民主法制出版社 2015 年版，第 53-54 页。

证据或者案件信息的主体还有其他机关、团体、企事业单位。例如，《公安机关办理行政案件程序规定》第 117 条所规定的提供办案协作的异地公安机关。还有原《价格行政处罚证据规定》第 20 条第 2 项规定，向价格主管部门提供书证复制件、影印件、照片、抄录件或者节录本并签名或者盖章的书证原件保管部门；《市场监督管理行政处罚程序规定》第 23 条第 3 款规定向市场监督管理部门移送案件及其依职权调查收集的证据材料的移送机关；《交通运输行政执法程序规定》第 35 条第 6 项规定，向交通运输执法部门出具证明材料的公安、税务、市场监督管理等有关部门；等等。

本章典型案例

9-1：“钓鱼执法”违背取证方式合法性要求

某年 9 月至 10 月，在某市发生多起非营运汽车司机搭载路人被该市城市交通行政执法大队认定为非法运营且加以行政处罚案。9 月 16 日，该市白领张某搭载一名自称胃痛又打不到出租车的路人（实为“钓鱼执法”中的“钩子”或“钩头”），遭遇扣车并被罚款 1 万元。10 月 14 日，该市某公司司机孙某自断小指以示清白（未非法运营，好心搭载老“钩子”或“钩头”蒋某，被“钓鱼”）引起媒体关注与社会舆论的轰动。其后，一系列类似的案例也相继曝光。后经政府主管部门详细调查证实，此一系列事件皆为某执法机关“钓鱼执法”“陷阱取证”。相关政府部门向社会公开道歉，对一些所谓非法运营案，以取证方式不正当为由，撤销行政处罚行为。

这一系列的“钓鱼执法”事件警示行政执法机关：“陷阱取证”在行政执法中绝对不得使用，属于以非法手段，严重违背法定程序收集证据材料。

9-2：取证不及时、不充分导致行政处罚被迫终止

某月 22 日，某市公安消防大队两名消防监督员在对辖区某单位进行日常消防监督检查时，发现该单位在高层建筑内违规存储了天那水（又名香蕉水，Banana oil，梨油，由多种有机溶剂配制而成的无色透明易挥发的液体，易燃，主要用作喷漆的溶剂和稀释剂）、120 溶剂（指 120 号溶剂油，主要成分有正

庚烷、异庚烷和环庚烷，还含有少量的辛烷和己烷，常温常压下为液态，易燃易挥发）等易燃易爆危险品，违反了2021年4月29日修正的《消防法》第23条第1款之规定。由于当时该单位没有任何负责人在，两名消防监督员向一线工作人员进行了询问，打开容器通过鼻、眼辨识，用数码相机对现场容器拍照。23日，当两名消防监督员传唤该单位负责人并做询问笔录时。该单位负责人声称他们没有违法储存易燃易爆危险品。面对执法人员的现场照片，该负责人说：容器外表上的名称是天那水、120溶剂，但容器里存放的具体物品却是自来水。单位一线工作人员与消防监督员一样，都混淆了容器名称与容器内具体物品。两名消防监督员不信，再次打开容器进行检查，却发现里面果然是自来水。于是根据2020年8月6日修正原《公安机关办理行政案件程序规定》第259条之规定终止调查。

本案警示行政执法机关：调查取证应当及时有效。22日发现容器内储存易燃易爆物品时，应当及时抽样取证、封存容器。相反，没有及时抽样、封存，仅仅对容器外表拍照、与员工谈话、自己辨识，给当事人更换容器内物品提供了机会。虽然明知是当事人在执法人员离开后，将容器内的天那水、120溶剂全部抽走，再用自来水注满。但是，时过境迁，原始证据（易燃易爆物品）已经不复存在，只能终止案件调查。

本章复习思考题

1. 简述行政执法证据调查的概念和意义。
2. 简述行政执法证据调查的工作原则。
3. 简述行政执法证据调查的工作方法。
4. 简述行政执法证据调查的基本步骤。

第十章　行政执法对人证的询问

本章概要

人证也称言词证据，是指各类自然人的口头陈述及其固定材料，在行政执法程序中的人证包括当事人（违法嫌疑人）陈述和证人证言（含被侵害人陈述）。人证调查的基本方法是询问。对人证的询问需要依法进行，一般包括准备、实施、结束三大阶段。对人证询问的过程及其结果应当单独或者并列采取纸质或者科技手段加以固定。

一、询问的概念和特点

1. 询问的概念

询问亦称谈话、发问、查问、问询、询查等，是指行政执法调查人员用口头语言的方式向当事人、证人及关联自然人了解相关案件情况或者信息的取证活动。

询问是行政执法调查人员为了查明案件事实，以相关法律法规和规章为依据，与当事人、证人之间构成的一种特殊心理交往和语言交流过程。尽管随着科学技术的日新月异，科技取证日趋重要，但是询问作为人证调查的基本方法并未被削弱或者取代。询问的法律功能一如既往。通过询问，可以发现案件线索，寻找案件关联人员，收集证据，查明案情。

2. 询问的特点

（1）在调查取证的具体措施中，询问属于口语运用的调查方式，不同于勘验、检查等肢体动作。询问在行政执法口语分类中属于“问话（谈话）”形式，具体语言表现就是“一问一答”。

（2）从调查措施的适用性上讲，询问主要适用于人证的调查收集。人证是口头陈述案件事实。人证的获取也是通过口头询问而完成。

（3）与日常生活中的谈话或者问话相比较，行政执法程序中的询问更强调合法性、规范化。对人证的调查询问必须依法进行，正规严谨；双向互动，围绕案件事实，目的性强。行政执法程序中的询问是受法律法规和规章约束的规范化问话，其基本的构成要素包括享有行政执法调查权的询问者、了解或者掌握案件相关信息的被询问者（当事人或证人）、已知或者未知（待证）的案件事实情况。询问者与被询问者就是围绕案件事实展开语言交流互动的。

二、询问的准备

询问的准备，就是指在实际与被询问人接触之前，行政执法调查人员应当预先完成的各种事项，具体包括人的准备和事的准备。

1. 询问前人的准备

实施询问前，人的准备主要包括确定被询问人、了解被询问人、确立询问实施人。

（1）确定被询问人

根据《交通运输行政执法程序规定》第 34 条第 1 项的规定，交通运输执法部门可以询问当事人、利害关系人、其他有关单位或者个人，听取当事人或者有关人员的陈述、申辩。这里出现的当事人、利害关系人、其他有关单位或者个人就是被询问人。在行政执法实务程序中，有时当事人和证人是显见的，有时则需要寻找、发现与确定。至于发现和确定被询问人的方法，则有辐射推广法（挨门逐户查询）、链环介绍法（依循特定人或物推进查找）、直接观察法（案发环境的观察与研判）、信息反馈法（如通报和悬赏）、获益人确认法（谁会这么做或者谁需要这样做）、资料查询法（情报信息的解读）等手段。①

（2）了解被询问人

谈话是人和人的双向交流，人是有思想、有主动性、有感情、有理性的。如果较多地知晓某个人的各方面情况，毫无疑问会给谈话成功打下坚实的基础。在行政执法证据法规范文件中，很少列明询问前对被询问人应当了解的事项。但是，这并不意味着对被询问人这些事项的提前了解没有意义。事实上，纵使询问前未探知这些事项，在询问实施的第一场谈话中，也需要加以关注。相关行政执法主体的询问笔录格式文本和规范条文充分证实了这一点。例如，《公安机关办理行政案件程序规定》第 73 条就指出，首次询问违法嫌疑人时，应当问明违法嫌疑人的姓名、出生日期、户籍所在地、现住址、身份证件种类及号码，是否为各级人民代表大会代表，是否受过刑事处罚或者行政拘留、强制隔离戒毒、社区戒毒、收容教养等情况。必要时，还应当问明其家庭主要成员、工作单位、文化程度、民族、身体状况等情况。违法嫌疑人为外国人的，首次询问时还应当问明其国籍、出入境证件种类及号码、签证种类、入境时间、入境事由等情况。必要时，还应当问明其在华关系人等情况。这样的规定，也能佐证事前了解被询问人是有价值的。在实务操作中，了解被询问人的基本情况有下列渠道：举报控告人陈述；被询问人所在单位介绍；向被询问人所在地派出所、居（村）委会了解；向被询问人的邻居和同事了解；通过案件中已有材料知晓；等等。②

（3）确立询问实施人

行政执法程序中的调查询问绝非闲聊，而是一项技术性很强的专业活动。毫无疑问，具体实施询问的执法人员应当具备相应的执法询问技能。因此，

① 详见何家弘主编：《证据调查实用教程》，北京：中国人民大学出版社 2000 年版，第 268-273 页。

② 参见何家弘主编：《证据调查》，北京：法律出版社 1997 年版，第 217 页。

在询问前，选定询问实施人也是一项重要的准备工作。应当选择那些思想素养、人格特点、道德纪律、知识结构、业务技能、实践经验都有利于特定询问活动顺利完成的人员。

2. 询问前事的准备

实施询问前，事的准备主要包括明确询问目标；熟悉案情和相关法律规定；制订询问计划，准备工作器材。

（1）明确询问目标

行政执法程序中的人证询问肯定有追求的境地或者标准、需要解决的问题、想要得到的结果，这就是询问目标或者目的。从宏观上讲，调查询问的目标当然是查明案情，获知案件待证事实的全部相关信息。所以，许多行政执法证据法规范文件都有这方面的集中或者分散的规定，如《海洋行政执法调查取证工作规则》第 7 条规定，调查取证的基本内容包括：当事人身份等基本情况；调查当事人行为发生的时间、地点、经过、方式、后果等；调查当事人行为经海洋行政主管部门或相关部门审批情况；当事人的陈述、申辩意见；违法行为的量罚情节；其他有关事实。这些是案件事实的宏观构成要素。从微观上讲，调查询问的目标一般不是整个案件待证事实，而是案件待证事实构成要素中的某一个或者某一些方面，如行为主体、行为过程、行为方法等。在实施询问之前，依据已知案情和已知证据，结合相关实体法、程序法或者证据法的规定，确定调查询问的目标或者目的，可以使询问工作事半功倍、有的放矢，取得更佳的实务效果。

（2）熟悉案情和相关法律规定

行政执法必须遵循依法行政、依法办案、合法取证的基本要求，以事实为根据、以法律为准绳。在具体实施询问时，所有提出的问题，都应当符合法律规定、事关法律规定，而不能提出与在手案件的事实或者法律没有关联的任何不当问题。同时，调查询问也是一个基于已知探求未知的过程，因此，在已知事实、已知证据的基础上，依法询问于法有据的未知事实、未知证据是基本规则。为此，应当在事前尽最大可能熟悉案情和相关法律规定。在一些专业性较强的行政执法案件中，如海事海商、交通事故、生态环保、农业、网络、海关、税务等领域，询问常常会涉及一些专业知识，对此，行政执法调查询问人员应预先复习或者准备相关的专业知识，弄清相关专业问题、掌握专有名词、理解基本观点、熟悉论证方法。例如，2009 年 12 月 24 日发布的原《税务稽查工作规程》（国税发〔2009〕157 号）第 21 条第 2 款就要求税务检查人员实施检查前，应当查阅被查对象纳税档案，了解被查对象的生产经营情况、所属行业特点、财务会计制度、财务会计处理办法和会计核算软件，熟悉相关税收政策，确定相应的检查方法。第 23 条第 1 款则指出，实施税务检查方法包括实地检查、调取账簿资料、询问、查询存款账户或者储蓄存款、异地协查等。所以，税务案件调查询问前，也需要熟悉被调查对象、熟悉财税专业知识和政策法规。[①]

（3）制订询问计划，准备工作器材

除了简单约见和即时询问外，调查询问之前一般应当制订询问计划或者询问调查提纲。询问调查计划或者提纲应尽可能全面具体，逻辑性要强，同时要抓住案件关键环节，突出案件基本事实和基本特征。[②] 通常来说，询问计划的主要内容应当包括询问目标、询问对象、询问事项、询问时间、询问地点、询问程序、询问方法、询问工具和器材等。其中核心要领在于：询问的主要目的和所要查清的主要问题；拟向被询问人提出的若干问题及提问方式；询问过程中可能遇到的障碍及解决预案。[③] 在询问工作计划中及计划制订后，需要考虑和准备若干询问工作器材，如询问笔录格式文书、记录用笔、录音笔、执法记录仪、照相机、摄像机等。《山西省行政执法条例》第 18 条就要求对调查取证实行音像记录，行政执法机关应当根据行政执法需要配备音像

① 虽然该文件已被 2021 年 7 月 12 日发布的《税务稽查案件办理程序规定》（国家税务总局令第 52 号）所取代，但是，这些准备事项也是有所保留的，仍然具有实务意义。

② 参见沈体雁、朱立国主编：《城市管理综合执法办案实务》，北京：北京大学出版社 2018 年版，第 56 页。

③ 参见何家弘主编：《证据调查》，北京：法律出版社 1997 年版，第 218 页。

记录设备，并对设备进行统一存放、分类管理、定期维护。这些设备就是调查询问及其他取证行为的工作器材。

三、询问的实施

调查询问事项或者需要通过询问查明的案件事实各有不同，难以整齐划一。但是，询问必须依法实施则是所有调查询问的一致要求。在现有行政执法证据法规范文件中，对于询问的实施作出最为详尽规定的法律文件是《公安机关办理行政案件程序规定》，其中第七章调查取证第三节第 66 条至第 80 条为具体的询问工作规范。以下根据这些条文规定，结合其他规范性要求和学术主张，阐述具体实施询问的若干事项。

1. 询问过程

在询问的实施阶段，包括询问的开启（启动）和逐步深入、接近主题的发展与推进过程。询问的启动是行政执法人员与被询问人正面接触的开始，有许多程序性事项需要在此阶段完成。许多行政执法证据法规范文件对询问的规制都把这一阶段作为重点。开启询问时，行政执法人员应当完成如下各项工作：

（1）核对或者确定被询问人员身份，必要时查验其身份证件。例如，《海事行政执法证据管理规定》第 26 条第 2 项规定，询问前应当确认被询问人员的身份。第 23 条第 2 款强调，证人证言和当事人陈述应当附有证人或者当事人的身份证明文件的复印件。证人、当事人是船员的，船员证件可以作为其身份证明。

（2）向被询问人员敬礼，口头说明执法询问人员身份，交代来意。例如，《城市管理执法行为规范》第 21 条要求城市管理执法人员实施执法时，应当先向行政相对人敬举手礼。《公安机关办理行政案件程序规定》第 52 条第 1 款指出，公安机关进行询问等调查取证工作时，人民警察不得少于二人，并表明执法身份。

（3）出示执法证件，请求被询问人查验。例如，《邮政行政执法监督办法》第 11 条也要求邮政行政执法人员在进行调查取证等行政执法活动时，应当主动出示行政执法证件，向当事人和相关人员表明身份。

（4）告知被询问人的作证义务，以及如实陈述、如实作证的法律规定。询问时，应当告知被询问人必须如实提供证据、证言和故意作伪证或者隐匿证据应负的法律责任，对与本案无关的问题有拒绝回答的权利。例如，原《文化市场行政处罚案件证据规则（试行）》第 17 条第 1 款强调，执法人员依法询问案件当事人、利害关系人或者证人时，应当告知被询问人有如实回答的义务和对与本案无关的问题有拒绝回答的权利。

（5）告知固定陈述的方法，开始书面记录；必要时，自始就开启执法记录仪或录音设备。例如，《山西省行政执法条例》第 18 条要求行政执法机关应当依法通过文字、音像等形式，对行政执法的启动、调查等进行全过程记录。行政执法机关应当对现场执法活动和执法办案场所进行全过程录音录像；对现场执法、调查取证等容易引发争议的行政执法行为，根据实际情况进行音像记录。行政执法人员应当在执法活动结束后及时将音像记录信息移交存储并封存完好。由此可见，固定被询问人陈述的方法无非是文字记录和音像记录。对于询问记录的方式方法，调查人员应当明确告知被询问人。

询问的深入阶段是根据调查询问的总体要求和目标，针对被询问人的案件中角色，综合运用有效的问话方法，详细了解案件事实信息，把询问工作引向纵深并最终达到询问目的的阶段。① 推进询问进入纵深阶段时，行政执法人员应当完成如下各项工作：②

（1）高度概括地介绍相关案件情况，但需注意不能泄露具体事实要素

调查询问不能采用让被询问人猜谜的方式了解案情。所以一般情况下，调查询问人员需要向被询问人适度交代来意，即向被询问人说明调查事项和

---

① 参见董晓慧著：《工商行政处罚证据收集与适用》，北京：中国工商出版社 2016 年版，第 123 页。

② 参见邱爱民著：《行政执法证据收集与运用规则研究》，北京：知识产权出版社 2022 年版，第 137-138 页。

依据，也就是询问的起因与案件性质等。例如，某年某月某日上午某时左右，在某地发生了一起交通肇事逃逸案件，根据初步了解，您是现场目击证人，今天同您谈话，请您谈谈当时看到的事情经过。必须注意，这种对案件情况的介绍应当高度概括且不能泄露具体事实要素。例如，这样的介绍就很不妥：据我们初步了解，肇事逃逸者叫张三，穿蓝色夹克上衣、黑色长裤、白色旅游鞋，骑某品牌摩托车由东向西逆向行驶，与由南向北正常步行的李四相撞，事后逃逸，您是目击证人，请您谈谈当时的过程。

（2）请被询问人就其感知的案件事实作总体上的宏观叙述

当事人陈述所作所为；证人陈述所见所闻。在此过程中要注意适当纠偏和引导。在交代询问事由和调查来意之后，调查询问人员应当请被询问人作一个整体的自由叙述。这是进一步了解案情的必要手段和步骤，也体现了对被询问人的尊重，且为后续一问一答铺垫了基础。有人曾经指出，询问证人，一般应先让证人就他所知道的情况作连续的详细叙述，并问明其所叙述事实的来源，然后根据其叙述结合案件中应当查明的事实和情节，有针对性地进行提问。[①] 被询问人的身份不同，宏观叙事的内容也不一样，当事人应当陈述其所作所为；被侵害人应当陈述所遇所受；证人应当陈述所见所闻；利益关联人应当陈述所思所想。但是，不管是谁，其在调查询问程序中的陈述都应当围绕案件事实构成要素，不宜偏离话题和重点事项。如果出现严重脱离案件事实和待证事项的陈述，调查询问人员应当适当纠偏和引导。当然，工作方式不宜简单粗暴，要注意表达技巧、循循善诱。询问是一个互动的过程，心理的契合、情感的认同、表达的呼应是整体行为。如果被询问人对询问产生了逆反、拒绝的心理，则情感上就会不接受调查，表达上就不会回应询问事项。所以，让被询问人自由地讲、尽情地说、舒心地谈，只要不太离谱、不过于偏离调查目标，还是应当适度容忍、容许的。

---

① 参见沈体雁、朱立国主编：《城市管理综合执法办案实务》，北京：北京大学出版社 2018 年版，第 58 页。

（3）针对办案还需要查明的具体事实要素、事实细节逐一向被询问人问话，一问一答，获得案件事实信息

这是最具实质性、最能展现智慧和问话水平的询问工作。在已知案情、已知证据和被询问人整体、连续叙述的基础上，对照案件处理需要查明的待证事实，包括实体法构成要件事实、证据属性事实，以及程序法事实，如果还存在不知晓、不清晰、不确定的地方，那就必须一一查询清楚。此时，需要调查询问人员逐一向被询问人提问或者诘问，并随着回答的进展而调整后续提问或者诘问，直至所有能从被询问人处了解的待证事实都已清楚。询问作为一种证据调查活动，本质上就是询问者与被询问人互相影响、互相作用的双向传导过程：一方面是询问者通过提问方式作用于被询问人的过程；另一方面也是被询问人通过回答方式反作用于询问者的过程。在此问答之间，调查询问人员应当努力掌握询问过程的主导权，使被询问人能够按照预定计划回答相关问题。各种询问方法、技巧及其运用艺术显得十分重要。[①]

2. 询问时间

从启动询问的角度来看，询问的时间分为即时和择时。所谓即时是指发现并确定被询问人时就立即展开询问工作，如《公安机关办理行政案件程序规定》第 69 条第 1 款要求对被传唤的违法嫌疑人应当及时询问查证；第 70 条第 1 款要求对于投案自首或者群众扭送的违法嫌疑人，公安机关应当立即进行询问查证，并在询问笔录中记明违法嫌疑人到案经过、到案和离开时间。所谓择时是指选定某一具体的时间对被询问人展开询问。选择询问时间应当考量的因素有：调查工作的需要；被询问人的空闲或者方便时间；被询问人的情绪与身体健康状况；案件发生后经历的时间长短与被询问人的记忆能力；等等。[②]

从白天与夜晚的划分角度来看，择时询问应当选择白天，而且是正常的

① 参见何家弘主编：《证据调查实用教程》，北京：中国人民大学出版社 2000 年版，第 260 页。

② 参见何家弘主编：《证据调查》，北京：法律出版社 1997 年版，第 217 页。

作息时间段。因为在夜晚及正常休息时间询问，会影响被询问人的休息、生活与身体健康。当然，这也不是绝对的。基于被询问人的工作与生活特点，征得被询问人同意，早晨和傍晚询问也无不可。唯其如此，行政执法证据法规范文件基本没有关于询问应当在白天进行的规制条文，因为这是一个常识问题，无须明文规定。

从时间延续的长度来看，择时询问的持续性应有所约束，如《公安机关办理行政案件程序规定》第 69 条强调，对被传唤的违法嫌疑人询问查证的时间不得超过八小时；案情复杂，违法行为依法可能适用行政拘留处罚的，询问查证的时间不得超过二十四小时。而且不得以连续传唤的形式变相拘禁违法嫌疑人。第 71 条第 2 款又强调，询问查证期间应当保证违法嫌疑人的饮食和必要的休息时间。也就是说，八小时或者二十四小时内的询问查证，也应当留有间隙期间。对于需要继续询问查证的，公安机关可以对违法嫌疑人进行再次传唤。对于两次传唤之间间隔的时间，法律没有明确的规定，通常情况下应当以保证被传唤人有充足的休息时间为限。[①] 对此，可以参照 2019 年 12 月 30 日公布并施行的《人民检察院刑事诉讼规则》（高检发释字〔2019〕4 号）第 185 条关于两次传唤间隔的时间一般不得少于十二小时的规定。

从一次时间完成，还是允许再次实施询问调查角度来看，询问可以多次、再次进行。例如，《城市管理行政执法文书示范文本（试行）》中第 3 种示范文书即为《调查（询问）笔录》，《调查（询问）笔录》的制作指南指出，调查（询问）笔录，是城市管理行政执法部门为了查明案件事实、收集证据，向当事人以及其他知晓案件情况的人员调查了解情况的文书。在“时间”栏填写调查（询问）的起止时间，具体到分，并采用二十四小时制。凡进行两次以上询问的，第二次以后的询问笔录应当在笔录右上方空白处注明“第×次询问”。由此可见，在执法实务操作中，两次以上的询问是客观存在的。能够通过一次询问就实现询问调查之目的者为最佳。针对同一被询问人，应当尽

---

① 参见徐伟红、高文英主编：《公安机关办理行政案件程序规定理解与适用：条文解读、案例分析、最新修改提示与执法风险提示》，北京：中国法制出版社 2020 年版，第 165 页。

量减少询问调查的次数，不要在时间上出现反复、重复现象。

3. 询问地点

对于询问谈话的地点，《公安机关办理行政案件程序规定》第 66 条和第 79 条分两类人员分别作出了不同的安排，其他行政执法主体询问地点的确立亦可参照执行。在书面的询问笔录中，对于地点的记载应当特定、具体，注明门牌号或者详细位置，确保地点具有唯一性。

（1）对行政违法嫌疑人询问的地点

询问违法嫌疑人，可以到违法嫌疑人住处或者单位进行，也可以将违法嫌疑人传唤到其所在市、县的指定地点进行。在公安机关询问违法嫌疑人，应当在办案场所进行。由于在公安机关处理的行政案件中，对违法嫌疑人的询问，特别是第一次询问往往是查清案件的关键环节，所以公安机关享有选择询问地点的权力，其可选择地点包括三类：违法嫌疑人住处或者单位；办案的公安机关；违法嫌疑人所在市、县的指定地点。对此，公安机关办理行政案件选择询问违法嫌疑人的问话地点时，应当综合考虑法律规定和案件调查的需要。具体操作时，选择违法嫌疑人住处或者单位的，应当选取有利于保护违法嫌疑人隐私及其他合法权益的房间或者地点；在办案机关内部询问的，应当选择在办案场所或者办案区域；选择公安机关之外的其他指定地点的，应选取相对安全且便于询问的房间或者地点，远离门窗并采取相应的安全防范措施。[①] 此外，根据《公安机关执法办案场所办案区使用管理规定》第 2 条的规定，所谓办案场所办案区是指公安机关在办理案件过程中，依法进行安全检查、信息采集、讯（询）问、继续盘问、辨认等办案活动的专门区域，包括公安机关派出所和内设机构设置的专门办案区域，以及公安机关设置的供两个以上执法办案部门共同使用的办案中心。

---

① 参见徐伟红、高文英主编：《公安机关办理行政案件程序规定理解与适用：条文解读、案例分析、最新修改提示与执法风险提示》，北京：中国法制出版社 2020 年版，第 158 页。

（2）对被侵害人或者其他证人询问的地点

询问被侵害人和其他证人，可以选择的地点有三类：案发现场；被询问人熟悉的单位、学校、住所、居住地居（村）委会或者其自己提出的地点；办案的公安机关。应当注意，这三类地点中，通知被侵害人或者其他证人到公安机关不是首选，也不是最佳地点，而是应当确有必要之时才能加以选择。在案发现场询问被侵害人和证人是首选，因为这样可以保证迅速查清案情，防止被询问人事后遗忘相关案件事实，也避免查找确定被询问人的耗时耗力。如果在现场询问不可能，则需要主动到被询问人的单位、学校、住所、基层居委会或者村委会找寻被询问人并与其进行谈话。如果被询问人提出他（她）满意的谈话地点，只要不是严重影响调查取证，则应当加以尊重并执行。在具体选取询问场所或者房屋时，应当综合考虑以下因素：是否有利于询问内容的保密并使被询问人感到安全；被询问人会不会感到紧张或者拘束；询问环境有无噪声和是否容易受到外界因素的干扰。①

4. 询问形式

询问形式包括接触方式和语言形式两个方面。

（1）询问人员与被询问人的接触方式

询问应当个别进行、单独接触，这是公认的询问方式。《公安机关办理行政案件程序规定》第 72 条规定，询问违法嫌疑人、被侵害人或者其他证人，应当个别进行。原《文化市场行政处罚案件证据规则（试行）》第 17 条第 2 款要求有多个被询问人时，应当分别进行询问并分别制作调查询问笔录。当然，对于个别进行应当准确理解，它是指作出案件事实陈述的自然人应当是一个人，并不限制特定情况下另外的人员在场，如询问未成年人时监护人可以在场；询问残疾人时手语翻译可以在场；询问外国人或者少数民族时口语翻译可以在场。这些人不属于向行政执法主体提供案件陈述的人，他（她）

---

① 参见何家弘主编：《证据调查》，北京：法律出版社 1997 年版，第 217-218 页。

们在场不影响调查询问的独立性。

（2）询问的语言形式

根据基本的文义解释，调查询问应当用口头语言实施，即口语形式。然而在行政执法实践中，询问的语言形式既可以是口头，也可以是书面。口头询问包括面对面的口语交流和借助于现代通信设备的电话交流。书面询问则以被询问人熟悉的文字作成调查问卷或者提纲替代调查询问人员的逐一提问。被询问人对于书面询问一般也是用书面形式加以回答。被询问人的自书材料也是一种书面形式，它既可以回应调查人员的口头询问，也可以回应调查人员的书面询问。与询问调查可以采用口头形式与书面形式一样，当事人或者证人回答提问也可以采用口头形式或者书面形式，如《税务稽查案件办理程序规定》第 21 条就明确指出，当事人、证人可以采取书面或者口头方式陈述或者提供证言。当事人、证人口头陈述或者提供证言的，检查人员应当以笔录、录音、录像等形式进行记录。笔录可以手写或者使用计算机记录并打印，由当事人或者证人逐页签章、捺指印。当事人、证人口头提出变更陈述或者证言的，检查人员应当就变更部分重新制作笔录，注明原因，由当事人或者证人逐页签章、捺指印。当事人、证人变更书面陈述或者证言的，变更前的笔录不予退回。

5. 询问方法

这里的询问方法主要是指口语运用的具体技巧，调查询问人员与被询问人之间双向言语交流的各种手段。根据学者归纳，大体上可分为五种：①

（1）循时顺进法。按照案件事实发生、发展的过程循时顺进加以提问或者诘问。在已知案件事实要素，如时间、地点、涉案物品、行为手段等情况的同时，逐步厘清行为人及相互关系、行为动机和目的、行为后果等未知事实要素。

① 此处五种询问方法或者技巧，主要参考董晓慧著：《工商行政处罚证据收集与适用》，北京：中国工商出版社 2016 年版，第 124-135 页。

（2）迂回渐进法。不直接接触案件的核心问题，而是围绕询问的目的，由远而近、由表及里、由浅到深，在和缓的气氛中消弭被询问人的紧张、对立心理，让其自由陈述和辩解，逐步缩小范围，通过固定和确认证据，把与案件事实不相关联的其他可能性排除后，接近、凸显核心问题，最后正面接触核心问题，使整个案件事实得以完全落实和澄清。这种询问方法以被询问人的陈述和辩解为基础，根据已知事实和证据，从中找出矛盾、不真实的地方，进而突破全案事实要素。

（3）重点突破法。直接询问案件事实中的要害与核心问题，直捣黄龙、一步到位。使用这种方法的关键在于询问开始前应选准案件突破口，从核心要害问题入手，且对于可能出现的虚假陈述、包庇掩饰、狡辩或者抵赖等情况有万全的应对之策。反之，过早暴露核心调查事项又不能获得有利信息，则询问就会失败。

（4）正确教育法。在被询问人心理有担忧、顾虑、抵触等情形时，应当采用这种询问方法。针对被询问人心理活动状况，运用政策、法律和道德规范，说服规劝被询问人转变态度、唤起良知、消除对立、增加信任，从而如实陈述案件事实。对被询问人进行政策、法律和道德教育时，应当做到晓之以理、动之以情、齐之以德、绳之以法，综合运用各种规范，在平等、友好、关切的气氛中实现教育目的和询问目的。

（5）巧用证据法。在询问的过程中适时出示或者揭示已经掌握的某些证据或者证据内容，能够有效地冲击被询问人的隐瞒、掩饰、包庇、抵赖等心理支柱，造成心理压力，打破询问僵局。巧用证据能否成功，取决于询问前对证据的研究分析，掌握证据的信息要点，还取决于出示或者揭示的时机，以及出示的方式方法。一般在询问陷入僵局或者需要回击被询问人的不配合情形时出示或者揭示证据。出示或者揭示证据可以暗中点破，含而不露，使被询问人意识到调查询问人员已经掌握了某些证据；也可以直接拿出部分或者全部已经掌握的证据，直接堵死被询问人的任何退路。当然，在询问调查实务中，过早、过多出示或者揭示证据，也有可能暴露案件相关事实和证据信息，反而导致调查出现疏漏，陷入困境。为此，巧用证据之巧，非常不易。

总体而言，调查询问没有绝对好的或者不好的方法，都是因人而异的，不同的询问人员有不同的方法运用；针对不同的被询问对象，也应选用不同的方法。具体应采取什么询问方法，主要依据调查人员对案件证据材料掌握的程度和被询问人的性格特点、心理状况。通常来说，对于性格内向的人，以启发为主；对性格外向的人，只要不太偏离询问主题，宜耐心倾听其陈述。对文化程度高的人，应当适度顾及其颜面、保全其名誉或者荣誉，促使其权衡利弊，讲出实话；对文化程度偏低的人，要直截了当，不绕弯子。对于本地人，特别是有一些社会关系的本地人，必须打消其幻想和有恃无恐，督促其诚信叙事；对于外地人，要有热情，避免其产生异地感、孤立感，注意融洽情感，促使其配合调查。对于女性和年轻人，态度要温和，讲话要持重，保有必要的耐心；对于成年男性，尤其是过于社会化的男性，态度要威严，讲话要严肃，即时制止其东拉西扯、不着边际、胡言乱语。

6. 对特殊人员的询问

《治安管理处罚法》第 84 条第 3 款规定，询问不满十六周岁的违反治安管理行为人，应当通知其父母或者其他监护人到场。第 86 条规定，询问聋哑的违反治安管理行为人、被侵害人或者其他证人，应当有通晓手语的人提供帮助，并在笔录上注明。询问不通晓当地通用的语言文字的违反治安管理行为人、被侵害人或者其他证人，应当配备翻译人员，并在笔录上注明。对此，《公安机关办理行政案件程序规定》第 75 条进一步细化为：询问未成年人时，应当通知其父母或者其他监护人到场，其父母或者其他监护人不能到场的，也可以通知未成年人的其他成年亲属，所在学校、单位、居住地基层组织或者未成年人保护组织的代表到场，并将有关情况记录在案。确实无法通知或者通知后未到场的，应当在询问笔录中注明。第 76 条又强调，询问聋哑人，应当有通晓手语的人提供帮助，并在询问笔录中注明被询问人的聋哑情况以及翻译人员的姓名、住址、工作单位和联系方式。对不通晓当地通用的语言文字的被询问人，应当为其配备翻译人员，并在询问笔录中注明翻译人员的姓名、住址、工作单位和联系方式。《海事行政执法证据管理规定》第 25 条规定，证人、当事人为外国籍的，海事行政执法人员可以直接使用英语进行询问和记录。在少数民族聚居或者多民族共同居住的地区，可以直接使用当地通用的语言进行询问和记录。《公安机关办理行政案件程序规定》第 7 条也指出，在少数民族聚居或者多民族共同居住的地区，应当使用当地通用的语言进行询问。对不通晓当地通用语言文字的当事人，应当为他们提供翻译。

四、询问笔录

1. 询问的终结

无论是单次询问，还是整个调查询问，都不可能无限地进行下去，必然有终结之时。从结果角度来看，询问的良好结果是获得部分或者全部案件信息；生成各种固定材料，如询问笔录、调查笔录、视频资料等。询问的不好结果包括未获得案件信息；或者未能固定询问结果，如不肯做笔录、不肯签字确认等。

就单次询问而言，适时结束是询问活动的最后阶段。在此阶段，既要为确保询问质量做好收尾工作，又要为可能再次进行的询问做好铺垫。所以，审核完善询问笔录，做好各项善后工作是必须的。询问结束时，对于积极合作者，应予鼓励或者感谢；需要下次继续询问的，商定具体时间和地点；根据案情需要，进行必要的保密教育；等等。①

就彻底终结对某个对象的询问而言，不论结果如何，都应当整理、完善好询问的书面或者电子音像资料，及时归入办案卷宗。根据询问的结果，结合其他案件事实和证据，调整并确立后续的相关调查事宜。

---

① 参见何家弘主编：《证据调查实用教程》，北京：中国人民大学出版社 2000 年版，第 291 页。

2. 询问笔录

行政执法调查取证人员对询问的良好结果应当单独或者并列采取纸质或者科技手段加以固定。固定言词证据的纸质形式（文字记录）包括但不限于询问（谈话）笔录、当事人或者证人自书材料等。固定言词证据的科技手段是指运用非接触性设备生成音像资料（音像记录）。此等非接触性设备包括但不限于录音笔、录音机、智能手机、执法记录仪、视频摄像等。

（1）询问笔录

询问笔录是行政执法人员在各类行政执法活动中，就询问当事人、证人及关联第三人的过程及内容所作成的书面文字记录。凡法律法规要求询问应当制作笔录者，不得因有音像资料而缺失。

制作询问笔录应当尽量使用统一印制的询问笔录纸并规范填写与记录。询问笔录应当格式完整、项目齐备、过程清晰、内容真实、一人一份、能够证真。

综合行政执法证据法规范文件的规定，询问笔录一般包括如下记载项目：文书名称（标题）；文书编号或者案号；询问起止时间，具体到年月日时分；第几次询问；询问地址，具体到省县（市）街道（乡镇）路（小区或者村组）门牌号码；询问人员与记录人员身份信息交代；被询问人详细身份信息及与案件关系交代，包括但不限于姓名、性别、年龄、身份证号码、联系电话、工作单位及职务、家庭住址等；调查询问人员身份交代、执法证件出示及号码记载，要求被询问人查验；告知被询问人应当如实回答与案件有关的问题；询问被询问人是否申请回避；具体的问答过程及其结果；被询问人和询问人的签名确认；其他必要记载事项。

必须强调一点：调查询问笔录应当交被询问人查阅核对；阅读有困难的，应当向其宣读。笔录有差错或者遗漏的，应当允许被询问人更正或者补充。涂改部分应当由被询问人在修改处以签名、盖章或者按捺指印等方式确认。被询问人确认笔录记载无误后，应当在笔录上逐页签名、盖章或者按捺指印进行确认；拒绝签名、盖章或者按捺指印的，执法人员应当在笔录中予以注明。调查询问人员也应当在询问笔录上逐页签名确认。

（2）陈述人自书材料

当事人及证人的自书材料，除交代案件事实外，还应当具有下列项目：载明当事人及证人的姓名、年龄、性别、职业、住址等基本情况；有当事人及证人的签名或者盖章；载明出具书面陈述或者证言的日期；附有居民身份证复印件等证明当事人及证人身份的文件。例如，原《价格行政处罚证据规定》第 28 条指出，政府价格主管部门可以询问证人，也可以收集证人提供的书面证言。证人的书面证言应当符合下列规定：载明证人的姓名、年龄、性别、职业、住址等基本情况；有证人的签名或者盖章；载明出具证言的日期；附有居民身份证复印件等证明证人身份的文件。第 29 条指出，当事人可以口头陈述，也可以提供书面陈述材料。当事人的书面陈述材料应当符合下列规定：载明陈述人的姓名、年龄、性别、职业、住址等基本情况；有陈述人的签名或者盖章；载明陈述的日期。

（3）音像记录

《国务院办公厅关于全面推行行政执法公示制度执法全过程记录制度重大执法决定法制审核制度的指导意见》（国办发〔2018〕118 号）指出，音像记录是通过照相机、录音机、摄像机、执法记录仪、视频监控等记录设备，实时对行政执法过程进行记录的方式。调查询问也可以使用音像记录。《交通运输行政执法程序规定》第 3 条要求执法部门应当全面推行行政执法公示制度、执法全过程记录制度、重大执法决定法制审核制度，加强执法信息化建设，推进执法信息共享，提高执法效率和规范化水平。第 39 条又强调，收集当事人陈述、证人证言应当制作《询问笔录》或者由当事人、证人自行书写材料证明案件事实；询问时也可以全程录音、录像，并保持录音、录像资料的完整性。

3. 人证的鉴真方式

人证鉴真是指对人证陈述的真实性、关联性和合法性的一种证明手段，具体表现就是在人证笔录和音像记录方面彰显若干确认或者佐证要素，其具体鉴真方式有自然人鉴真和科学证据鉴真。

所谓自然人的鉴真，就是指通过调查询问程序中各类自然人的签字、按捺手印或者盖章来证实询问过程及其记录材料的真实性、关联性和合法性。例如，《农业行政处罚程序规定》第 38 条第 3 款规定，询问笔录经被询问人核对无误后，由被询问人在笔录上逐页签名、盖章或者按指纹等方式确认。农业行政执法人员应当在笔录上签名。被询问人拒绝签名、盖章或者按指纹的，由农业行政执法人员在笔录上注明情况。按指纹是与签名、盖章具有同等法律效力的主体彰显行为。手纹和指纹是自然人的生理现象、生理特征。手印、指印则是指手纹、指纹在力的作用下，通过皮肤分泌物或者外部中介（如印泥），接触外物后所留下的印痕。用于人身识别和区分的手纹，是指分布生长在自然人的手指掌面上的乳突纹、屈肌褶纹、皱纹等皮肤花纹的总称，包括指头纹（指纹）、指节纹、手掌纹。相应地，手印包括指头印（指印）、指节印、手掌印。人类指纹具有人各不同、终身不变的特点，其重复率大约为 150 亿分之一，故被称为“人体身份证”。早在 7000 多年前的半坡文化遗址时代就出现了在陶罐上按压指纹彰显身份的现象。所以，长期以来，人们都允许并肯定以按压指印来代替签字（签名）或者签字与指印并用。

所谓科学证据的鉴真是指借助于同步录音录像等电子视听资料和科学鉴定来证实询问过程及其记录材料的真实性、关联性和合法性。例如，《公安机关办理行政案件程序规定》第 77 条第 3 款就非常明确地提出，询问时，可以全程录音、录像，并保持录音、录像资料的完整性。唯有全过程的录音、录像，才能发挥鉴真的功能。《中共中央关于全面推进依法治国若干重大问题的决定》提出完善执法程序，建立执法全过程记录制度的政策安排。此后，国务院，国务院各部委办局，各省、自治区、直辖市纷纷出台全过程记录的制度文件。全过程记录制度最大的价值就在于佐证或者鉴真行政执法过程和调查取证材料的真实性、关联性和合法性。人证鉴真时的科学鉴定主要在文字笔录和电子音像资料的真实性产生合理怀疑时，运用科学鉴定手段加以确认，如对于文字笔录中的签名提出真实性争议、对录像资料的完整性提出异议。

此时往往需要物证鉴定中的文书鉴定（笔迹鉴定和印章鉴定等）和痕迹鉴定（手印鉴定），以及声像资料鉴定。

本章典型案例

10-1：询问证人应当个别进行，以座谈会形式取得的谈话笔录欠缺合法性，无证据资格

某日，某省某县民政局执法人员仅凭一个举报线索，在未严格核实调查的情况下，贸然开着殡仪车，未出示行政执法证及身份证明，先后两次到贾某某家执行有关贾某某“尸体”火化事宜，进行所谓的“尸体”搜查，责令交出所谓的“尸体”，致使贾某某七十多岁的父母受惊吓而犯病，花去大量治疗费用，且给活着的贾某某造成极大的名誉损害。此后，贾某某及其父母向人民法院提出行政行为违法应予行政赔偿的诉讼。贾某某的代理人（乡镇法律工作者）提交了三份证人证言笔录。受案人民法院发现这三个证人是在同一时间、同一地点被代理人询问的。法院认为行政相对人的代理人对三位证人以座谈会形式取得的谈话笔录，违背了言词证据的合法性原则，故不予采信。

本案证人证言（谈话笔录）被法院确认为没有证据资格，警示行政执法机关在对言词证据进行询问收集时，应当个别进行，不应集体询问，也不可以采取座谈会或者集体讨论的方式进行。

10-2：执法问句有技巧，合理选择助成功

在某城管、交警与市场监督联合执法过程中，当地小摊贩疏导中心的马路中间，树立着一个价目牌（产品及价格戗牌），妨碍行人通行，有碍市容市貌。执法人员的如下询问，哪一问句最为可取：

甲：这块马路中间的价目牌是谁的？

乙：这块马路中间的价目牌是你的吗？

丙：这块马路中间的价目牌是你的，对不对？

丁：这块马路中间的价目牌怎么不是你的呢？

甲的问句属于开放式问话，给予答话者的选择空间非常大。开放式问话常用于人证询问的开头，任由答话者发挥。乙和丙的问话属于封闭式问话，给予答话者的选择空间很小，只能回答是与不是，或者对与不对。丙的问句在封闭的同时，还增加了问话者的肯定，仅要求答话者附和对与不对。封闭式问话常用于人证询问的一问一答阶段，有的放矢，控制答话者的回答。丁的问句属于修辞式问话，是用反问的句式表达问话者的肯定思想，其实不需要真正的回答。甲、乙、丙、丁四种问句对答话者的控制力逐渐增强，答话者的选择空间逐渐减少。

10-3：询问笔录成“三无产品”

某日，某执法机关在对违法行为当事人进行谈话并制作笔录后，要求当事人核对并签名确认，遭到了当事人的拒绝。此后，执法人员并未强求当事人签名，也没有在笔录中交代当事人不肯签名的原因。同时，本次谈话亦无同步音像证据或者见证人佐证。在分析案件时，该份询问笔录被法制审核人员认定为“三无产品”，即无当事人签名、无未签名原因交代、无其他佐证资料。

人证询问的笔录，为了保障其合法性、形式关联性（谁提供了谈话的信息）、形式客观性（是否确有其人），需要被调查人的签字确认。如果被调查人因为各种主客观原因而未能签名，则应当由执法人员在笔录中详细交代原因，或者有其他证据进一步佐证。反之，则询问笔录无证据资格。

本章复习思考题

1. 简述询问的概念、特点和种类。
2. 简述询问的具体步骤及各阶段的工作事项。
3. 简述人证的固定方法。
4. 简述人证的鉴真方式。

第十一章　行政执法对物证的调查收集

本章概要

物证寻找与发现的方法有日常行政巡查，个案勘验、检查；物证固定和保全的方法有查封、扣押、冻结，先行登记保存，证据公证；物证收取的方法包括整体收取和抽样取证。每一种方法都应当遵循相应的法律规定。调查收集物证应当遵循最佳证据规则，即原物优先，复制品、示意证据或者替代证据应当交代来源并且能够鉴真（authentication）。

一、日常巡查与个案勘查

物证是以其外部个性特征、空间位置、内在理化属性来证明案件事实的各种物品、物质和痕迹。在行政执法程序中，寻找与发现物证的方法包括日常行政巡查和个案勘验、检查。

1. 日常行政巡查

行政巡查亦称行政调查、行政监督检查、行政稽查、执法检查等，它是指行政主体依据法定职权，对行政相对人遵守法律、法规、规章，执行行政命令、决定的情况进行检查、了解、监督、管理的行政行为。行政检查的方法也都是证据寻找和发现的措施，如检查、调阅审查、调查、查验、检验、鉴定、勘验、登记、统计，等等。[①] 所以，日常的行政检查是行政执法活动与证据寻找、发现活动的综合行为。在开展日常行政检查时，其具体措施又包括如下几种，亦与行政调查取证手段有交叉重复关系。

（1）现场检查。《交通运输行政执法程序规定》第 19 条指出，交通运输执法部门行政检查时可以在路面、水面、生产经营等场所实施现场检查。现场检查或者巡查是日常行政检查最常用的监督管理方法。这种现场检查有很多具体的形式，如综合检查、专题检查；全面检查、抽样检查；定期检查、临时检查等。综合检查是对监管对象的多个领域进行检查；专题检查则仅对监管对象的某一领域进行检查，如安全生产检查。全面检查是对检查客体各个方面都实施检查；抽样检查则选择检查客体的某些部分、某些要素进行采样检查，进而根据采样检查的结果来判断整个客体的情况，如环保领域的污染物排放采样检查。定期检查是时隔一定期限进行的相对固定的检查；临时检查则包括防止相对人弄虚作假的突击检查，与相对人发生问题和事故后的临时检查。[②]

（2）书面调查。书面调查也称调阅审查，是行政检查主体为了查明和证实有关问题，而对相对人的有关文件、证件、报表、账册等实施的审查活动。书面调查包括行政检查主体依法封存相对人的文书资料予以审查，以及要求相对人提供与调查事项有关的文件、资料，然后进行审查。《税务稽查案件办理程序规定》第 15 条第 1 款规定，检查前，稽查局应当告知被查对象检查时间、需要准备的资料等，但预先通知有碍检查的除外。这一规定就显示了书面调查之文书资料的两种来源：其一，税务稽查人员不提前告知的，封存提取或者当场调取；其二，提前告知相对人准备相应的文书资料。后一种来源固然可以彰显行政执法调查的公开性，但在相对人弄虚作假，提供不真实材

---

① 参见罗豪才、湛中乐主编：《行政法学》（第四版），北京：北京大学出版社 2016 年版，第 221−225 页。

② 详见罗豪才、湛中乐主编：《行政法学》（第四版），北京：北京大学出版社 2016 年版，第 225 页。

料、掩藏真实材料的情形下，会导致行政检查失去全面性、真实性。

（3）电子监控。《环境行政处罚证据指南》第4.2条就把组织技术人员、委托相关机构进行监测和调取、统计自动监控数据作为发现、收集证据的方式。这里的自动监控数据就是指以污染源自动监控系统、DCS系统、CEMS系统等计算机系统运行过程中产生的反映案件情况的电子数据，如污染源自动监控数据、DCS系统数据、CEMS系统数据、监控仪器运行参数数据等。[①] 环境在线监测报告则是指具有资质的监测机构，按照有关环境监测技术规范，运用物理、化学、生物、遥感等技术，对各环境要素的状况、污染物排放状况进行定性、定量分析后得出的数据报告和书面结论，如水、气、声等环境监测报告。2021年修订的《行政处罚法》第40条也允许行政机关利用电子技术监控设备收集、固定违法事实。

（4）科学鉴定、检验。日常行政检查时，行政执法主体可以自行或者委托法定鉴定、检验机构对有关事实进行鉴定、检验。例如，2021年4月29日修正的《食品安全法》第87条要求县级以上人民政府食品安全监督管理部门应当对食品进行定期或者不定期的抽样检验，并依据有关规定公布检验结果，不得免检。还有1980年6月18日原卫生部颁发的《国境口岸传染病监测试行办法》第6条规定，卫生检疫机关对进出我国国境的人员和交通工具等进行传染病监测时，监测内容包括对相对人进行病原体分离鉴定。这些规定中的检验、鉴定都属于行政检查的措施。

2. 个案勘验、检查

在行政执法程序中，针对个案事实而开展的勘验、检查活动是相对集中的证据调查收集行为，属于典型的物证寻找与发现措施。

---

① DCS是英文Distributed Control System的缩写，指分布式控制系统，也称集散控制系统，是一个由过程控制和过程监控组成的、以通信网络为纽带的多级计算机系统。环保中主要用于监控水质污染、大气污染等。CEMS是英文Continuous Emission Monitoring System的缩写，指烟气连续排放监测系统，主要监测固定污染源烟气污染等。

（1）勘验、检查的概念

综合相关行政执法证据法规范文件的表述，所谓勘验、检查，是指行政执法人员对与违法活动或者其他案件事实有关的场所、物品、人身进行勘查、勘验或检查，以发现、固定和收集案件所遗留的各种物品、物质和痕迹的一种取证活动。

在行政执法程序中，勘验、检查的客体包括现场（场所）、物品和活人的身体，但是现场占比更大。所以，狭义的勘验、检查专指现场勘查。现场具有以下几重含义：现场是承载一定法律事实的空间；现场现象呈现着特定法律事实的进行状态或者结果状态；现场状态表征着所发生法律事实的内容和事实发生的过程乃至原因。[①] 在行政执法程序中，现场是指违法行为发生的具体地点以及留有证明违法行为之物证、书证的相关场所。现场勘查就是为了及时查明案件情况，客观真实地反映案件的真相，而依法对这种地点或者场所实施的查验、勘查、检查活动。[②]

（2）勘验、检查的步骤[③]

①勘验、检查的准备

第一，保护现场。在行政检查或者巡查中发现有需要勘查的现场，行政执法主体应当立即采取保护措施；接受报案的，享有行政调查职责的主体如认为需要勘查，应要求相关人员保护现场，并且迅速赶赴现场，尽快采取保护措施。现场保护的方法应根据其是室外现场还是室内现场而加以合理选择。对于室外现场，一般应划出一定的警戒范围，防止无关人员进入。在重要部门和出入口，应当部署人员看守。为了防止雨雪风暴，可以采用遮盖方法加以保护。对于室内现场，应将相关房间及进出路线一并封闭，部署警戒。所有方法的运用，都以最大程度保护现场，保存物品、物质、痕迹等证据材料

① 参见马丽霞主编：《现场勘查》，中国检察出版社2010年版，第2页。

② 参见董晓慧著：《工商行政处罚证据收集与适用》，北京：中国工商出版社2016年版，第69页。

③ 本部分除另有注明者外，参见邱爱民著：《行政执法证据收集与运用规则研究》，北京：知识产权出版社2022年版，第152-154页。

为最高原则。①

第二，制订勘查工作方案。各行政执法主体勘验、检查现场和物证，应当制订工作方案，合理安排勘验人员、辅助人员、勘查流程和记录分工，确保有效发现、固定、提取、保管物证。在现场实际开展勘查工作时，可以对勘查准备阶段的工作方案进行调整。调整工作方案的前提是勘查人员尤其是指挥人员对现场有宏观的巡视，对现场中心部位以及外围环境有一定的观察。现场调整或者完善工作方案的要点在于合理确定现场勘查的范围以及勘查的重点部位，确定勘查的先后顺序。当然，有时也会出现勘查人员增减的情形，如追加技术人员参与勘查等。对于一些容易产生群体性事件、相对人对抗情绪激烈的案件，现场勘查工作方案中还应当有处置预案的安排，如协调公安机关提前介入等。

第三，准备必要的勘查器材与工具。例如，《城市管理执法装备配备指导标准（试行）》（建办督〔2020〕34 号）中，就有若干与勘验、检查有关的器材与工具，包括数码照相机、高清摄像机、激光测距仪、皮尺、标签打印机、执法装备包、执法装备柜、执法文书包、路锥、无人机等。这些器材与工具应当在勘查前准备好。

②勘验、检查的常规处置

所谓勘验、检查的常规处置，是指勘查工作中具有共性的若干事项。一般而言，勘验、检查的常规处置有如下几个方面：②

第一，检查现场保护情况。现场勘查的指挥人员、勘验人员（含技术人员）、辅助人员等应当听取有关人员对于现场发现和保护的情况汇报，观察现场并检查现场保护情况。

第二，掌握重要知情人。勘查人员到达现场后，应当抓紧时间，迅速查

① 参见何家弘主编：《证据调查实用教程》，北京：中国人民大学出版社 2000 年版，第 330-331 页。

② 详见马丽霞主编：《现场勘查》，北京：中国检察出版社 2010 年版，第 60-61 页。《公安机关办理行政案件程序规定》第 81 条第 2 款指出，现场勘验参照刑事案件现场勘验的有关规定执行。所以，勘查犯罪现场的常规处置完全可以作为行政案件现场勘查常规处置的依照。

清案件或者事件发生时有哪些在场人以及其他知情人员。一旦确立目击证人和知情人，应当对其姓名、工作单位、家庭住址、联系方式等要素逐一登记。掌握证人或者知情人，除了文字记录外，也可以通过照相或者摄像的方法拍摄其图像。

第三，了解掌握现场的情况。到达现场后，勘查人员，尤其是指挥人员，应当迅速了解案件或者事件和现场情况，弄清现场处置与保护及相关工作的进展。了解掌握现场情况的途径包括但不限于听取汇报；直接访问被侵害人、事主、发现人和报案人等；巡视现场，查勘重点范围和地区。

第四，通知当事人并邀请现场勘查见证人。勘验、检查时应当通知当事人到场，邀请见证人在场见证。如原《文化市场行政处罚案件证据规则（试行）》第 19 条第 1 款就要求文化市场执法部门依法进行现场检查或者现场勘验时，应当有当事人或者见证人在场。为了保证勘查的客观性和合法性，使发现的各种物证以及勘查记录具有充分的证据作用，在实施勘查时，应当邀请两名以上与案件或者事件无关、具有民事行为能力且为人公正的自然人作为见证人。

第五，指派或者聘请专家或者技术人员参与勘查。勘查活动可能涉及各种专门性问题和技术难题。因此，应当酌情指派或者邀请具有专门知识的专家、学者、技术人员，以及长期从事专门工作、具有丰富经验的自然人参加勘查活动。

③勘验、检查的重点事项

所谓勘验、检查的重点事项是指勘查工作中个案不同、具有特色的若干事项。在个案的实际勘查工作中，按照一定的步骤、顺序和方法进行复杂、细致的勘验、检查是一项专业性和技术性很强的活动。案件或者事件性质不同、涉及人员不同、现场状况和构成不同，都决定着勘查的差异和个性化。

第一，确定勘查的范围和顺序。具体实施勘验时应当由勘查负责人确定勘查范围，安排专人维持现场秩序，防止突发事件。确定勘查范围时，可以先将范围划得大一些。在勘查过程中，根据发现的证据和现场访问的结果，再视情况随时调整勘查范围的大小。勘查顺序的确立可以根据案件或者事件的具体情况合理选择，如从中心向外围；从外围向中心；内外结合；沿行走路线；分片、分段或者沿地形、地物；等等。确立勘查顺序的基本原则是有利于证据的搜集和没有遗漏。[①]

第二，具体勘查的顺序。勘查的顺序是指具体勘验、检查时的起点和先后次序。对此没有固定的方式和一成不变的程序。但是，应当遵守下列原则：先静止（观察或者拍摄）、后动作（翻检或者测量）；先宏观、后微观（先大范围后小范围）；先外围（环境或者表面）、后内里（中心或者内部）；先用眼、再用手，继而科技探查；防止损坏、污染环境与物证客体，先固定后提取。勘查的先后步骤大体包括巡视现场、确定范围和起点、初步勘验并固定现场、详细勘查并发现物证、提取物证。

第三，具体勘查的方法。对于勘查的具体方法，有学者归纳为观察、记录法；提取原物、扣押法；封存法；拍照法；人身检查法；实验法；搜索法；保存、复制电子数据法等措施或者手段。[②] 这些具体的勘查手段，可以根据物证的组成而作体系化分类。既然勘查的主要目的是寻找与发现物证，而物证又分为物品、（微量）物质、痕迹三类，那么勘查的手段也可以分为如下三类：发现物品物证的方法主要是观察法；发现微量物质物证的方法有肉眼观察法、特种光源照射法、化学试剂显现法、磁铁吸附法和静电吸附法等；发现痕迹物证的方法有光源照射观察法、摄影法、物理和化学显现法、提取原物法、制作模型法等。[③] 不管采用何种方法，都应当注意避免对勘查客体造成不必要的损坏。

④勘验、检查的结束

勘验、检查活动也不会无休止地进行下去，达到一定的条件就可以结束，

---

① 参见何家弘主编：《证据调查实用教程》，北京：中国人民大学出版社 2000 年版，第 332 页。

② 详见马丽霞主编：《现场勘查》，北京：中国检察出版社 2010 年版，第 100-105 页。

③ 详见何家弘主编：《证据调查》（第二版），北京：中国人民大学出版社 2005 年版，第 288-291 页。

但是要注意完成各项善后工作。[①]

第一，勘查结束的前提条件。勘查结束的前提条件包括：对勘查客体的主要情况已经查明和研究清楚；勘查范围、勘查重点和相应措施已经基本确定；相关的法律手续齐全完备。必须强调一点，这些条件应当同时具备才可以结束勘查。

第二，勘查结束的善后工作。勘查结束后，应当根据案件或是事件的具体情况，及时做好结束勘查的善后处理工作。此等工作包括但不限于：撤销现场保护；运送作为物证使用的物品、物质和痕迹。

（3）勘验、检查的固定

这里所谓勘验、检查的固定，专指对勘查过程及其结果的记录。通过各种形式的记录，勘验、检查活动及其发现得以准确、客观、真实地固定下来，为恢复或者重建现场、证实案件待证事实提供合法、真实、关联的证据。

对勘验、检查活动及其发现、提取的物证应当采用文字、图表、音像等手段全过程、全方位立体记录。例如，原《文化市场行政处罚案件证据规则（试行）》第 19 条第 2 款指出，现场检查或者现场勘验应当制作笔录，并可采取测量、拍照、录音、录像等方式记录现场情况。综合这些规定，可见固定勘验、检查的方法包括文字笔录（勘查笔录或者现场笔录）、绘图（测量）、照相（拍照）、录音录像等。这些方法不是非此即彼、互相排斥的关系，而是可以作为一个整体，相辅相成、相互补充的。文字、图表、音像各有所长，彼此互补，构成一个完善、完整、完备的勘查记录体系。

二、查封、扣押

1. 查封、扣押的概念

《出入境检验检疫查封、扣押管理规定》第 2 条指出，本规定所称的查

---

① 参见马丽霞主编：《现场勘查》，北京：中国检察出版社 2010 年版，第 63-64 页。

封、扣押是指海关为履行检验检疫职责依法实施的核查、封存或者留置等行政强制措施。这一规章条文凸显了查封、扣押的法律属性是行政强制措施，是对需要出入境检验检疫的商品、食品、食用农产品、动植物等采取的核查、封存或者留置措施。行政执法实务部门专家学者倾向于从证据保全角度理解查封、扣押，有人指出，查封是指行政执法机关对需要保全的证据予以封存、禁止转移和处理，如对厂房或者大型生产设备等采取加贴封条和附以相应决定的形式予以封存。扣押是指行政执法机关对需要保全的证据予以提取、扣留，阻止其持有人或者保管人在特定时段内占有、使用和处分。扣押与查封的最大不同点是为了防止实物证据损坏、灭失或者转移，而将实物证据从原存放地点移至其他地点统一保管。①

2. 查封、扣押的适用

实施查封、扣押必须有明确的法律依据，遵守法律、法规规定的主体、条件、程序和期限。

（1）查封、扣押的适用依据

根据《行政强制法》第 10 条的规定，实施查封、扣押必须有明确的法律、行政法规、地方性法规作为依据。法律、法规以外的其他规范性文件，诸如政策、规章及规范性文件，都不得设定查封、扣押。政策文件和行政规章等，可以在法律、行政法规和地方性法规已有明确规定的前提下，细化查封、扣押的具体操作办法，如《环境保护主管部门实施查封、扣押办法》。通常情况下，不能简单以《行政强制法》第 9 条已经规定了查封、扣押就轻易认定适用查封、扣押已有法律依据。具体实施查封、扣押的，还应当获得其他法律、行政法规和地方性法规的立法授权。例如，2014 年 4 月 24 日修订的《环境保护法》第 25 条规定，企业事业单位和其他生产经营者违反法律法规规定排放污染物，造成或者可能造成严重污染的，县级以上人民政府环境保

① 参见曹晓凡著：《环境行政执法证据的收集与运用》，北京：中国民主法制出版社 2015 年版，第 74 页。

护主管部门和其他负有环境保护监督管理职责的部门，可以查封、扣押造成污染物排放的设施、设备。这是法律的授权。2017 年 8 月 6 日《无证无照经营查处办法》（国务院令第 684 号）第 11 条第 2 款规定，对涉嫌从事无照经营的场所，可以予以查封；对涉嫌用于无照经营的工具、设备、原材料、产品（商品）等物品，可以予以查封、扣押。这是行政法规对查封、扣押的规定。《成都市城市管理综合行政执法条例》第 26 条第 1 款指出，城市管理综合行政执法部门查处违法行为时，可以依法查封、扣押与违法行为有关的场所、设施或者财物。这是在城市管理综合执法程序中适用查封、扣押的地方性法规依据。

在一些地方性法规中，没有明确授权行政执法主体采取查封、扣押的措施，只是要求行政执法主体应当依法查封、扣押，或者实施查封、扣押应当守法，如《辽宁省行政执法条例》第 23 条第 1 款和《陕西省城市管理综合执法条例》第 13 条第 1 款。这类条文都属于义务性条款，要求行政执法主体应当如何。能不能把这类条文作为授权规定，作为行政执法实务中采取查封、扣押的法律依据呢？完全是可以的。这类条文中的依法查封、扣押，或者查封、扣押应当守法，重点是强调必须按照法律规定的条件、程序、期限等来实施查封、扣押。这类条文的立法背景是许可行政执法主体实施查封、扣押；立法目的是促使查封、扣押规范化和合法化。如果地方立法机关不允许行政执法主体在执法程序中采取查封、扣押的措施，就没有必要提出依法进行或者应当守法的要求。因此，类似的条文可以作为行政执法主体实施查封、扣押的法律依据。

（2）查封、扣押的适用主体

根据《行政强制法》第 22 条的规定，查封、扣押应当由法律、法规规定的行政机关实施，其他任何行政机关或者组织不得实施。所以，查封、扣押的主体必须严守法律、法规的规定，不得委托；具体实施查封、扣押行为的执法人员必须具有法定资格。此外，实施查封、扣押必须严格文明执法，规范操作，多解释、多劝导、多疏通，尽量避免产生不必要的冲突，最大程度地避免采用强制手段。

（3）查封、扣押的适用范围

《行政强制法》第 23 条从正反两个方面规定了查封、扣押的标的范围。《治安管理处罚法》第 89 条第 1 款也规定，公安机关办理治安案件，对与案件有关的需要作为证据的物品，可以扣押；对被侵害人或者善意第三人合法占有的财产，不得扣押，应当予以登记。对与案件无关的物品，不得扣押。

在上位法授权的基础上，部分行政规章也细化了查封、扣押的适用范围或者适用条件，如《环境保护主管部门实施查封、扣押办法》第 4 条第 1 款指出，排污者有下列情形之一的，环境保护主管部门依法实施查封、扣押：违法排放、倾倒或者处置含传染病病原体的废物、危险废物、含重金属污染物或者持久性有机污染物等有毒物质或者其他有害物质的；在饮用水水源一级保护区、自然保护区核心区违反法律法规规定排放、倾倒、处置污染物的；违反法律法规规定排放、倾倒化工、制药、石化、印染、电镀、造纸、制革等工业污泥的；通过暗管、渗井、渗坑、灌注或者篡改、伪造监测数据，或者不正常运行防治污染设施等逃避监管的方式违反法律法规规定排放污染物的；较大、重大和特别重大突发环境事件发生后，未按照要求执行停产、停排措施，继续违反法律法规规定排放污染物的；法律、法规规定的其他造成或者可能造成严重污染的违法排污行为。

3. 查封、扣押的操作步骤

（1）批准和决定。通常情况下，实施查封、扣押（物证、书证）须由行政执法主体负责人事前批准，持有行政执法主体的证明文件（行政强制措施决定书或者查封、扣押决定书等）。事有紧急者，行政执法人员应当在二十四小时内向行政执法主体负责人报告，并补办批准手续。行政机关负责人认为不应当采取行政强制措施的，应当立即解除。

（2）到场人员。实施查封、扣押，应当通知当事人到场。当事人到场的，应当听取当事人的陈述和申辩。当事人不到场的，邀请见证人到场，由见证人和行政执法人员在现场笔录上签名或者盖章。

（3）清点与交接。《公安机关办理行政案件程序规定》第111条详细规定，实施扣押、扣留、查封等证据保全措施时，应当会同当事人查点清楚，制作并当场交付证据保全决定书。必要时，应当对采取证据保全措施的证据进行拍照或者对采取证据保全的过程进行录像。证据保全决定书应当附清单，载明被采取证据保全措施的场所、设施、物品的名称、规格、数量、特征等，由办案人民警察和当事人签名后，一份交当事人，一份附卷。有见证人的，还应当由见证人签名。当事人或者见证人拒绝签名的，办案人民警察应当在证据保全清单上注明。对可以作为证据使用的录音带、录像带，在扣押时应当予以检查，记明案由、内容以及录取和复制的时间、地点等，并妥为保管。对扣押的电子数据原始存储介质，应当封存，保证在不解除封存状态的情况下，无法增加、删除、修改电子数据，并在证据保全清单中记录封存状态。

对于查封事宜，《环境保护主管部门实施查封、扣押办法》规定，对不易移动的或者有特殊存放要求的设施、设备，应当就地查封。查封应当张贴封条或者采取其他方式，明示环境保护主管部门已实施查封行为。查封时，可以在该设施、设备的控制装置等关键部件或者造成污染物排放所需供水、供电、供气等开关阀门张贴封条。对就地查封的设施、设备，排污者应当妥善保管，不得擅自损毁封条、变更查封状态或者启用已查封的设施、设备。环境保护主管部门对查封后的设施、设备应当定期检视其封存情况。排污者阻碍执法、擅自损毁封条、变更查封状态或者隐藏、转移、变卖、启用已查封的设施、设备的，环境保护主管部门应当依据《治安管理处罚法》等法律法规及时提请公安机关依法处理。

（4）妥善保管。根据《行政强制法》第26条的规定，对于查封、扣押的场所、设施或者财物，有三种保管主体，即当事人保管、行政执法主体保管、第三人保管。一般情况下，就地查封的不动产，包括房屋和设施，由当事人自行保管。可以移动的设施或者财物，以及当事人不便保管的场所，由行政执法主体或者第三人保管。例如，交通违法行为查扣的车辆常常由第三方扣押场所保管。行政执法证据法规范文件重点规制行政执法主体的保管事宜，一般都要求行政执法主体对查封、扣押的场所、设施或者物品，应当妥善保管，不得使用、截留、损毁和擅自处分；对鲜活物品或者其他不易保管的物品，可以在留存证据后依法进行拍卖、变卖或者妥善处理。查封、扣押的物品属非法物品的，应当移送有关部门处理。《行政强制法》第21条指出，违法行为涉嫌犯罪应当移送司法机关的，行政机关应当将查封、扣押、冻结的财物一并移送，并书面告知当事人。《行政处罚法》第80条则强调行政机关使用或者损毁查封、扣押的财物，对当事人造成损失的，应当依法予以赔偿，对直接负责的主管人员和其他直接责任人员依法给予处分。

4. 查封、扣押的期限

根据《行政强制法》第25条等条文的规定，查封、扣押是有期限的。同时，该期限在法定情形下亦可以延长，以及排除计算。

（1）期限及其延长。根据《行政强制法》第25条的规定，查封、扣押的期间一般为三十日，特殊情况下经本部门负责人批准可以再延长三十日，合计六十日。除此之外，欲超越六十日期限，必须有明确的法律（全国人大及其常委会制定）和行政法规（国务院制定）的授权规定。总体而言，由于事关当事人或者违法嫌疑人不动产与动产权益的保护和行使，我国法律和行政法规在六十日查封、扣押期间后的再延长问题上是极为谨慎的。换言之，明示肯定再延长的规定不多。但是也有一些规定，否则法条中的例外表述就没有现实意义了。例如，2018年4月27日修正的《反恐怖主义法》第52条就指出，公安机关调查恐怖活动嫌疑，经县级以上公安机关负责人批准，可以查询嫌疑人员的存款、汇款、债券、股票、基金份额等财产，可以采取查封、扣押、冻结措施。查封、扣押、冻结的期限不得超过二个月，情况复杂的，可以经上一级公安机关负责人批准延长一个月。查封、扣押期间的延长，需要制作书面通知、阐述理由并依法通知当事人，如《交通运输行政执法程序规定》第56条第2款就有明确要求。

（2）期间的排除。对物品需要进行检测、检验、检疫或者技术鉴定的，查封、扣押的期间不包括检测、检验、检疫或者技术鉴定的期间。检测、检验、检疫或者技术鉴定的期间应当明确，并书面告知当事人。这些应当排除的期间，是行政执法主体无法控制的，它们由专业检测、检验、检疫或者技术鉴定机构掌控。

5. 查封、扣押的解除

（1）解除查封、扣押的条件。《行政强制法》第 28 条第 1 款指出，有下列情形之一的，行政机关应当及时作出解除查封、扣押决定：当事人没有违法行为；查封、扣押的场所、设施或者财物与违法行为无关；行政机关对违法行为已经作出处理决定，不再需要查封、扣押；查封、扣押期限已经届满；其他不再需要采取查封、扣押措施的情形。

（2）查封、扣押解除后的工作。《行政强制法》第 28 条第 2 款规定，解除查封、扣押应当立即退还财物；已将鲜活物品或者其他不易保管的财物拍卖或者变卖的，退还拍卖或者变卖所得款项。变卖价格明显低于市场价格，给当事人造成损失的，应当给予补偿。

三、先行登记保存

1. 先行登记保存的概念

参照《财政部门证据先行登记保存办法》第 3 条的规定，先行登记保存是指行政执法人员在日常监督检查和案件调查时，在证据可能灭失或以后难以取得的情况下，对相关物品和资料当场登记在册，暂时先予封存固定，并要求当事人或有关人员妥善保管，不得销毁、转移或隐匿，以待行政执法主体进一步调查和处理的证据保全手段。

2. 先行登记保存的实务操作

（1）对象。作为证据保全措施，先行登记保存的对象当然是证据。这点毫无异议。但问题是，哪些证据应当予以先行登记保存，哪些证据不需要先行登记保存？这牵涉到证据的具体化和先行登记保存前提条件的特定化。在行政执法证据法规范文件中，绝大多数的表述侧重于先行登记保存前提的特定化，如《行政处罚法》第56条。当然，也有一些行政执法证据法规范文件为了便于实务操作，予以精准指导，对先行登记保存的证据也会加以具体化表达，如2009年6月27日修订的《统计法》第35条第1款第5项规定。

（2）批准。《市场监督管理行政处罚程序规定》第33条就指出，在证据可能灭失或者以后难以取得的情况下，市场监督管理部门可以对与涉嫌违法行为有关的证据采取先行登记保存措施。采取或者解除先行登记保存措施，应当经市场监督管理部门负责人批准。情况紧急，需要当场采取先行登记保存措施的，办案人员应当在二十四小时内向市场监督管理部门负责人报告，并补办批准手续。市场监督管理部门负责人认为不应当采取先行登记保存措施的，应当立即解除。

（3）实施。先行登记保存的实施，就是在证据保全措施的落实上，完成证据登记、证据封存和证据保管的具体行为和环节。

①清点。例如，《市场监督管理行政处罚程序规定》第34条就要求先行登记保存有关证据，应当当场清点。所谓清点，就是对证据资料予以清理、查点，包括清查（检查）、整理、核对、统计。清点是双方共同行为，应由行政执法人员与行政执法当事人（自然人或者单位）会合完成。清点也是采取先行登记保存措施中的必然行为，必须有此环节或者活动。

②登记。实施先行登记保存，应当会同当事人当场查点清楚，制作并当场交付先行登记保存决定书（通知书），开具清单。实施先行登记保存，应当对所保全的证据资料加以登记。所谓登记，即对所有证据资料予以书面详细记载，制作并送达特定的表册或者清单。例如，《财政部门证据先行登记保存

办法》第 9 条指出，《先行登记保存证据清单》一式两份，由财政部门和被检查人各执一份。《先行登记保存证据清单》由财政部门两名检查人员和被检查人核对后签字或盖章。被检查人拒绝签字或盖章的，由两名以上检查人员在《先行登记保存证据清单》上签字并注明情况。

③封存。先行登记保存证据时要否封存，是一个或然行为，视具体情形而决定。封存为行政执法主体单方行为，无须征得当事人同意。《财政部门证据先行登记保存办法》第 10 条第 1 款要求，先行登记保存的证据应当加封财政部门证据先行登记保存封条，由被检查人就地保存。这是典型的关于封存的制度安排。

④保管。证据先行登记保存的关键就在于保管。没有保管，该措施就谈不上对证据予以保全。所以，保管是先行登记保存措施中的必然行为。参照《财政部门证据先行登记保存办法》第 14 条规定，对证据予以保管的主体可分为如下三类：

第一类，行政执法主体保管。行政执法主体保管先行登记保存的证据不应当是常态。在实务中，条件允许或者不得不为之的情形下，行政执法主体保管证据也是合法合理的。例如，《农业行政处罚程序规定》第 43 条第 2 款规定，就地保存可能妨害公共秩序、公共安全，或者存在其他不适宜就地保存情况的，可以异地保存。对异地保存的物品，农业行政处罚机关应当妥善保管。该文件把证据保管划分为就地保管（当事人保管、持有人保管）和异地保管。异地保管在该文件中的字面含义就是农业行政处罚机关自己保管。实际情形还包括第三方的受托保管。总之，该文件没有排斥农业行政处罚机关的自我保管。

第二类，当事人保管。目前行政执法实务中，当事人保管先行登记保存的证据是比较多的一种形式。例如，《市场监督管理行政处罚程序规定》第 34 条第 2 款就要求，先行登记保存期间，当事人或者有关人员不得损毁、销毁或者转移证据。如果不是由当事人自己保管证据，那么他（她）实施损毁、销毁或者转移行为的可能性不是没有，但是较难、较少。所以，这一规定肯定包含着当事人保管证据这一形式。当事人保管这一形式成本低，简便易行。但是，当事人保管的危险性较大，天灾人祸、主观客观因素等等往往会使证据灭失。所以，相关规范文件规定都特别强调当事人不得作出若干有损证据周全完整的行为。

第三类，中立第三方保管。中立第三方应当包括非当事人的证据持有人，以及专门受托从事保管业务的一些单位，如扣押场等。例如《交通运输行政执法程序规定》第 44 条第 2 款要求，先行登记保存期间，当事人或者有关人员不得销毁或者转移证据。此处的有关人员既不是行政执法主体，也不是当事人，应当是第三人。比较而言，由第三方保管先行登记保全的证据是可取的手段。该形式可以克服行政执法主体保管的条件不足和当事人保管的危险性。但是，该形式可能产生新的成本，以及手续可能比较烦琐。如由专门受托从事保管业务的第三方保管，则需要付费。证据物进出该单位也需要交接手续，否则证据的保管链条就会失去完整性。

3. 先行登记保存后的处理

处理是证据先行登记保存后的一些继续措施。这些后续措施表明先行登记保存只是一种暂时性的保全证据的手段，是一种程序性行为。这一阶段的实务主要涉及何时处理、怎么处理两大事项。

（1）处理时限。《行政处罚法》第 56 条指出，对证据先行登记保存，应当在七日内及时作出处理决定。因此，所有关于证据先行登记保存的规范文件无一例外地都规定处理时限为七日。

（2）处理手段或者方式。在七个工作日内，对先行登记保存的证据资料如何处理呢？综合各项规范文件的表达，这些后续处理措施主要有：①证据进一步固定与保全类措施，如《财政部门证据先行登记保存办法》第 11 条第 1 项规定；②证据信息科学解读类措施，如《农业行政处罚程序规定》第 44 条第 2 项规定；③送交其他部门协助调查，如《财政部门证据先行登记保存办法》第 11 条第 3 项规定；④采取查封、扣押等强制措施，如《市场监督管理行政处罚程序规定》第 35 条第 1 款第 3 项规定；⑤予以没收处罚，如《市场监督管理行政处罚程序规定》第 35 条第 1 款第 4 项规定；⑥随案移送其他机关，如原《文化市场行政处罚案件证据规则（试行）》第 22 条第 1 款第 5 项规定；⑦解除保全措施，退还所有人或者持有人，如原《文化市场行政处罚案件证据规则（试行）》第 22 条第 2 款规定；⑧销毁或者作无害化处理，如《农业行政处罚程序规定》第 44 条第 5 项规定。

四、抽样取证

物证收取的方法，按照主体的不同，可以分为自己收取、委托收取（委托其他执法主体代为收取）；按照客体的差异，可以分为直接收取（提取原物）、替代收取（提取或者制作复制品、照片、模型等）；按照数量的多少，可以分为全部收取、部分收取（抽样取证）。[①]

1. 抽样取证的概念

《行政处罚法》第 56 条指出，行政机关在收集证据时，可以采取抽样取证的方法。抽样取证是行政执法机关在执法活动中，从证据总体中抽取部分作为行政执法证据的一种收集（调查）证据的方法。抽样取证主要适用于多数物证，即物证数量很多，无全部提取之必要。对于变动物证（物证呈现连续或者持续状态）的抽样检测，也可以说是另一种具有科技含量的抽样取证，如污水排放，工地噪声、扬尘等的监测、检测等。

2. 抽样取证的操作

《公安机关办理行政案件程序规定》第 109 条第 1 款指出，收集证据时，经公安机关办案部门负责人批准，可以采取抽样取证的方法。其他的行政执法证据法规范文件很少明确规定实施抽样取证应经过办案部门负责人批准。

① 本部分内容参见邱爱民著：《行政执法证据收集与运用规则研究》，北京：知识产权出版社 2022 年版，第 161 页。

但是，没有规定并不意味着一线执法人员可以随意实施抽样取证。毕竟抽样取证不是全部提取物证，可能会有误差。所以，经过部门负责人审查批准是一个必要的环节。

实施抽样取证，应有当事人在场，会同当事人查点清楚、交接明白。当事人是单位的，应通知其单位领导，并有其单位领导或者相关的实物保管人员、管理人员、销售人员在场。原《文化市场行政处罚案件证据规则（试行）》第20条第1款指出，执法部门进行抽样取证时，应当有当事人在场；当事人不在场或者拒绝到场的，可以请在场的其他人员见证并注明。

抽样方法应具有一定的科学性，随机抽取以确保样品具有代表性。法律、法规、规章、质量标准对抽样、封样方法和样品的数量等有规定的，应遵守其规定。样品的代表数量应该准确、具体，所代表的物品的名称、型号、规格、批号、存放地点、数量等信息均应记录在案。封样要科学、严谨。

执法人员应当制作抽样取证凭证，对样品加贴封条，并由办案人员和当事人在抽样取证凭证上签名、按捺指印或者盖章。

实施抽样取证，应当制作抽样笔录，并由当事人、在场人、办案人签章。实施现场检查的，还应制作现场检查笔录。对抽样过程应当同步采取音视频记录，对抽样取证现场、被抽样物品及被抽取的样品进行拍照或者录像。

对抽取的样品应当及时进行检验。经检验，能够作为证据使用的，应当依法扣押、先行登记保存或者登记；不属于证据的，应当及时返还样品。样品有减损的，应当予以补偿。

3. 抽样取证文书

抽样取证应当向当事人送达抽样取证决定书、抽样取证凭证和物品清单，对样品加贴封条，由执法人员和当事人或者见证人在封条和相关文书上签名、按捺指印或者盖章。当事人拒绝签名、按捺指印或者盖章的，应当采取拍照、录像或者其他方式记录抽样取证情况。

抽样取证决定书应当载明下列事项：

（1）当事人的姓名或者名称、地址；

（2）抽样取证的理由、依据和期限；

（3）申请行政复议或者提起行政诉讼的途径和期限；

（4）作出决定的行政执法主体的名称、印章和日期。

抽样取证决定书应当附清单，载明被抽样取证物品的名称、规格、数量、品级、型号、形态、特征等，由办案人员和当事人签名或者按捺指印后，一份交当事人，一份附卷。有见证人的，还应当由见证人签名或者按捺指印。当事人或者见证人拒绝签名或者按捺指印的，办案人员应当在抽样取证清单上注明。

抽样取证书面笔录应当包括下列内容：

（1）当事人名称（姓名）；

（2）取证物品的名称、数量、规格等；

（3）取证的事由和依据；

（4）取证的时间、地点；

（5）当事人签名、按捺指印或盖章；

（6）行政执法主体的印章、笔录制作时间；

（7）其他必要记载事项。

本章典型案例

11-1：现场勘查与证据公证

某市水务局执法人员在巡查中发现，该市甲公司存在未依照批准的取水许可规定条件，超出取水许可证所规定的年度取水量的行为。遂立即进行现场检查，查实甲公司在现场建设了一套取水设施，含2条取水管，但没有安装取水泵。取水管一端在该市某水库库底，直接利用库水压自流取水，另一端连接到甲公司内部的蓄水池。某日下午，该市水务局组织某公证处公证人员、甲公司工作人员，一起到水库进行取水量现场测流。通过15分钟的实际测量，确定取水量为$70m^3$，计算后得出甲公司取用地表水的能力为$280m^3/h$。

整个测流也进行了全过程录像、拍摄。后该水务局依据2016年7月2日修正的《水法》第69条，责令甲公司采取补救措施，并对其罚款人民币5万元。

本案涉及现场巡查、现场检查、证据公证保全，及全过程记录措施。由于甲公司未安装取水泵，仅仅是利用水库水压自流取水，存在不能直接读取取用地表水能力的情况，导致事实认定存在困难，因而需要通过测量一定时间段内取水设施的流量来计算出甲公司取用地表水的能力。为了公平公正，该市水务局引入公证机构来保全证据，对调查取证过程进行公证证明。通过证据公证，确保了取证规范公正，有效地防止了行政执法争议。

11-2：证据保管链条不完整，经过听证质证，证据资格被否定

某地市场监管、城管部门接群众举报，某摊贩疏导点个体小吃店（工商户）售卖假鸭血粉丝。执法人员到达现场，从该小吃店的冰柜中拿出两坨鸭血，用超市塑料袋敞口拎走，后送化学、烹饪专家鉴定，结论为假（人工合成）鸭血。在听证程序中，个体小吃店业主委托的律师对鸭血（物证）及鉴定意见发表如下质证意见：行政执法机关收集的假鸭血及其鉴定意见书不能作为证据，无证据资格；得出鉴定结论的鸭血（物证），其真实性、关联性值得怀疑，存在不一致的可能；之所以这么说，是因为执法人员用超市塑料袋敞口拎走，中途存在调包的可能性。鸭血不能肯定就是从该个体小吃店取走的那两坨；据此进行鉴定得出的鉴定意见也就与该个体小吃店无关。

本案中，当事人委托律师的质证意见是规范的，其逻辑思路是：执法人员提取、保管、送检鸭血的环节（链条）不完整、不周延、不唯一，出现保管链条断裂的可能性——鸭血及其鉴定意见就欠缺形式真实性、形式关联性——鸭血（物证）及其鉴定意见就没有证据资格，应当加以排除。执法人员调查收集的物证及其鉴定意见之所以欠缺证据资格，最根本的原因在于提取时没有考虑物证保管链条的完整性，简单地用超市塑料袋敞口拎走。这一极不规范、极不专业的取证行为，给当事人律师质疑证据提供了机会。也许执法人员没有调包鸭血，但是作为执法机关，作为取证人员，应当证实自己所取证据的保管链条是完整的。在当事人律师质疑物证保管链条的完整性及物证的形式关联性和形式真实性时，执法人员附有证明或者鉴真（authentication）责任，应当证明自身取证行为的完整性、一致性和周延性。如果不能加以证明或者鉴真，则该所取证据及其相应的鉴定意见自然丧失了证据资格。

本章复习思考题

1. 简述物证勘验、检查的理论与实务。
2. 简述物证固定和保全的基本方法。
3. 简述抽样取证的实务操作。
4. 简述物证鉴真的方法。

第十二章 行政执法对书证的收集

本章概要

书证的调查收集相对简单，基本上奉行“拿来主义”。在行政执法实务中，常常把书证的收集、调取与物证一并加以表述。故而，许多关于物证调查收集的制度安排和操作规则，亦可适用于书证。书证收集应当遵循原件优先、复制件例外的规则。在收取原件确有困难时，可以采取查阅、摘抄、复制等方法收集书证。书证是直接证据，自身真正存在，其证明力毋庸置疑。故书证的真正及其证明是书证运用的重要事项。

一、书证的原件

许多行政执法证据法规范文件都对书证收集的最佳证据规则作出了详细表述。例如《环境行政处罚证据指南》第 4. 3. 2 条；原《文化市场行政处罚案件证据规则（试行）》第 5 条；原《价格行政处罚证据规定》第 20 条；《海事行政执法证据管理规定》第 12 条；《上海市城管执法调查取证规则》第 6 条；《市场监督管理行政处罚程序规定》第 24 条等。所谓最佳证据规则，就是指收集书证时应当做到原件优先，最大程度地收取书证原件。在符合法律规定条件不得不收集复制件时，必须对复制件进行鉴真或者核对无异。

1. 原件的概念及其理解

原件（the original）是指未经改动或者变动，保持原始状态且可作为复制依据的、原来的或者起初的文件。[①] 一份文书之所以被称为原件，是因为其保有着文书的原始状态。这种“原始状态”，表现为文件的内容与文件的载体一体化，即文书内容原始性和文书载体原始性二者的融合。正是因为这种融合与一体化的状态，使得针对文书内容与载体的任何改变都能够被识别。不管是针对内容还是载体的改变，都使得融合与一体化的状态被破坏。换言之，其就不再是原件了——当内容与原载体相分离而内容又能保持文书原貌时就产生了复制件，即常见的影印、照相、扫描等所谓“复制方式”形成的文本。[②]

理解书证原件以及与其相对应的复制件的含义，首先，不能简单等同于原始证据和传来证据，尽管这两种分类有高度的重合性。但是，案件中的原始书证可能是原件，亦可能是复制件。所以，原件不等于原始书证。相应地，复制件也不完全是传来书证。因为原始书证与传来书证划分的标准在于它们是否直接来源于案件事实，考察的是书证的来源。而原件与复制件的划分标准是制作方式的不同，书证信息载体形式上的差异。[③] 其次，书证原件与复制件的划分，也不同于一些学者所谓的原生书证、派生书证。有学者根据制作方法和内容来源不同，把书证分为原生书证和派生书证。原生书证又可称为原始书证，是指制作人以书写、描绘、打印等方法直接把相关内容记录到纸张等载体上而形成的书证。这种书证是制作人就文书内容所制作的初始文本，反映的是文书内容的原始状态。该论者主张原生书证包括文书的原件、原本、底本与正本。该学者还指出，派生书证是指制作人在原生书证的基础上以复印、描写、抄录、誊写等方法制作的文书，包括文书的副本、抄本、节录本、复印件、影印件等。[④] 如果说该学者对原生书证和派生书证的内涵揭示尚有可

---

① 参见中国社会科学院语言研究所词典编辑室编：《现代汉语词典》（第七版），北京：商务印书馆2016年版，第1610页。

② 详见全亮著：《论原件与原本——兼辨复制件与副本》，载《四川师范大学学报（社会科学版）》2012年第5期，第18-22页。

③ 参见何家弘、张卫平主编：《简明证据法学》（第四版），北京：中国人民大学出版社2016年版，第43-44页。

④ 详见何家弘、刘品新著：《证据法学》，北京：法律出版社2019年版，第164页。

取之处的话，其对原生书证和派生书证的外延划分则严重混淆了原件与复制件，原本、正本和副本各自的逻辑关系。这种逻辑混乱，与我国证据法学界在理论上一直未能准确澄清原件与原本以及复制件与副本彼此的差异有关。由于分类标准的杂乱，结果原本与原件被画上了等号，而复制件与副本则被混为一谈，以至于在相关概念逻辑关系的理解上呈现出“实践反对理论”的状况。事实上，由原件与原本的界分方式所决定，副本和正本这一对概念只能对应原本，而复制件才是原件的对应物。[①] 原本和底本是一回事；原件包括原本（底本）、正本和副本；正本和副本皆来自原本。

2. 原件的组成

对于原件的组成，原《文化市场行政处罚案件证据规则（试行）》第 5 条第 2 款第 1 项规定，书证的原件包括原本、正本和副本。原《价格行政处罚证据规定》第 20 条第 1 项也规定，原本、正本、副本均属于书证的原件。《上海市城管执法调查取证规则》第 6 条同样指明，原本、正本和副本均属于书证的原件。所以，原本、正本和副本，都是书证原件，其中正本和副本皆直接来源于原本，二者合称缮本。

（1）原本（first original）

原本是指原生的文书，即文书的原稿、初本、底本，如书籍的初刻、初印，公文的签批稿等。原，“源”的古字，指水源、本原、根本。《辞源》将原本解释为“书的初刻本”。[②]《辞海》对原本的解释则为“初次写成或刻成的文本。相对增订、修改或重刻、改版而言。原始稿本或最初刻本与增订、重刻之本往往有很多不同，可据以查考一种著作的嬗变发展过程”。这里原本

---

① 详见全亮著：《论原件与原本——兼辨复制件与副本》，载《四川师范大学学报（社会科学版）》2012 年第 5 期，第 18-22 页。

② 广东、广西、湖南、河南辞源修订组，商务印书馆编辑部编：《辞源》（第一册），北京：商务印书馆 1983 年版，第 440 页。

包括初稿与初刻。[1]《现代汉语词典》对原本的解释则范围最广，指出原本是名词，含义有三：（1）底本；原稿（对“传抄本”而言）。（2）初刻本（对“重刻本”而言）。（3）翻译所根据的原书。这里原本包括初稿、初刻、原书（相对于“译本”而言）。[2]

原本只是原件的一种形态。尽管原本是文书的最初、本源形态，原件的最初、最佳文本是原本，但原件不限于原本。比如，法院制作的判决书，其原本无论被认为是签发件还是存档件都是法院内部留底之用（所以原本又叫底本），而送达给当事人的那份判决书绝不会被称为原本（判决书结尾处的蓝色印章上也清楚地写着“本件与原本核对无异”）。不管当事人持有的这份判决书被认为是正本还是副本（这在实践中也处于混乱的认识状态），关键问题是，没有哪个当事人会认为自己拿的这份判决书不是原件。如果原本就是原件、原件就是原本，那么每个案件的当事人就都不可能拿到判决书原件（因为原本保存在法院），那么很多法律事务中要求当事人提供判决书原件的规定就成了一个不可能完成的任务。因此，原本等于原件、原件仅限原本的观点在日常生活逻辑中是不成立的。[3]

（2）正本（duplicate original）

正本是指完整抄录原本或者按照原本印制，与原本有同一内容，对外具有与原本同一效力的缮本。正本主要用于制作主体存档或主送受文主体。行政许可的正本主要用于保存或悬挂、张贴。

在中国古代文献中，“正”是指作为主体者，与“副”相对而称，如《隋书·经籍志》有“为正副二本，藏于宫中”之表述。文书（书籍、图书等）的正本，自然也是有别于“副本”而言的，是指图书原本、书籍的正刻

---

① 夏征农、陈至立主编：《辞海》（第六版彩图本，第四册），上海：上海辞书出版社 2009 年版，第 2818 页。

② 中国社会科学院语言研究所词典编辑室编：《现代汉语词典》（第七版），北京：商务印书馆 2016 年版，第 1609 页。

③ 参见全亮著：《论原件与原本——兼辨复制件与副本》，载《四川师范大学学报（社会科学版）》2012 年第 5 期，第 18-22 页。

本或缮本。[①] 民国时期证据法学者周荣曾经指出："正本者，具有与原本同一效力之缮本也。盖因在某种场合，不能付以原本，故付以有同等效力之正本，使得利用之。"[②] 据此，正本一方面完全依据原本而制作，另一方面在交付使用上与原本具有同等效力，起原本之效用。

在现代社会，"正"作为形容词，属性词，是指基本的、主要的（跟"副"相对）。例如，正文就是文书中的基本部分；正本就是文书的主要一份。而"正本"则是名词，其含义有二：备有副本的图书，别于副本称为正本；文书或文件的正式的一份。[③] 我国学者对正本一般理解为：正本指按照原本全文作成，对外与原本具有相同效力的文书。正本出自原本，内容完全相同。但原本一般是留作存档备查用，而正本是发给主收件人执掌。[④]

（3）副本（counterpart original 或 counterpart）

副本是指抄录原本或者按照原本印制，与原本有同一内容的缮本。副本主要用于向制作主体或受文主体以外的第三人送达。行政许可的副本主要用于年检或者对外携带展示。比较而言，现代社会，正本与副本的说法，更多地存在于公法领域和公务程序中。[⑤] 公法领域和公务程序中的正本和副本，在民商事领域一般表现为一式多份的各文本，彼此都是原本且具有同等效力，是谓复式原本。

自古以来，副本就与正本相对而言，如《辞源》解释"副"为书籍、文献的複本。《史记索隐》有"言正本藏之书府，副本留京师也"的注解。《辞源》解释"副本"为书籍、文献的複制本，即另本，对正本而言。《唐六典》

---

① 参见广东、广西、湖南、河南辞源修订组，商务印书馆编辑部编：《辞源》（第二册），北京：商务印书馆1983年版，第1663页；夏征农、陈至立主编：《辞海》（第六版彩图本，第四册），上海：上海辞书出版社2009年版，第2929页。

② 周荣著：《证据法要论》，吴宏耀点校，北京：中国政法大学出版社2012年版，第141页。

③ 参见中国社会科学院语言研究所词典编辑室编：《现代汉语词典》（第七版），北京：商务印书馆2016年版，第1670页。

④ 刘金友主编：《证据理论与实务》，北京：法律出版社1992年版，第79页。

⑤ 电子版的公文书没有正本与副本之分，如2018年12月17日，市场监管总局印发《电子营业执照管理办法（试行）》（国市监注〔2018〕249号），就没有区分正本和副本，只有电子版和下载打印版。

卷十《秘书省》有“凡四部之书，必立三本，曰正本、副本、贮本，以供进内及赐人”的记述。[①]《辞海》指出，副本亦称“别本”“副贰”，相对正本而言，是指据同一文本抄写成的复本，用于正本保留之外的收藏。今亦指各类文件正本以外的复本。[②] 可见，副本与正本之分，与制作手法无关，强调同一来源于原本的情形下，书籍、文献的不同用途，官办图书收藏机关保留的为正本；放置于其他处所或者送予他人的为副本。由于副本也被称为另本、别本、複本或者复本、副贰，甚至複制本。诸如此类的称谓，很容易使人误解：凡副本必为复制件。其实，简单把副本与复制件等同起来，或者作为一个类型，都是错误的。相对于原本而言，正本、副本都是复制的。在没有雕版印刷技术前，通过人工手抄或者类似方法制作正本与副本；有了雕版印刷技术后，人工抄录与雕版印刷都是制作正本与副本的手段。正、副本之分，强调的是使用目的的不同。原件、复制件强调的是制作时间、制作方式、制作主体的不同。二者不能简单并列或者等同。有学者通过历史考察指出，我国古代“副本”一词最晚出现于南北朝时期，其含义与正本相对，指文献的复制本。在汉代以前，其词义最初是由起源于先秦的“贰”“副”等单音节词表示。随着汉语言的发展，逐渐演变成较为稳定的双音节词“副本”。宋代，其使用次数大幅度增加。至清代，呈爆发式增长。在古代，“副本”一词的含义较为清晰，义项单一、稳定，主要就是指相对正本而言的书籍、文书、档案等文献的复制本。如“四库书籍正副本凡八万卷”，这里主要强调“副本”是除正本以外的其他本子。对于其制作方式而言，区别主要在于是手工誊录还是刊刻的。例如，“炀帝限写五十副本，分为三品”，这里说明了“副本”是通过手抄来制作而成的。又如，“悉遵《钦定元史语解》，悉心校对，俟发下时，臣等即督同该馆提调等详校副本，交武英殿刊刻”。这里说明副本

① 详见广东、广西、湖南、河南辞源修订组，商务印书馆编辑部编：《辞源》（第一册），北京：商务印书馆1983年版，第362页。

② 详见夏征农、陈至立主编：《辞海》（第六版彩图本，第一册），上海：上海辞书出版社2009年版，第656页。

是进行刊刻而成的。不论是采取哪种制作方式。它同正本在内容和外形上一般并没有变化。[①] 这一认知是正确的。

现代社会，副，作为形容词、属性词，是指居第二位的、辅助的（跟“正、主”相对）。副本作为名词，有三种含义：①著作原稿以外的誊录本，如《永乐大典》副本。②藏书中一种书有数本，一本为正本，其余为副本。③文件正本以外的其他本子，如照会的副本。[②]《档案学词典》对“副本”一词的解释是：文件的复本，与正本相对。其形成方法可根据定稿与正本同时印刷制成，也有的根据正本复制而成。在缺少印刷条件的情况下，则根据正本抄写而成。内容和形式与正本相同，主要用于抄送周知、参考备查。在正本已归档情况下，一般无须归档。[③] 证据法学者认为，正本是指按照原本全文作成，对外具有与原本相同效力的文件。正本出自原本，内容与原本完全相同，但是原本一般留作存档备查使用，而正本则是直接发送给主受件人（个人或者单位）执掌的。副本与正本的制作方法相同，不同之处在于，正本是发送给主收件人的，而副本则是发给主收件人之外的其他须知照的单位或者个人。[④] 按照原本全文抄录或者印制并对外具有与原本同一效力的文件，称为正本；按照原本全文抄录、印制而并不具有正本效力的文件，称为副本。[⑤] 由此见解可知：其一，正本与副本，制作方法与文书内容是完全一样的，也与原本一致。之所以需要划分为正本与副本，纯粹是因为使用目的或者受件人身份（主次）不同。正本用于主送，给主送机关或者个人；副本用于抄送，

---

① 详见丁海斌、史梦茜著：《“副本”一词之起源及古今演变研究》，载《档案学通讯》2018年第2期，第56-61页。

② 详见中国社会科学院语言研究所词典编辑室编：《现代汉语词典》（第七版），北京：商务印书馆2016年版，第412页。

③ 吴宝康、冯子直主编：《档案学词典》，上海：上海辞书出版社1994年版，第130页。

④ 参见陈一云主编：《证据学》，北京：中国人民大学出版社1991年版，第269页。

⑤ 参见巫宇甦主编：《证据学》，北京：群众出版社1983年版，第165页。

给主送人之外的其他机关或者个人。① 因此，正本属于原件，副本也应当属于原件。其二，无论是正本，还是副本，都可以通过抄录或者印制的方式生成。文书的生成方式是区别原件与复制件的重要依据，但不是正本与副本相区别的指标。不要把复制与副本等同起来。

认知副本，必须强调且非常关键的一点就是要坚持副本也是原件的理念，副本与正本都是原件，二者仅仅是使用目的有所不同而已，即用途不同。例如，2001 年 2 月 20 日，司法部印发的《司法鉴定许可证管理规定》（司发通〔2001〕19 号）第 6 条规定，《司法鉴定许可证》分为正本和副本。正本和副本具有同等法律效力。正本为悬挂式，用于司法鉴定机构在其执业场所公开悬挂。副本为折叠式，用于年检、亮证收费以及其他用途。2019 年 11 月 22 日修订的《公安机关鉴定机构登记管理办法》（公安部令第 155 号）第 8 条第 2 款规定，《鉴定机构资格证书》由公安部统一监制，分为正本和副本，正本和副本具有同等的法律效力。《鉴定机构资格证书》正本悬挂于鉴定机构住所内醒目位置，副本主要供外出办理鉴定有关业务时使用。2020 年 10 月 20 日修正的《公证程序规则》（司法部令第 145 号）第 45 条指出，公证机构制作的公证书正本，由当事人各方各收执一份，并可以根据当事人的需要制作若干份副本。公证机构留存公证书原本（审批稿、签发稿）和一份正本归档。这些规定充分彰显了正本与副本的一体性。尤其是《公证程序规则》第 45 条非常准确、非常正确地交代了原本、正本、副本三者作为原件的内容一致性，正本与副本制作方式的一致性，以及各自用途上的差异性。这里的公证书副本，不可能是原本的复制件，也不可能是正本的复制件，而是与正本一样的原件，来源完全相同、内容完全一致、形制完全一样、印章皆为原始加盖。之所以在正本外制作这些副本，纯粹是供当事人在自我收执保管之外需要出

① 2012 年 4 月 16 日，中共中央办公厅、国务院办公厅印发的《党政机关公文处理工作条例》（中办发〔2012〕14 号）第 9 条指出，主送机关是指公文的主要受理机关；抄送机关是指除主送机关外需要执行或者知晓公文内容的其他机关。无论是送达给主送机关的公文，还是送达给抄送机关的公文，都是原件。

示或者交付的场合使用，以代替当事人自我留存的正本。

二、书证的复制件

从宽泛的意义上讲，除了文书原本（初稿、底本）是制作人从无到有的一种原创产品外，正本、副本、节本、影印本、译本等都是从有到有的复制活动，再次、三次甚至多次制作。但是，不能因此就否认原件与复制件的划分，也不能因此就简单地把副本与复制件混为一谈。书证原件与复制件是一对概念。作为对应于原件的复制件（duplicate 或 duplicate copy），不能从宽泛的意义上来理解“复制”，书证复制件专指相对于原件的影印本、手抄本、节（抄）本和译本。

1. 抄本与节本

抄本是指人工完整抄录文书形成的文本，亦称手抄本。

在古代，抄本与写本属于同义词，是相对于“印本”的表述，专指人工手抄的文本。《辞源》对抄本的解释是：照原本抄写的书本。唐朝以前多称写本，唐朝以后多称抄本。[①] 既然以原本为基础照抄，那么完全可以推导出抄本是全部抄录原本的内容。至于在抄写过程中有无舛误遗漏以及增添更动，并不影响抄本的全部抄录性质。否则，不能全部抄录者，则不应当称为抄本，而只是节本或者摘抄本、节录本。民国时期就有学者曾指出，“凡自原本摘录一部分而并未全抄者，曰节本”。[②] 抄本的最初基础是原本，但抄本的前置文本并不强求必须是原本，对于抄本而言，原本、正本、副本，甚至各种复制件文本都可以作为抄写基础和抄写对象。唯其如此，抄本亦可称之为传抄本。民国时期的证据法学者受传统正本、副本制作需要人工抄写的历史状况的影

① 广东、广西、湖南、河南辞源修订组，商务印书馆编辑部编：《辞源》（第二册），北京：商务印书馆1983年版，第1219页。

② 东吴大学法学院编：《证据法学》，吴宏耀、魏晓娜点校，北京：中国政法大学出版社2012年版，第150页。

响，把抄本与缮本等同起来，是不完全正确的。也有学者混淆缮本与抄本的关系，指出根据制作方法和相互关系，可以把书证分为原本、正本、副本、誊写本（缮本）、影印本、节（录）本、译本等，誊写本（缮本）则是誊写、抄录原件全部内容的文书。① 在现代社会，抄本强调的就是人工手抄而生成的传来文本。《现代汉语词典》解释“抄本”时指出，抄本是区别于“印本”的表述，专指抄写的本子。那什么是“印本”呢？该词典解释道：印本是指印刷的书本，相对于抄本。②

抄本与抄送的文本不是一回事。抄送的文本是副本，属于原件；抄本是复制件中的一种形态，一个具体的类型。《现代汉语词典》解释“抄送”一词时指出：抄送是动词，把根据原件抄录或复制的副本送交给有关部门或人员。这种表述是有问题的。③ 一方面，使人误解副本就是抄本或者复制件；另一方面，使人误解副本不属于原件，是对原件的抄录或者复制。2012 年 4 月 16 日印发的《党政机关公文处理工作条例》（中办发〔2012〕14 号）第 9 条指出，主送机关，是指公文的主要受理机关；抄送机关，是指除主送机关外需要执行或者知晓公文内容的其他机关。主送与抄送的区别在于受文主体的地位不同。主送与抄送的公文，都是原件，主送的公文称为正本，抄送的公文称为副本。副本与原件不能相对而称，副本与原本、正本是一组概念，三者都是原件。

节本亦称节录本，是指摘录或者经过删减压缩形成的文本。民国时期的学者指出，节本是指节录原有证书内容之一部分，而非完全抄录其内容的文本。④ 现代证据法学者认为，节录本是制作者以摘抄的方式，节录原本或者正本文书内容的一部分而形成的文书。节录与抄录是有本质区别的，所以原

---

① 陈光中主编：《证据法学》（第四版），北京：法律出版社 2019 年版，第 160 页。

② 中国社会科学院语言研究所词典编辑室编：《现代汉语词典》（第七版），北京：商务印书馆 2016 年版，第 151、1567-1568 页。

③ 中国社会科学院语言研究所词典编辑室编：《现代汉语词典》（第七版），北京：商务印书馆 2016 年版，第 151 页。

④ 周荣著：《证据法要论》，吴宏耀点校，北京：中国政法大学出版社 2012 年版，第 141 页。

《价格行政处罚证据规定》第 20 条把抄录件与节录本并列作为书证的非原件形态。如果说抄本属于复制件还有一些争议和不同观点的话，节本属于复制件应当毫无疑义。当然，原件与复制件的对称也是需要注意表述环境的。对原件（原本、正本、副本）进行摘录或者删减压缩节本，然后制版印刷或者打印。此时，相对于全本原件，这种出版或者印制的节本为复制件；但相对于再后来的摘录、删减压缩或者影印、翻译，它又属于原件。根据 2020 年 11 月 11 日第三次修正的《著作权法》第 10 条第 1 款第 14 项的规定，这种节录本有“改编”的意味。改编作品，包括图书文献，具有自身的相对独立的权益，包括原件的定性和地位。

2. 影印本

影印本是指对文书进行拍照、摄像、扫描、复印后得到的文本。认知影印本必须首先弄清楚复制、影印和复印的关系，不能加以混淆。在行政执法实务中，存在多种表述方式。例如《交通运输行政执法程序规定》第 35 条第 1 项要求收集、调取书证应当收集书证原件。收集原件确有困难的，可以收集与原件核对无误的复制件、影印件或者节录本。《市场监督管理行政处罚程序规定》第 24 条也指出，收集、调取的书证、物证应当是原件、原物。调取原件、原物有困难的，可以提取复制件、影印件或者抄录件，也可以拍摄或者制作足以反映原件、原物外形或者内容的照片、录像。这种表述给人的印象是：复制件、影印件、照片、录像，以及抄录件似乎是并列的关系。至少给人的印象是复制件、影印件、节录本或者抄录件是不相容的概念。其实，复制概念包含着影印概念，影印概念又包含着复印概念。首先，复制概念肯定包含着影印与复印。《辞海》对复制的解释是：依照原件制作；以印刷、复印、临摹、拓印、翻拍、电磁转换、光电转换、模压等方式按作品原稿制作一份或多份与其内容信息相同的物品的行为，是作品得以传播的重要手段。[①]

① 参见夏征农、陈至立主编：《辞海》（第六版彩图本，第一册），上海：上海辞书出版社 2009 年版，第 653 页。

按原稿制作，即以原本、底本、底稿为依据的制作，包括正本、副本的制作，亦包括影印件、复印件等的制作。《著作权法》第 10 条第 1 款第 5 项所指称的复制也是指以印刷、复印、拓印、录音、录像、翻录、翻拍、数字化等方式将作品制作一份或者多份的活动。其次，影印概念包含着复印。从 20 世纪 90 年代至今，中国学者一致认为，所谓影印本是指运用影印技术，将原本或者正本、副本摄影、拍照或者复印而成的文书。[①] 复印只是影印技术中的一个具体手段。

影印技术，应当包括传统的拓印工艺和现代科技的各种成像技术。影印本主要包括下列四种具体形态：

（1）书证拓印件。拓印是一种传统的手工艺，它是把碑刻、铜器等物品上的文字、图形等复制出来的一种方法。在现代成像技术没有发明之前，拓印具有类似影印的功能。拓印的方法一般是先在物体上蒙一层薄纸，再拍打使得凹凸分明，然后上墨，显现出文字、图像。运用这种工艺拓印出碑刻、铜器等物品上的文字、图像而生成的纸片或者纸本，就是拓片、拓本，也就是拓印件。[②] 相对于原始碑刻、铜器上的文字、图形而言，这些拓印件属于复制件。必须强调，拓印类似于影印，但临摹不是。临摹是一种模仿，本质上属于抄录，仍然是普通的人工手抄活动。

（2）书证照片和影像。书证照片和影像是通过照相技术、摄影摄像技术而生成的复制件。照相和摄影摄像的工具包括但不限于照相机、摄像机、智能手机、执法记录仪、无人机、视频监控等设备。比较而言，书证照片更便捷和多见。

（3）书证扫描件。扫描是指一种活动，通过一定的设备发射电子束、无

---

① 详见陈一云主编：《证据学》，北京：中国人民大学出版社 1991 年版，第 269 页；刘金友主编：《证据理论与实务》，北京：法律出版社 1992 年版，第 79 页；江伟主编：《证据法学》，北京：法律出版社 1999 年版，第 334 页；陈光中主编：《证据法学》（第四版），北京：法律出版社 2019 年版，第 160 页。

② 参见中国社会科学院语言研究所词典编辑室编：《现代汉语词典》（第七版），北京：商务印书馆 2016 年版，第 1260 页。

线电波等在特定区域按照一定规律移动而描绘出画面、物体等图形。通过扫描而生成的书证文本即为书证扫描件。扫描仪是专门用于扫描的仪器，是一种光机电一体化的捕获影像的电子产品，它利用光敏感设备扫描图形或者文字，并将其转换为数字形式，以供计算机识别和处理。扫描仪的成像原理是：利用光感器件，将检测到的光信号转换成电信号，再将电信号通过模拟/数字（A/D）转换器转化为数字信号，传输到计算机系统中。①

对文书进行扫描与照相不是一回事，二者之间至少有四点不同：其一，使用的工具不同。扫描文书需要用扫描仪；对文书照相需要的是照相机。其二，成像原理不同。扫描的原理是通过电子束、无线电波等移动成像；照相的原理是通过将物体所反射的光线通过感光介质曝光来成像。其三，书证图片清晰度不同。扫描是把已经拍好的照片或者书面的文件用扫描仪器扫到电脑里面，扫描出来的图片效果会受到纸的质量、反光等因素影响，导致扫描的相片不清晰；拍照直接用相机拍下来，像素比较清晰。其四，图片信息不同。通常而言，照相留下的图片文件中会有拍摄时间、相机焦距等信息，扫描出来的图片没有这些信息。

（4）书证复印件。复制件与复印件最容易混淆。因为电脑的普及和复印设备的推广，书证的复印件在书证复制件中确实占比极大，以至于人们简单等同复印与复制。其实，复印只是复制书证的一种高科技手段。复印是指照原样重印，特指用复印机重印，一般指静电复印。复印机是指利用某些导体对光有敏感反应的特性和静电特性，将文件、图片等照原样重印在纸上的机器。② 复印是不经过印刷制作，直接从原稿或者原件获得复制印品的方法，即通过光学系统将原稿或者原件中的图文记录于带静电荷的光导体表面，此静电潜影经墨粉显影后转移到普通纸或其他材料上，加热后墨粉固着于承印物

---

① 参见中国社会科学院语言研究所词典编辑室编：《现代汉语词典》（第七版），北京：商务印书馆2016年版，第1128页。

② 参见中国社会科学院语言研究所词典编辑室编：《现代汉语词典》（第七版），北京：商务印书馆2016年版，第411页。

表面成为复印品。①

3. 译本

《市场监督管理行政处罚程序规定》第 27 条第 3 款要求提供外文书证或者外国语视听资料等证据应当附有由具有翻译资质的机构翻译的或者其他翻译准确的中文译本，由翻译机构盖章或者翻译人员签名。这里的中文译本就是外文书证的复制形态。译本是指用不同于原本（母本）的语言文字进行翻译后形成的文本。也就是指运用其他国家或者民族的文字将原本或者正本翻译而形成的文书。②《著作权法》第 10 条第 1 款第 15 项所规定的翻译，也是指将作品从一种语言文字转换成另一种语言文字，并没有强调该语言文字只能是外国语言文字。在更广泛的意义上，翻译也指方言与民族共同语、方言与方言、古代语与现代语之间一种用另一种加以表达的活动，以及把代表语言文字的符号或者数码用语言表达出来的行为（如翻译密码）。③

对原件（原本、正本、副本）进行翻译，然后制版印刷或者打印。此时，相对于原文原件（母本），这种出版或者印制的译本为复制件；相对于再后来的摘录、删减压缩、翻译或者影印，它却属于原件。这就表明所谓原件与复制件是相对而言的。流转的环节不同、次数不同，定性与界别常有不同。

三、书证的查阅、摘抄与复制

针对他人保管或者留存的文书证据，行政执法主体需要通过查阅、摘抄与复制的方法加以收集。④

---

① 参见夏征农、陈至立主编：《辞海》（第六版彩图本，第一册），上海：上海辞书出版社 2009 年版，第 656 页。

② 樊崇义主编：《证据法学》（第六版），北京：法律出版社 2017 年版，第 142 页。

③ 参见中国社会科学院语言研究所词典编辑室编：《现代汉语词典》（第七版），北京：商务印书馆 2016 年版，第 358 页。

④ 以下内容参见邱爱民著：《行政执法证据收集与运用规则研究》，北京：知识产权出版社 2022 年版，第 166-169 页。

1. 书证的查阅

查阅是对书证所记载信息内容的了解。只有通过查阅，行政执法主体才能发现书证是否具有证据价值。查阅是摘抄与复制的前提步骤。

（1）书证查阅的客体

查阅也称阅卷、阅档，是指对各类书证资料的查找、检视、阅读、察看活动。对于一般书证、少量书证通常不需要查阅，直接加以阅读并文义理解即可发现证据信息。但是对于特殊的客体，特别的书证，尤其是档案资料和图书文献，没有查阅工作往往不能发现证据信息。

（2）书证查阅的程序及注意事项

①查阅书证应当持有书面合法证明（如正式查阅函件），出示查阅人员有效身份证件（居民身份证或者行政执法证）。必要时应当办理查阅登记，经过档案、图书保管部门负责人批准后方可查阅。

②查阅书证应当在档案、图书保管部门指定或者规定的时间和场所进行。原则上不得将书证原件带出档案、图书保管场所。

③查阅书证时，保管单位可以派员在场。

④查阅书证时，应当保持书证的完整和清洁。不得对书证原件或者原始材料进行折叠、剪贴、抽取、拆散、拆换，严禁在原件或者原始材料上勾画、圈点、涂抹、填注、加字、改字，或者以其他方式加以污染或损毁。

⑤查阅书证时，未经允许，不得进行摘抄、复印、翻拍、翻录。

⑥查阅书证应当注意安全和保密。涉及国家秘密、商业秘密和个人隐私的，应当保密。对查阅所指信息，不得对外泄露或者散布，不得不正当使用，不得损害相关主体的合法权益。

⑦查阅结束后，应当及时将查阅的档案材料、图书文献交回。必要时应当办理交接手续，确认交接事宜。

2. 书证的摘抄

（1）书证摘抄的规范化

行政执法主体摘抄书证应当规范化，主要要求包括：

①摘抄过程的合法性。在合法的查阅基础上，可以进行合法的摘抄。必要时，应当获得保管单位的批准或者许可。涉及国家秘密、商业秘密或者个人隐私的，应当按照相关规定处置。

②摘抄内容的相关性。摘抄或者摘录，是指从书刊、文件等中选取一部分内容抄写下来。选取的这部分内容，应当是与案件有相关性的信息。作为调查取证的手段，抄录的内容与本案无关，则失去了摘抄的意义，是谓无意义的摘抄。

③摘抄内容的完整性、连贯性。只有完整、连贯地摘抄相关的书证内容，才能确保其信息的真实有用。通常而言，摘抄应当以段落为基本单位。独立段落内不应当出现省略、遗漏，应保持其完整。当然，也没有必要做重复的、多余的摘抄工作。

（2）书证摘抄件的鉴真

对于书证的摘抄件或者节录本、节本，应当采取下列手段鉴真其真实关联性：

①由提供人、当事人、保管人等在摘抄件上签字或者盖章确认。

②由摘抄人制作摘抄笔录或者说明材料，并经提供人、当事人、保管人等在摘抄件上签字或者盖章确认。

③通过现代科技生成摘抄过程及其结果的音像电子资料。

3. 书证的复制

对于书证而言，复制是指以印刷、复印、临摹、拓印、翻拍、电磁转换、光电转换、模压等方式按作品原稿或者原件（原本、正本、副本）制作一份或多份与其内容信息相同的文书的行为。[①] 简言之，复制就是"制作复（復、複）本"，即在原稿或者原件之外，再制作一份或者多份内容信息相同的文本。

在复制书证时，应当注意复制件作为证据应有的属性事项，包括：

（1）复制的合法性：如同查阅、摘抄，复制也应当在合适合法的地点进行，办理必要的手续。

（2）复制的真实性：复制的真实性取决于选取复制的信息的完整性。同时，对于复制件应当由保管单位签名盖章确认原始出处和复制部分的客观真实。

（3）复制的相关性：复制的相关性体现在如何选择复制信息内容方面。复制书证信息应当基于案件待证事实，凡是对案件待证事实有证明作用的部分，不管是本证信息还是反证信息都应当加以复制。凡是对案件无关的信息，则不应当加以复制。

四、书证真正及其证明

书证真正，亦称书证的真实性。书证作为直接证据，其真实性至关重要。书证一旦真实，则其信息所包含的案件事实则确凿无疑。在行政执法程序中，书证是常用的直接证据，因此也需要注意其真实性审查问题。

1. 书证真正的理解

对于书证真正或者文书的真实性，我国民国时期的学者以形式证据力与实质证据力阐述之；我国台湾地区学者以形式真正与内容真正表达之；我国大陆地区学者则以形式客观与内容客观为基本语词。[②] 文书的真实性包括形式真实与内容真实。讨论书证真实性时，真实性与客观性应当作为同义词。

---

① 参见夏征农、陈至立主编：《辞海》（第六版彩图本，第一册），上海：上海辞书出版社 2009 年版，第 653 页。

② 详见何家弘、刘品新著：《证据法学》，北京：法律出版社 2019 年版，第 118–119 页。

（1）书证的形式真正

文书的形式真正是指完全具有文书成立的形式要件，确系提出者或者制作者所声称的那种文书。相应地根据这些形式要件足以判断它是一种客观存在的、名副其实的书面文件。民国时期的证据法学者认为，证书的证据力与其他种类的证据不同，其他证据没有文书证据所特有的、形式上证据力与实质上证据力之区别。所谓证书的形式上之证据力，就是考量证书的外表形式是否真实、证书的成立是否真正、证书是否确系其所记载或者交代的制作人所制作。如果这些因素都为真，则该证书具有形式上的证据力。形式证据力与该证书的内容无关。公文书，除非有足以否定的反证，推定具有形式上的证据力；私文书，一般不能推定其形式上的证据力，但经公证、人证，以及具备本人或者代理人签名、画押、盖章、按捺指印者，推定有形式上之证据力。①

书证的形式真正决定其证据资格，影响文书形式真实的要素主要包括下列三类：②

①主体彰显要素。主体彰显要素是指文书需有落款，特别是制作人。落款含签名、印章、指印、日期等。在法律领域，文书的落款主要是署名和日期。落款中的日期，在特别文书证据中也有影响成立与否的效力。但是，影响书证成立的主要还是作出文书的主体，特别情形下还包括见证人。无论是作成文书之人，还是见证人，都需要在文书中彰显其主体身份。主体彰显的方式包括签名（署名）、盖印章、按手印等，如《行政处罚法》第59条第2款要求行政处罚决定书必须盖有作出行政处罚决定的行政机关的印章。对于文书证据而言，公文书的作者一般称为发文主体、制定机关、发布机关、制发主体等；私文书根据是单方意思还是二人以上的多方意思表示而有区分，

---

① 详见周荣著：《证据法要论》，吴宏耀点校，北京：中国政法大学出版社2012年版，第142-145页。

② 参见邱爱民著：《论文书证据的形式真实及其证明》，载《扬州大学学报（人文社会科学版）》2017年第6期，第26-31页。

例如，行政起诉状的作者（原告）称为具状人；拆迁补偿合同的作者称为合同当事人、甲方乙方、订约双方等，不一而足。签名或者署名是表明书证作者身份的一种行为，是指将自己的姓名或名称记载于、彰显于书证之上（中）。

②意思周全要素。意思周全要素是指影响书证成立的必要之意思要素应当齐备，如建筑许可的面积、占道许可的街道。在行政执法程序中，无论是单向法律行为，如拆迁公告，还是双方契约行为，如行政协议，以及公务决定行为，如行政处罚决定，其相应的公文书都必须具备足以认定意思表示成立的基本要素。欠缺这些必要事项，意思表示不能成立，书证也不具有形式真实。例如，《行政处罚法》第 59 条第 1 款就对行政处罚决定书应当载明的事项作了明确规定。

③表面清洁要素。表面清洁要素是判断文书证据自身有无伪造或者变造之情形，如改写、添加等。所谓伪造，即弄虚作假、凭空捏造，是指无权制作者制作假的文书、证件或印章，既包括根本不存在某一公文、证件或印章而非法制作出一种假的公文、证件和印章，又包括在存有某一公文、证件或印章的情况下而模仿其特征而复印、伪造另一假的公文、证件或印章。模仿有权签发公文、证件的负责人的手迹签发公文、证件的，亦应以伪造论处。所谓变造，则是对真实的文书、证件或印章利用涂改、擦消、拼接等方法进行加工、改制，以改变其真实内容。《行政许可法》第 80 条第 1 项指出，被许可人涂改行政许可证件的，行政机关应当依法给予行政处罚；构成范围的，依法追究刑事责任。这里的涂改就是一种变造手法。

（2）书证的内容真正

文书的内容真正是指文书中记载的信息、表达的意思是相关主体真实的意思表示、真实的思想意识、真实的心理显现。民国时期著名证据法学者周荣先生指出，证书实质上的证据力，需要调查核实该证书的内容。如果该证书的内容足资凭信，足以证明或者释明其待证事实，则该证书具备实质上的证据力。[1] 显然，周先生是从证据关联性或者实质关联性角度认知证书的实质证据力的。该证书真实保留着案件的事实信息、足以对案件待证事实加以证明或者释明，则具备实质证据力。问题是，该证书的这种关联性如何才能具备？当然是该证书的意思表示真实。意思表示是书证的内容。书证的内容真实就是指意思表示真实。从行政执法角度看，书证的内容真正其实就是指行政主体实施的能够产生行政法律效果的行政行为具备内容合法性要件。意思周全要素的有无影响着书证的形式真实和证据资格；意思周全要素的真实合法则决定着书证的内容真实及证明力。

2. 书证形式真正的证明

书证形式真正的证明，就是指对于书证的鉴真（authentication）或者书证证据资格的证实，学者周叔厚称之为“确认文书形式上的真正”“文书内容真正的证明”。文书证据之提出者一般基于形式表达或者字面记载即完成形式真正之证明。但倘有质疑，则需要以下列方式加以证明：

（1）自我鉴真方法

自我鉴真方法是指依文书原件中的若干要素事项（如公章）证明自身的形式真实，一般适用于公文书。采用这种书证鉴真的方法，应当遵循最佳证据规则，即原件优先、复制件为例外的提交规则。公文书的原件，其中的印章、发文主体、印制形式和材质等自带要素，往往能够自我证明真实性的存在。所以，早在民国时期，学界和相关立法就奉行这一基本鉴真方法：公文书，除有反证外，推定其为真正，故有形式上之证据力。[2]

（2）旁证鉴真方法

旁证鉴真方法是指运用其他外在证据（如笔迹鉴定）证明书证的形式真实，一般适用于私文书。书证旁证鉴真的方法包括但不限于：由笔录或者音像资料所构成的取证记录；持有人、保管人、制作人的来源、复制与核对说

---

① 参见周荣著：《证据法要论》，吴宏耀点校，北京：中国政法大学出版社2012年版，第143页。

② 参见周荣著：《证据法要论》，吴宏耀点校，北京：中国政法大学出版社2012年版，第143页。

明；持有人、提交人和见证人的辨认与确认；行政执法人员的核对无误；专家的科学鉴定或者文书检验；法律法规规定的其他方法。

（3）免于鉴真的方法

免于鉴真是指出现了法定情形，无须采用旁证来证明文书的真实性，如当事人自认或者各方签有某种证据协议。在行政执法程序中，除非法律、法规、规章等有明确规定，一般不使用免于鉴真的方法。

本章典型案例

12-1：收集的招标文件原件和电子版证实违法采购事实

某高校建设游泳馆需要采购泳池设备，遂委托代理机构甲公司进行公开招标。甲公司于某日发布招标公告。某供应商乙公司对招标公告所规定投标条件提出质疑，认为违背公平竞争的政府采购基本原则。乙公司在获得甲公司答疑后，向财政主管部门投诉。财政主管部门依法收取了乙公司提交的招标公告纸质版，查阅了招标公告电子版（政府采购相关网站），也向甲公司调取了招标公告原件，进行了调查询问。根据书面的招标文件，财政主管部门认定该起招标文件存在“以不合理条件对供应商实行差别歧视待遇”，有违公平竞争原则。该招标文件的违法之处有：其一，招标文件评审细则中的价格分，采用合理低价法，未采用低价优先法计算，违背了2017年7月11日修订的《政府采购货物和服务招标投标管理办法》（财政部令第87号）第55条第6款规定；其二，招标文件之货物采购清单，列明75种设备，每种设备均指定3种品牌，要求投标人按照所列品牌进行报价，属于2015年1月30日发布的《政府采购法实施条例》（国务院令第658号）第20条第6项情形，违反了2014年8月31日修正的《政府采购法》第22条第2款规定，是以不合理的条件对供应商实行差别待遇或者歧视待遇；其三，将“信用中国”守信红名单作为评审因素于法无据，且该“红名单”中包含纳税信用A级纳税人等条件，与供应商经营年限、经营范围挂钩，违背《政府采购法》第22条第2款、《中小企业促进法》第40条第3款，是在企业股权结构、经营年限、经营规模和财务指标等方面对中小企业实行差别待遇或者歧视待遇。

本案中，政府采购的采购人某高校及其代理机构甲公司制作并发布的招标公告，作为书证，无论是纸质版原件，还是电子版原件，其所记载的信息内容、意思表示，皆证明了这起政府采购存在着以不合理的条件对供应商实行差别待遇或者歧视待遇的情形。财政主管部门通过收集该份书证原件（纸质版和电子版），完全能够直接认定案件事实。

12-2：行政机关应当对书证的真实性即时审查并作出相应的行政处理决定

王某某系社区居委会分散五保户，曾就放弃五保户待遇事项向当地民政局进行咨询，民政局解答并告知其相应程序。此后，王某某于2020年8月26日分别向镇政府及社区居委会申请放弃分散五保户供养，并提供王某某与其侄女签署的遗赠扶养协议及律师见证书、承诺书。镇政府收悉后未在法定期限内履行相应的审核及呈报工作。王某某遂提起行政诉讼，请求判令镇政府对撤销分散五保户供养申请审核处理。

一审判决镇政府于判决生效之日起二十日内对王某某的申请进行处理。镇政府不服，提起上诉。二审法院认为，获得农村五保供养是符合条件的特定对象享有的基本权利。权利可以放弃，只要相对人处分自己权利的行为不对公共利益或他人合法权益造成侵害，处分行为就应当被允许，任何人都不得对权利主体的处分行为进行不当干涉。行政机关在审核终止救助供养条件时，应当充分考虑和尊重当事人的意愿。从王某某提交的材料以及诉讼过程中的陈述来看，王某某表达了退出五保供养的强烈意愿，镇政府在对王某某放弃权利可能造成的不利后果履行告知义务后，不应当限制王某某放弃五保供养权利，而应履行审核职责并将相关材料报送民政局。二审判决驳回上诉，维持原判。

本案中，原分散五保户王某某向当地镇政府提交了其与侄女签署的《遗赠扶养协议》《律师见证书》《承诺书》原件。《遗赠扶养协议》及《律师见证书》属于书证。根据2006年1月21日发布的《农村五保供养工作条例》

（国务院令第 456 号）第 6 条和第 8 条的规定，镇人民政府应当及时对这两份书证的真实性进行审核，在确认书证形式客观、内容合法、意思表示真实后，应当及时上报县级人民政府民政部门核准，核销其《农村五保供养证书》，准许其退出五保户供养待遇。

本章复习思考题

1. 简述书证原件及其组成。
2. 简述书证复制件及其种类。
3. 简述查阅、摘抄、复制书证时的注意事项。
4. 简述书证的形式真正及其证明。

第十三章　行政执法科学证据的生成与收集

本章概要

科学证据包括视听资料、电子数据和鉴定意见。行政执法程序中的视听资料和电子数据，包括行政执法机关和执法人员自我生成的，以及其他单位或者个人生成而被行政执法机关调查收取的。生成视听资料和电子数据的要点在于规范使用取证设备。收取视听资料和电子数据应当遵循最佳证据规则。行政执法中的鉴定应当作扩张解释，包括检测、监测、检验、检疫和评估。鉴定与司法鉴定也不应当简单割裂、泾渭分明。行政执法应当克服“鉴定依赖症”，坚持鉴定必要性，规范委托事项。

一、科学证据与非接触性取证

科学证据（scientific evidence）一词在我国 20 世纪 80 年代于司法解释性文件中出现，于 90 年代后引起广泛的关注。① 所谓科学证据就是指存在于法律事务过程中的，具有科学技术含量、能够证明案件事实或者证据事实的各

① 1986 年 12 月 31 日发布的《最高人民法院关于加强法院法医工作的通知》第一部分指出，法院法医技术工作的主要任务是运用现代科学技术，准确、及时地为查明和确定案件真实情况，为审判工作提供科学证据。1988 年 1 月 28 日最高人民检察院发布的《人民检察院文件检验工作细则（试行）》第 2 条也指出，文件检验是刑事科学技术的重要组成部门，是运用现代科学的理论和方法，为揭露犯罪，证实犯罪提供科学证据的专门技术手段。1993 年美国多伯特案件及其判断科学证据的规则（daubert test）被介绍到中国，引起学术界尤其是证据法学界的高度重视，科学证据的研究开始成为一个热点和重点。

种信息。[①] 视听资料、电子数据和鉴定意见属于科学证据。[②] 随着社会的进步、科技手段的发展、行政执法规范化程度的提高，在行政执法程序中，科学证据的运用必将日益广泛和重要。

1. 非接触性取证的概念

传统的调查取证手段有一个显著特征，那就是调查取证人员与被调查的人或者物往往有直接的接触。既然证据的终结来源要么是人，要么是物，那么直接接触被调查对象亦无不可。但是，在行政执法程序，特别是行政处罚和行政强制程序中，调查取证人员与被调查或者被检查人员直接接触，也引发了不少矛盾，甚至是影响很大的矛盾。于是，借助科学技术手段，进行非接触性取证，生成或者获得科学证据（视听资料、电子数据）就日益成为行政执法中的首选。

非接触性取证是指行政执法人员不与当事人及其他参与人有正面接触，而是利用视频监控、影像摄录等各种信息技术手段获取有关案件事实的证据材料的取证措施。

非接触性取证生成科学证据离不开取证设备和网络数据平台。每一个行政执法系统或者执法机关都有相应的非接触性取证设备或者装备，如 2020 年 7 月 3 日住房和城乡建设部办公厅印发《城市管理执法装备配备指导标准（试行）》（建办督〔2020〕34 号），该标准所列装备包括五大类六十四种，其中执法取证类包括执法记录仪、执法记录仪采集站（工作站）、高清摄像机、数码照相机、数码录音笔、红外夜视仪等。许多政策文件、部门规章和地方规定中，都有关于数字化信息平台建设的相关要求或者制度安排，如《农业行政处罚程序规定》第 37 条第 2 款规定，农业行政处罚机关可以利用互联网信息系统或者设备收集、固定违法行为证据。用来收集、固定违法行

① 邱爱民著：《科学证据基础理论研究》，北京：知识产权出版社 2013 年版，第 27 页。

② 详见邱爱民著：《科学证据基础理论研究》，北京：知识产权出版社 2013 年版，第 99-116 页。

为证据的互联网信息系统或者设备应当符合相关规定，保证所收集、固定电子数据的真实性、完整性。再如《浙江省行政程序办法》第 38 条第 1 款要求行政机关应当加强电子政务的建设和应用，推进行政执法事项在线运行，优化办理流程，方便公民、法人和其他组织通过浙江政务服务网（电子政务平台）办理行政许可、公共服务等事项。

2. 非接触性取证的功能

在行政执法程序中，非接触性取证的功能价值，至少包括如下两点：

（1）减少冲突，树立文明执法的良好形象

《中共中央关于全面推进依法治国若干重大问题的决定》要求坚持严格规范公正文明执法。《中共中央关于坚持和完善中国特色社会主义制度　推进国家治理体系和治理能力现代化若干重大问题的决定》同样强调严格规范公正文明执法。什么是文明执法？文明是与野蛮相对立的，是人类社会进步的体现和标志。所谓文明执法，就是在行政执法中树立以人为本、依法行政、执政为民的理念，充分尊重行政执法相对人的权益，严格遵循法律规定的执法程序，坚持教育与处罚相结合，管理与服务相结合，不断提高行政执法效能，为建设和谐社会和法治社会提供保障。2021 年 6 月 4 日印发的《交通运输部关于严格规范公正文明执法的意见》（交法发〔2021〕53 号）要求加强基层执法人员执法装备配备，加强基本执法装备使用训练，确保每一名执法人员熟练掌握执法记录仪、手持电台、计算机等基本执法装备，并定期进行考核。考核不通过的，对其进行离岗培训，暂停行政执法工作。之所以如此要求，就是因为包括调查取证设备在内的执法装备的配备和熟练掌握使用是规范公正文明执法的基本功和必要基础。

（2）提高取证有效率，生成科学证据

2018 年 6 月 12 日，《浙江省住房和城乡建设厅关于印发全省综合行政执法系统“非接触性”执法试点工作方案的通知》（建综执发〔2018〕168 号）指出，针对执法过程中存在的取证难、处罚难、执行难等问题，扎实开展调查研究，认真分析原因，以实施“非接触性”执法为突破口，努力提升执法成效。可见，非接触性取证可以解决取证难的问题。这是为什么？因为非接触性取证是借助高科技的电子视听设备，在不与当事人接触，甚至当事人并不预先知晓的情况下，直观、动态、连续地摄录了当事人的违法行为及其过程与结果，呈现出的取证效果是“铁证如山”。非接触性取证借助的是科技装备，生成的证据主要包括视听资料和电子数据，它们都属于科学证据。较少的人员投入、没有执法冲突、生成关联性与真实性极强的科学证据，大大提升了执法取证的有效率。

二、视听资料和电子数据的生成

视听资料和电子数据是行政执法程序中的两种法定证据。但是由于生成技术和设备的相似甚至一致，在现代计算机科学和数码技术背景下，视听资料和电子数据的交叉关系以及重合度日渐增大。视听资料和电子数据的自我生成，是指行政执法机关在行政检查（巡查）、勘验调查、询问走访等行政执法程序中，使用各种影像视频设备而生成的证据材料。换言之，案件中出现的这些视听资料和电子数据不是向当事人或者第三方调查收集的，而是执法人员自我生成的。

行政执法中视听资料和电子数据的生成途径包括但不限于：（1）固定设置检测、监控视频系统，相对稳定地自动生成电子视听资料；（2）执法人员现场操作非接触性设备，即时、动态生成电子视听资料；（3）遥控无人机巡查摄录电子视听资料。

使用非接触性设备自我生成视听资料和电子数据应当确保：（1）设备设置或者领取使用的合法性；（2）设备保养和使用的科学性和规范性；（3）音像摄录的连续性和立体性；（4）案件信息的特定性和相关性；（5）视音频数据保存和传输的及时性和完整性。

1. 录音资料的生成

录音资料（audio materials）是指运用现代科学技术手段，以录音方式记录并储存的有关案件所涉客体的声音的证据。[①]

录音就是将声音信号记录在媒质上的过程，即使声音通过传声器、放大器转换为电信号，用不同的材料和工艺记录下来的过程。录音的过程其实就是把声音变成电能，电能再转变为磁能，最后以磁化的形式把声音记录在磁带上。录音方法分为机械录音（唱片录音）、磁性录音、光学录音、激光录音等。录音技术是声学、电学、化学、机械学等科学技术综合运用的结晶。录音技术通过应用上述各种科学原理而制成的收录设备，借助于机械手段进行物质能量转换过程，把人的陈述和自然声响等声音如实记录下来，并同时加以固定和保存，然后经过播放再现原来声迹、恢复原始声响。录音设备是录音技术的载体，主要是磁带录音机和录音磁带组成的电声设备。[②] 在行政执法程序中，用于录音的设备很多，诸如录音笔、录音棒、电话、手机、MP4、平板电脑，等等。

2. 录像资料的生成

录像资料（video materials）是指运用现代科学技术手段，以录像（摄像）、照相等方式记录并储存的有关案件所涉客体的形象的证据。[③] 以录像技术运用的目的和场所不同，可以把录像分为勘查、巡查现场录像；检验物证书证录像；辨认人员和实物证据录像；监视监控录像。其中现场录像最为常见，行政执法调查取证中的录像，主要就是指现场录像。

---

① 参见2010年4月7日司法部司法鉴定管理局印发的《声像资料鉴定通用规范》（SF/Z JD0300001-2010）。

② 参见樊崇义、温小洁、赵燕编著：《视听资料研究综述与评价》，北京：中国人民公安大学出版社2002年版，第226-227页。

③ 参见2010年4月7日司法部司法鉴定管理局印发的《声像资料鉴定通用规范》（SF/Z JD0300001-2010）。

录像技术又称为磁录像技术，是以电视技术和磁带录音技术为基础而发展起来的新型复合技术。录像技术通过运用光电效应和电磁转换的原理制成的摄像机、录像机而将事物的发生、发展、运动、变化等客观真实情况，原形原貌地录制下来，再经过播放重新显示原始的形象，即录像—摄录—磁信号转变成光信号—还原成像。录像技术不仅可以把图像和声音同步同时记录下来，而且能将记录的信息及时储存、重放。[①] 磁录像技术设备由摄像机及传声器、录像机、电视信号处理装置、监视器四个主要部分组成。作为电子录像系统，录像设备是记录图像、显示图像和处理图像的电子、光学和电的综合系统。

录像证据的制作规范，有一些标准和规范文件可以参照，如《现场照相、录像要求规则》（GA/T 117—2005）、《现场照相、录像要求》（GB/T 29349—2012）、《公安机关现场执法视音频记录工作规定》（公通字〔2016〕14号）等。

3. 电子数据的生成

电子数据（electronic data）是指基于计算机应用和通信等电子化技术手段形成的信息数据，包括以电子形式存储、处理、传输、表达的静态数据和动态数据。[②] 对于行政执法人员来说，生成电子数据的关键在于会操作相关设备或者系统。由于生成电子数据的设备、产品、软硬件系统属于高精尖技术，一般行政执法人员个人因素能够渗入或者影响、改变的可能性不大。所以，通常情况下，会用就能规范生成电子数据。

（1）信息技术及其体系

早有学者明确指出过，电子证据是现代信息技术的产物。[③] 因此，知晓并

① 本部分关于录像技术、录像设备和录像原理的内容，主要参考樊崇义、温小洁、赵燕编著：《视听资料研究综述与评价》，北京：中国人民公安大学出版社2002年版，第231-235页。

② 参见2014年3月17日司法部司法鉴定管理局印发的《电子数据司法鉴定通用实施规范》（SF/Z JD0400001—2014）。

③ 刘品新著：《中国电子证据立法研究》，北京：中国人民大学出版社2005年版，第4页。

能够生成电子证据，应当掌握现代信息技术的基础知识。

信息技术是一个动态概念，其内涵随着科技的发展和人类社会的进步而不断扩展。现代信息技术是一项综合性的技术体系，它是以电子技术，特别是微电子技术为基础，以计算机技术、通信技术和控制技术三者的综合体为核心的技术群。也是可以使人们更快速、更可靠、更完善、更经济地产生、存储、发送、转换、接收和处理声音、图像、数据、文字等信息的一切现代技术的总称。具体而言，现代信息技术包括三个层次，分别是：第一层次信息基础技术，主要包括微电子技术、光子技术、光电子技术、分子电子技术等有关元器件制造的技术；第二层次信息主体技术，主要包括信息获取技术、信息传输技术、信息处理技术和信息存储技术四种；第三层次信息应用技术，主要体现在全过程音像记录、非接触性取证与数字化信息平台等方面。三个层次互相关联，构成一个统一体。[①]

（2）生成电子数据的硬件

生成电子数据的硬件包括单机硬件和互联网硬件。单机硬件专指单个（部/台）计算机系统中的组成部分，即构成计算机的各个元件、部件和装置的统称。互联网硬件则是指组成网络的各种机器设备、物质材料等。[②] 有学者把电子数据分为静态电子数据和动态电子数据就是考虑了生成电子数据的两类不同硬件。所谓静态电子数据就是指计算机处理、存储、输出设备中存储、处理、输出的数据，如计算机文档、计算机音频、视频文件等。所谓动态电子数据则是指计算机网络中传输的电子数据，如电子邮件、网络视频、网页等。[③] 在行政执法中生成电子数据的各种设备，也属于硬件。

（3）生成电子数据的软件

通常来说，软件是指计算机系统的组成部分，是指挥计算机进行计算、

① 本部分内容除另有注明者外，主要参考李净、唐红洁编著：《新编现代科技概论》（第二版），北京：中国政法大学出版社2008年版，第105-108页。

② 参见中国社会科学院语言研究所词典编辑室编：《现代汉语词典》（第七版），北京：商务印书馆2016年版，第1576页，“硬件”词条。

③ 参见汪振林主编：《电子证据学》，北京：中国政法大学出版社2016年版，第17-18页。

判断、处理信息的程序系统，通常分为系统软件和应用软件两大体系。[①] 也有人指出，软件包括操作系统程序、实用程序和编码程序。[②] 不过，应当注意：软件与程序、计算机软件与计算机程序，不是一回事。软件是为了完成特定的功能，解决特定的问题而用计算机语言编写的命令序列集合，可以理解为应用程序的集合。而应用程序是软件的一个组成部分，它是软件的必要元素。简单来说，“软件=程序+文档=数据结构+算法+文档”。

（4）电子数据的载体

《交通运输行政执法程序规定》第 38 条第 1 项要求收集电子数据应当优先收集电子数据的原始存储介质。《市场监督管理行政处罚程序规定》第 26 条第 1 款也要求收集、调取的电子数据应当是有关数据的原始载体。可见，电子数据与其载体或者存储介质密不可分、合二为一。

存储介质（storage medium/electronic data storage）是承载电子数据的各类载体或设备，这些电子存储设备可以写入数据、保留数据和重新读出数据。存储介质与电子数据的载体，基本上是同一概念。有学者指出，电子数据的存储介质种类很多，如计算机硬盘、软盘、光盘、磁盘列阵、高储存密度磁盘（Zip 盘）、移动存储盘、网络设备（路由器、交换机等）、打印机、扫描仪、数码相机、数码摄像机、数字手机、掌上电脑（PDA）、录音笔、扫描笔、监视器等设备的存储装置。[③] 根据相关国家标准的分类，常见的电子数据存储介质包括硬盘、光盘、闪存等。[④] 硬盘，为硬磁盘的简称。按照原理分类，硬盘包括机械硬盘（HDD）、固态硬盘（SSD）以及混合硬盘（SSHD）三类。光盘，也称光碟，是用激光束记录和读取信息的圆盘形存储载体，一

---

① 参见中国社会科学院语言研究所词典编辑室编：《现代汉语词典》（第七版），北京：商务印书馆 2016 年版，第 1115 页，“软件” 词条。

② 详见李净、唐红洁编著：《新编现代科技概论》（第二版），北京：中国政法大学出版社 2008 年版，第 115-116 页。

③ 汪振林主编：《电子证据学》，北京：中国政法大学出版社 2016 年版，第 22 页。

④ 参见 2012 年 2 月 1 日公安部发布的《电子数据法庭科学鉴定通用方法》（GA/T 976—2012）和 2014 年 3 月 17 日司法部司法鉴定管理局发布的《电子数据司法鉴定通用实施规范》（SF/Z JD0400001—2014）。

般分为可擦写型、一写多读型和只读型三类。[①] 闪存是指一种在断电时数据不会丢失的半导体存储芯片，具有体积小、功耗低、不易受物理破坏的优点。“闪”是英语 flash 的直译。[②] 闪存作为一种大容量移动存储器，其快速可擦写、价格低，以及能长期保存数据、体积小、容量大、功耗低等特点，使其被广泛用于各种计算机和数码产品中。[③] 闪存的全称应当是快闪存储器（flash memory），主要有各种储存卡（闪存卡）与 U 盘。

人们在计算机及网络中进行交流或者交易时，相关的记录也是这些电子证据的载体。网络根据其开放程度，可分为封闭系统、开放系统与双系统三个类型。封闭系统由多台以局域网方式连接的计算机组成，如银行、证券、交通运输等行业都有自己的封闭网络系统。在该系统中生成、传输、存储的电子数据，为封闭系统中的电子数据。开放系统是由多台计算机组成的广域网、城域网、校园网等系统。开放系统的电子数据就是指在开放系统中生成、传输、存储的数据信息。开放系统数据通信的相对人并不固定，因此数据来源不易确定。双系统是封闭系统和开放系统的合称。双系统的电子数据是指既能够经常出现于封闭系统又能够经常出现于开放系统的电子数据，如 EDI 证据和电子签名。[④] 作为这些网络系统中电子数据载体的记录，包括但不限于下列类型：电子邮件（Electronic mail，E-mail）；电子数据交换（Electronic Data Interchange，EDI）、QQ 聊天记录（QQ chat record）、短信（text message）与微信（WeChat）、博客（blog/weblog）与微博（MicroBlog）、网络平台认证账号（ID/Identification）、电子签名（electronic signature）、网络域名（domain name）、主体网页（web page）、网络交易记录（online transaction history）。

---

① 参见中国社会科学院语言研究所词典编辑室编：《现代汉语词典》（第七版），北京：商务印书馆 2016 年版，第 486 页。

② 中国社会科学院语言研究所词典编辑室编：《现代汉语词典》（第七版），北京：商务印书馆 2016 年版，第 1138 页。

③ 夏征农、陈至立主编：《辞海》（第六版彩图本，第三册），上海：上海辞书出版社 2009 年版，第 1963 页。

④ 参见汪振林主编：《电子证据学》，北京：中国政法大学出版社 2016 年版，第 19 页。

三、视听资料和电子数据的收取

行政执法主体自行生成的视听资料和电子数据应当及时收取原始数据或者存储媒介或者载体。非行政执法主体通过不违法的手段采集的视听资料和电子数据，行政执法主体应当依法调取，审核使用。收集视听资料和电子数据时应当遵循“原件优先、复制例外”的最佳证据规则。

1. 收取原件

收集视听资料和电子数据应当最大程度地提取或者调取原始载体或者原始存储介质，并由当事人、提供人、保管人、见证人等签名、按捺指印或者盖章加以佐证确认或者详细说明。在行政执法主体电子设备内或者网络系统中存储、传输的电子数据，一律作为原件使用。《公安机关办理行政案件程序规定》第 32 条第 1 款、第 2 款指出，收集电子数据，能够扣押电子数据原始存储介质的，应当扣押。无法扣押原始存储介质的，可以提取电子数据。提取电子数据，应当制作笔录，并附电子数据清单，由办案人民警察、电子数据持有人签名。持有人无法或者拒绝签名的，应当在笔录中注明。

由于电子证据具有存在的隐蔽性和解读的间接式，所以在收集电子证据的时候，应当同时保持相应的硬件、软件，以保全该证据的运行环境，能够在必要的时候以打印、屏显等方式显示出来。[①] 2011 年 12 月 12 日，原国家工商行政管理总局印发的《关于工商行政管理机关电子数据证据取证工作的指导意见》（工商市字〔2011〕248 号）第 5 条强调执法人员应当收集电子证据的原始载体。第 6 条要求在计算机终端设备中进行电子证据取证时，应当了解掌握提供证据单位的计算机的密码设置、应用软件安装、资料存放位置等情况。第 7 条要求在网络交易平台中进行电子证据取证时，按照《网络商品交易有及有关服务行为管理暂行办法》《互联网信息服务管理办法》有关规

① 何家弘、刘品新著：《证据法学》，北京：法律出版社 2019 年版，第 174 页。

定，网络服务经营者应提供有关数据，并在输出的电子证据书件上加盖公章予以确认。第 8 条规定，工商行政管理机关查处违法案件涉及电子证据时，执法人员在案件现场应制作现场检查记录，现场检查记录应客观、详细、真实地记录计算机系统中显示与违法事实相关的内容和储存位置。在案件调查阶段制作询问笔录中，对于现场检查记录、打印书证、拷贝复制文件时已经取得的电子证据内容，应专门询问案件当事人，并详细记载回答内容，使询问笔录与其他证据相互印证。第 9 条和第 10 条指出，根据法律、法规的规定，执法人员对于专门用于违法经营的计算机系统中发现涉及违法经营的证据材料，经报请批准，可以直接对计算机及相关设备进行查封或扣押，防止案件当事人损毁、破坏数据。对现场计算机设备实施行政强制措施进行查封时，其查封方法应当保证在不解除查封状态的情况下，无法使用被查封的设备。查封前后应当拍摄被查封计算机设备的照片，清晰反映封口或张贴封条处的状况。

对于电子数据的原件，必须强调一点，那就是“拟制原件说”。我国证据法学著名学者何家弘教授和刘品新教授提出，鉴于电子证据的特殊性，参考国外先进立法经验，应当扩张电子数据的原件范围，采用“拟制原件说”，即电子数据的原件包括但不限于自然意义上的原生证据。电子数据的原件既指该电子数据本身，又包括制作者或者发行者意图使其具有原件效力的复本。电子数据的原件并不局限于信息首先固定所在的媒介物，而是对当事人而言具有法律效力的、具有最终完整性的数据。甚至任何直接来源于该电子数据的打印输出或者其他可感知的输出物，只要其能够准确地反映该记录内容，则均可视为原生电子证据。①“拟制原件说”是可取的，凡在原始设备或者网络系统中的电子数据，皆为原件。但是，电子数据的打印输出物不宜作为原件。很显然，打印输出物已经脱离电子数据的生成及运行环境，不应当作为原件对待，只能是复制件。《关于工商行政管理机关电子数据证据取证工作的

① 详见何家弘、刘品新著：《证据法学》，北京：法律出版社 2019 年版，第 136-137 页。

指导意见》第 5 条明确指出，打印件属于复制件。

2. 实施拷贝或者收取复制件

收集视听资料和电子数据的原始载体或者原始存储介质确有困难的，可以提取、调取或者转换复制件。收集或者生成复制件应当说明相关行为主体、行为过程及其结果，必要时予以同步录音录像。

通过外在存储媒介或者载体复制，以及由打印设备打印输出的电子数据，按照复制件使用。

通过恢复、破解、计算、分析等技术手段形成的新的电子数据，应当有详细的文字说明并经所有相关人员的签名、按捺指印或者盖章佐证确认，必要时予以同步录音录像。

《公安机关办理行政案件程序规定》第 32 条第 3 款指出，由于客观原因无法或者不宜依照扣押原始存储介质或者直接提取电子数据的，可以采取打印、拍照或者录像等方式固定相关证据，并附有关原因、过程等情况的文字说明，由办案人民警察、电子数据持有人签名。持有人无法或者拒绝签名的，应当注明情况。

《关于工商行政管理机关电子数据证据取证工作的指导意见》第 5 条特别指出，收集电子数据原始载体有困难的，可以采用以下四种方式取证，取证时应当注明制作方法、制作时间、制作人和证明对象等。

（1）书式固定。对于计算机系统中的文字、符号、图画等有证据效力的文件，可以将有关内容直接进行打印，按书面证据进行固定。书式固定应注明证据来源并保持其完整性。

（2）拍照摄像。如果电子证据中含有动态文字、图像、声音、视频或者需要专门软件才能显示的内容，可以采用拍照、录音或摄像方法，将其转化为视听资料证据。

（3）拷贝复制。执法人员可以将涉嫌违法的计算机文件拷贝（copy）到 U 盘或刻录到光盘等计算机存储设备，也可以对整个硬盘进行镜像备份。在复制之前，应当检验确认所准备的计算机存储设备完好且没有数据。在复制之后，应当及时检查复制的质量，防止因保存方式不当等导致复制不成功或被病毒感染，同时要现场封存好复制件。案件当事人拒绝对打印的相关书证和转化的视听证据进行核对确认，执法人员应当注明原因，必要时可邀请与案件无关的第三方人员进行见证。

（4）委托分析。对于较为复杂的电子证据或者遇到数据被删除、篡改等执法人员难以解决的情况，可以委托具有资质的第三方电子证据鉴定机构或司法部门进行检验分析。委托专业机构或司法部门分析时，执法人员应填写委托书，同时提交封存的计算机存储设备或相关设备清单。专业机构按规定程序和要求分析设备中包含的电子数据，提取与案件相关的电子证据，并制作鉴定结论。

对于上述四种手段，《市场监督管理行政处罚程序规定》第 26 条第 1 款也予以强调，指出：收集、调取的电子数据应当是有关数据的原始载体。收集电子数据原始载体有困难的，可以采用拷贝复制、委托分析、书式固定、拍照录像等方式取证，并注明制作方法、制作时间、制作人等。

《最高人民法院关于审理证券行政处罚案件证据若干问题的座谈会纪要》第二部分，对证券行政处罚主管机关提供电子数据复制件提出了如下几点要求：

①无法提取电子数据原始载体或者提取确有困难的，可以提供电子数据复制件，但必须附有不能或者难以提取原始载体的原因、复制过程以及原始载体存放地点或者电子数据网络地址的说明，并由复制件制作人和原始电子数据持有人签名或者盖章，或者以公证等其他有效形式证明电子数据与原始载体的一致性和完整性。

②收集电子数据应当依法制作笔录，详细记载取证的参与人员、技术方法、步骤和过程，记录收集对象的事项名称、内容、规格、类别以及时间、地点等，或者将收集电子数据的过程拍照或录像。

③收集的电子数据应当使用光盘或者其他数字存储介质备份。监管机构

为取证人时，应当妥善保存至少一份封存状态的电子数据备份件，并随案移送，以备法庭质证和认证使用。

④提供通过技术手段恢复或者破解的与案件有关的光盘或者其他数字存储介质、电子设备中被删除的数据、隐藏或者加密的电子数据，必须附有恢复或破解对象、过程、方法和结果的专业说明。对方当事人对该专业说明持异议，并且有证据表明上述方式获取的电子数据存在篡改、剪裁、删除和添加等不真实情况的，可以向人民法院申请鉴定，人民法院应予准许。

四、鉴定与鉴定意见

1. 鉴定的概念

（1）鉴定与司法鉴定的一致性

行政执法程序中的鉴定是指在行政执法程序中，鉴定人接受聘请或者指派，运用科学技术或者专门知识对案件涉及的专门性问题进行鉴别和判断并提供鉴定意见的科学实证活动。

鉴定与司法鉴定，都是专业词汇。“司法鉴定”的社会知名度似乎要高于鉴定。其实，“鉴定”在我国法律体制中也是使用广泛的一个术语，尤其是在行政管理和行政执法领域。对于司法鉴定，不能简单地望文生义，不要误以为只能在司法领域、诉讼程序中适用。司法鉴定工作是面向社会服务的，当然包括为行政执法程序中的鉴定需求服务。所以，在行政执法程序中，鉴定、科学鉴定、司法鉴定是可以混用的。无论是司法鉴定的体制文件，还是司法鉴定的实务操作，都可以服务于、适用于行政执法领域。

（2）鉴定的适度扩张

在行政执法程序中的鉴定，应当作必要的扩张解释，换言之，应当对鉴定作广义理解，鉴定包括检测、检验、检疫和评估。

首先，在行政执法证据法规范文件中，鉴定与检测、检验、检疫、评估经常一并表述，都是指针对专门事项作出的专业分析研判。例如，《证券期货违法行为行政处罚办法》第 24 条第 2 项指出，对于先行登记保存的证据，需要检查、检验、鉴定、评估的，应当在七日内送交检查、检验、鉴定、评估。

其次，鉴定的过程、鉴定意见的内容，本身就包含着检测、检验、检疫和评估。例如，2011 年 5 月 25 日印发的《环境保护部关于开展环境污染损害鉴定评估工作的若干意见》（环发〔2011〕60 号）就把鉴定与评估合并规定，评估与鉴定密不可分。该文件指出，环境污染损害鉴定评估是综合运用经济、法律、技术等手段，对环境污染导致的损害范围、程度等进行合理鉴定、测算，出具鉴定意见和评估报告，为环境管理、环境司法等提供服务的活动。

2. 鉴定的必要性

行政执法程序应当克服"鉴定依赖症"，非属专门性问题不得动辄委托鉴定。这就是鉴定的必要性问题。所谓鉴定必要性，亦称鉴定确有必要，是指该事实的认定属于专门性问题，超越了常识和生活经验，非借助于专家知识或者技能不能分析与研判。根据《海事行政执法证据管理规定》第 29 条的规定，专门性问题（专门事项、专门性技术问题）之专门性，体现在专业知识、专业技能、专用设备三个方面。

（1）知识与专业知识

知识是人类认识的成果或者结晶。依据反映对象的深刻性，知识可以划分为生活常识和科学知识；依据反映层次的系统性，知识又可分为经验知识和理论知识。在行政执法程序中，需要鉴定的事项不应当是生活常识和经验知识能够加以判定的事项，而应当是需要借助科学理论知识才能加以认知和判断的事项。专业知识就是指科学知识。科学或者科学知识是指运用范畴、定理、定律等思维形式反映现实世界各种现象的本质和规律的知识体系。按照研究对象的不同，科学可分为自然科学、社会科学和思维科学，以及总括和贯穿于三个领域的哲学和数学。按照与实践的不同联系，科学可分为理论科学、技术科学、应用科学等。作为鉴定基础的知识体系，被称为法庭科学

(forensic science)。[①]

(2) 技术或者技能

技术，泛指根据生产实践经验和自然科学原理而发展成的各种工艺操作方法与技能，如电工技术、激光技术等。除操作技能外，广义的技术还包括相应的生产工具和其他物资设备，以及生产的工艺过程或者作业程序、方法。技能是指个体通过反复练习形成的合乎法则的活动方式。根据活动中的主要成分，分为动作技能和智力技能；根据其复杂程度，分为初级技能和高级技能。高级技能亦称为技巧、熟练技能。技术与科学相互渗透、相互交融的一体化发展趋势即为技术科学化。而科学与技术相互渗透、相互交融的一体化发展趋势则为科学技术化。[②] 科学与技术合称为科学技术，简称科技，也反映了当代社会技术科学化、科学技术化的趋势。

(3) 设备与专业设备

广义的技术包括生产工具和物资设备；科学活动离不开技术装备。这说明在当代社会，知识、技术与设备的紧密联系。设备是指生产或者生活上所需要的各种器械用品，如机械设备。在科学与技术活动中，也离不开各种用具，尤其是机器和仪器。机器是执行机械运动，以变换或者传递能量、物料与信息的装置。仪器指科学技术工作中，用于检查、测量、分析、计算、发信号的器具(工具)或者设备。在广义上，仪器泛指科学技术工作中所使用的各种器具，如物理仪器、化学仪器、演示仪器、绘图仪器等。[③] 用于鉴定的设备主要为各种专业设备，即专门针对某一种或者某一类事项，实现一项或者几项专门功能的设备，如用于法医鉴定的解剖设备、用于微量物质分析的理化设备、用于电子数据分析的电子设备等。

---

① 参见夏征农、陈至立主编：《辞海》(第六版彩图本)，上海：上海辞书出版社 2009 年版，第四册，第 2934 页；第二册，第 1234 页。

② 参见夏征农、陈至立主编：《辞海》(第六版彩图本，第二册)，上海：上海辞书出版社 2009 年版，第 1032-1033、1234 页。

③ 参见夏征农、陈至立主编：《辞海》(第六版彩图本)，上海：上海辞书出版社 2009 年版，第三册，第 1988-1989 页；第二册，第 998 页；第四册，第 2701 页。

3. 鉴定程序

通常的鉴定程序一般包括：鉴定的委托或者指定；鉴定的受理；鉴定的具体实施；补充鉴定或者重新鉴定；出具鉴定意见书；在听证会或者法庭及其类似场合口头陈述鉴定意见并接受质询等环节。作为行政执法主体，自身需要完成的工作主要是委托或者指定鉴定机构及其鉴定人。

根据相关的鉴定程序规则，行政执法主体委托实施鉴定，应当注意下列事项：

（1）确有必要实施鉴定

任何委托鉴定的事项都必须同时具备目的必要和事项必要这两个必要前提。如果所涉事项属于专门性问题，影响着案件实体法事实、证据法事实或者程序法事实的认定或者查明，那么，就应当且必须实施鉴定。反之，不属于专门性问题，或者虽属于专门性问题，但没有必要查清、已经查清、不存在争议，则无须再实施鉴定。

（2）鉴定机构和鉴定人必须具有法定的、相应的资格和条件

鉴定机构必须是合法成立的，具有法定鉴定资质或者类似行政许可的组织。鉴定人必须具有相应的专家身份，获得鉴定人资质或者类似行政许可。有学者指出，鉴定的任务是解答案件中的专门问题。案件中的专门问题涉及众多学科领域。所以，鉴定的主体必须是在相关学科领域内具有鉴定资格的专业人员。这包括两层含义：其一，其必须是在某个科学技术领域内具有专门知识、能够解答案件中专门问题的人；其二，其必须是具有相关领域鉴定资格的人，要么是官方鉴定机构中的专业人员，要么是经司法行政部门批准建立的非官方鉴定机构中的专业人员。① 在我国现行的鉴定体制下，鉴定机构和鉴定人包括司法鉴定机构和鉴定人；非司法鉴定机构和鉴定人。它们都可以依法接受行政执法主体的委托，实施资质范围内的鉴定工作。

---

① 参见何家弘、刘品新著：《证据法学》，北京：法律出版社2019年版，第190页。

(3) 提出明确且清晰的鉴定目的和要求，但不得强迫或者暗示鉴定人应当作出什么鉴定意见

行政执法机关在委托鉴定时应当提出明确且清晰的鉴定目的和要求。鉴定目的和要求一方面说明了鉴定的必要性；另一方面也为鉴定机构审查判断是否受理、能否受理提供依据。《司法鉴定程序通则》第 14 条第 1 款就指出，司法鉴定机构应当对委托鉴定事项、鉴定材料等进行审查。对属于本机构司法鉴定业务范围，鉴定用途合法，提供的鉴定材料能够满足鉴定需要的，应当受理。需要特别注意，行政执法机关在提出鉴定目的和要求时，不得强迫或者暗示鉴定机构、鉴定人出具指定的或者特殊的鉴定意见。

(4) 最大程度地提供检材、样本和关联资料

《司法鉴定程序通则》第 12 条要求，委托人委托鉴定的，应当向司法鉴定机构提供真实、完整、充分的鉴定材料，并对鉴定材料的真实性、合法性负责。司法鉴定机构应当核对并记录鉴定材料的名称、种类、数量、性状、保存状况、收到时间等。鉴定材料包括生物检材和非生物检材、比对样本材料以及其他与鉴定事项有关的鉴定资料。

检材、样本、关联资料是构成鉴定材料的三大板块。检材是在案件中实际出现的、为行政执法机关所收集的证据材料，如书证、物证、视听资料、电子数据等。样本是在案件处理时，为了实施比对而加以提取或者收集的材料。因为样本的一般目的是供比对使用，所以也称其为比对样本。关联资料是检材和样本之外的、有助于鉴定的相关资料，如病历、报警记录、现场勘查视频等。检材和样本是鉴定的物质基础。所以行政执法机关在委托鉴定或者指定鉴定时都必须最大限度地提供检材和样本，且需要确保其真实、完整、充分。相应地，鉴定机构在决定能否受理、是否受理前，也需要对检材和样本进行审核。

(5) 支付鉴定费用

行政执法机关在委托鉴定时应当向鉴定机构交纳费用。鉴定机构无论是社会化的，还是内设的，往往都是收费的，提供的是有偿服务。

（6）签订委托书或者鉴定协议，载明委托人、委托事项、提供的材料、鉴定要求等

行政执法机关委托鉴定应当与鉴定机构签订书面协议或者委托书，绝对不可口头委托。《司法鉴定程序通则》第 16 条要求，司法鉴定机构决定受理鉴定委托的，应当与委托人签订司法鉴定委托书。司法鉴定委托书应当载明委托人名称、司法鉴定机构名称、委托鉴定事项、是否属于重新鉴定、鉴定用途、与鉴定有关的基本案情、鉴定材料的提供和退还、鉴定风险，以及双方商定的鉴定时限、鉴定费用及收取方式、双方权利义务等其他需要载明的事项

（7）协助鉴定人行使权利

鉴定人在实施鉴定的过程中，有些权利的行使需要委托人协助。例如，《司法鉴定程序通则》第 24 条规定，司法鉴定人有权了解进行鉴定所需要的案件材料，可以查阅、复制相关资料，必要时可以询问案件当事人、证人。经委托人同意，司法鉴定机构可以派员到现场提取鉴定材料。现场提取鉴定材料应当由不少于二名司法鉴定机构的工作人员进行，其中至少一名应为该鉴定事项的司法鉴定人。现场提取鉴定材料时，应当有委托人指派或者委托的人员在场见证并在提取记录上签名。这表明鉴定人有案件知情权、资料查阅复制权、询问当事人和证人权、现场提取鉴定材料权，这些权利的行使都离不开委托人的协助。

4. 鉴定意见

鉴定人完成鉴定后，应当写出书面鉴定意见，并且签名。鉴定意见是鉴定活动的结果，也是法定证据形态。发挥证据作用的是鉴定意见。《海事行政执法证据管理规定》第 29 条规定，鉴定意见是指鉴定人根据委托，运用专业知识、技能和设备，对案件中需要解决的专门性问题进行分析、判断后作出的结论性意见。

书面鉴定意见应当包括下列基本内容：

（1）委托或者指派或者申请鉴定的单位或个人；

（2）委托或者指派或者申请鉴定的时间及内容；

（3）明确的结论性意见；

（4）鉴定时提交的相关材料，包括检材、样本和辅助资料；

（5）鉴定的依据和使用的科学技术手段；

（6）鉴定的具体实施过程；

（7）鉴定机构和鉴定人员的资格证明；

（8）鉴定机构印章、发文时间及鉴定人员签名；

（9）其他必要的项目。

本章典型案例

13-1：云上办案，远程取证，非接触性调查

某年2月23日下午，当事人卢某违法违规倾倒装修垃圾被正在巡查的执法人员当场查获。执法人员当场打开当地司法厅和行政执法局共建的行政执法证据共享应用系统，将违法现场照片和卢某身份证上传。系统立即生成电子取证单。当事人通过屏幕和指纹收集器进行电子签名并按捺指纹。24日上午，当地综合行政执法局又利用该行政执法证据共享应用系统，由两名执法人员通过远程取证系统与远在外地的当事人卢某在网络视频中“面对面”地谈话并制作调查询问笔录，该平台也同时将录音录像实时导入。谈话结束后，系统随即生成电子笔录。当事人通过电子屏幕阅读并进行电子签名。

本案是利用网络系统和数字执法平台进行的云上办案、远程取证、同步留证，属于非接触性取证的调查方法，生成的证据类型是电子数据。通过数据平台，利用非接触性取证手段，既减少了当事人的来回奔波，也避免了相互接触可能产生的冲突。电子数据的记录、储存、展示、确认，提高了行政执法调查取证的效率，还可以保障证据链条的完整，避免可能出现的人为干扰。

13-2：数字城管“隔空喊话”，在线取证、在线执法，生成音像电子数据和程序证据

某日，一女孩正在某市某街道的路边电箱上张贴小广告，突然旁边视频监控摄像头立杆上的喇叭里传出风趣幽默的喊话声：“那位戴口罩的小姐姐，乱贴小广告可不好哦，你问过电箱的意见了吗？请将刚贴的小广告撕下来，贴在往东 50 米的便民张贴栏，乱贴广告不可取，清理干净人人夸！”在听到隔空传送的喊话后，该女孩赶紧把刚才张贴的小广告给撕掉了。

类似这种数字化智慧城管平台“隔空喊话”的非现场执法在全国各地日益增多。各地城管综合执法部门在公园、广场、主次干道、沿街商铺等商业密集、人流量大的重点监控路段，设置若干个可 360 度旋转、抓拍、录像的高清摄像头，实现全天候监控覆盖，每天开展不定时视频巡查，在线取证、在线生成音像电子数据。同时，每个户外监控摄像头立杆上均加装几个音柱，通过数字城管平台系统的远程喊话设备以同步语音进行“隔空喊话”非现场随时执法。一旦发现有破坏市容市貌的不文明行为，将立即喊话制止；喊话后仍不整改的，将及时以问题案卷的形式派遣至路面巡查的城管执法人员，城管执法人员将第一时间前往现场进行劝导。

这种“视频监控+语音劝导”的智能管理数字系统，对于查处无证经营流动摊贩、店外经营、违规停放车辆等有碍市容市貌的违法行为，具有在线取证、在线执法，同步生成音像电子数据和程序证据的优势，线上监控与喊话，与线下现场执法相结合，提高了城管综合执法的效率，减少了执法冲突和纠纷。

13-3：痕迹鉴定还原交通事故过程，助力责任认定

某日 21 时 10 分许，某省某市某县某国道 2805 千米+910 米处，发生一起无号牌普通摩托车越线碰撞重型货车的较大道路交通事故，造成三人死亡，两车不同程度损坏。该省某司法鉴定所接受该市联合调查组的委托，对案发现场痕迹进行鉴定分析。

现场路面可见无号牌二轮摩托车刮痕，某重型自卸货车制动痕，现场留有车体碎片散落物；无号牌二轮摩托车车头损坏，电池损坏，车尾损坏；某重型自卸货车左侧车头、大灯损坏，车头大灯部位有血迹。鉴定结果为：碰撞痕迹比对检验鉴定方面，符合某重型自卸货车左前部与无号牌普通二轮摩托车前部发生迎面接触碰撞。路面痕迹形成分析鉴定方面，事故路面的轮印为某重型自卸货车第三、四轴轮胎在制动减速过程中与路面刮擦形成，某重型自卸货车与无号牌普通二轮摩托车停定位置间的路面擦划痕为摩托车右倒地向前滑行过程中与路面刮擦形成。两车的碰撞成因检验鉴定方面，符合事发前，某重型自卸货车沿某国道东往西车道由东往西方向行驶，无号牌普通二轮摩托车沿该国道西往东车道由西往东方向行驶，当两车行驶近至会车时，无号牌普通二轮摩托车越过对向车道由西往东方向行驶，随后某重型自卸货车左前部与无号牌普通二轮摩托车前部于东往西方向车道上发生接触碰撞。

本案中，某司法鉴定所的现场痕迹鉴定意见，给联合调查组认定该起交通事故的责任提供了科学证据。

本章复习思考题

1. 简述非接触性取证的概念和功能。
2. 简述生成电子数据的技术和设备体系。
3. 简述收取视听资料和电子数据的基本规则。
4. 简述行政执法程序中的鉴定必要性。

第十四章　行政执法证据分析

本章概要

在行政执法程序中，事实认定是指通过证据分析（证据评价或者证据审查判断）得出案件事实结论的过程。证据分析是对于调查收集到的证据，围绕证据属性的三项组成，即合法性、客观性、关联性进行审查，进而判断其有无证据资格、证明价值的大小强弱，最终确定待处理案件或者事件的基本事实。证据分析应当遵循全面、客观、公正、说理、听取意见和自由心证等原则。对单一证据的分析内容包括三个层面：第一层次，证据资格的有无和证明力的大小强弱；第二层次，证据的合法性、真实性和关联性；第三层次，影响证据合法性、真实性和关联性的各种行为、环节和状态。对全案证据的分析内容包括完整性和充分性。证据分析的方法包括文义分析、逻辑分析（含经验分析）和科学分析。

一、行政执法事实认定与证据分析

1. 行政执法事实认定

“案件事实认定，是指依照法律的规定有事实认定权的主体，在案件事实证明的基础上对案件事实进行依法确定的程序性活动。”① 离开案件事实的证

① 郭华著：《案件事实认定方法》，北京：中国人民公安大学出版社2009年版，第48页。

明或者查明，事实认定往往是无源之水、无本之木。同理，行政执法程序中查明案件事实的活动就是事实认定（fact-finding）。因为查明事实常常需要借助于证据，所以，事实认定也指通过证据分析、证据评价、证据审查判断得出案件事实结论的过程。行政执法实务部门的人员也因此称其为证据认定。

事实认定的路径或者方法，从证据的角度来看，就是证据方法和非证据方法。所谓证据方法，就是运用证据来确认案件事实的方法，通过对证据所留存的过去案件事实的信息的分析，来复制、重现案件事实。这种方法从证明责任主体的角度而言，亦称证据证明法。所谓非证据方法，也称直接确认法或者免证方法，它是指对案件事实的确认无须借助于证据或者较少借助于证据，而是在一定的条件下，凭借行政执法主体或者司法人员的经验常识、逻辑推理等直接得出事实结论。一方面非证据方法占比不大，另一方面也不存在绝对的、无凭无据的“非证据”方法，所以在事实认定上，证据方法被称为案件事实认定的主要方法，而非证据方法则为辅助方法。运用证据认定案件事实是：运用直接证据是直接确认案件事实；运用间接证据则是推论出案件事实。①

2. 行政执法证据分析的概念

证据分析，亦称证据评判、评证、证据评价、审查判断证据或者证据审查判断、查证、审查评断、证据审查、证据审查认定、证据复核、认证，如《黑龙江省行政执法程序规定》第 22 条第 1 款使用“查证”表述；也有使用“审查”“判断”表述的，如《交通运输行政执法程序规定》第 32 条、第 46 条；还有使用“审查”“核实”表述的，如《公安机关办理行政案件程序规定》第 49 条；还有使用更为简洁的“审核”一词表示证据分析的，如原《价格行政处罚证据规定》第 33 条。

行政执法证据分析（evidence analysis），就是在行政执法程序中，对于调

① 详见何家弘、刘品新著：《证据法学》，北京：法律出版社 2019 年版，第 272-277 页；郭华著：《案件事实认定方法》，北京：中国人民公安大学出版社 2009 年版，第 201-330 页。

查收集到的证据，围绕证据属性的三项组成，即合法性、客观性、关联性进行审查，进而来判断其有无证据资格、证明价值的大小强弱，最终确定待处理案件或者事件的基本事实。简单地讲，证据分析就是对证据属性的分解与剖析，也就是《行政处罚法》第 46 条第 2 款所谓的“查证属实”活动。具体而言，证据分析是确定单个证据有无证据资格，以及单个或者全案证据证明力大小强弱的一项专门活动。该专门活动紧扣证据生成、收集与运用的相关行为、环节和状态，围绕单一证据的合法性、客观性、关联性，以及全案证据的完整性、充分性而开展。

3. 行政执法证据分析的功能

《行政处罚法》第 46 条第 2 款强调证据必须经查证属实，方可作为认定案件事实的根据。这一表述蕴含着证据分析的功能所在。只有经过证据分析并确认证据真正具备合法性、客观性、关联性，才可以把这种证据作为定案的根据。证据作为定案根据之前，必须经过证据分析。所谓必须者，绝对不可少也。

（1）证据分析是行政执法程序中查明案件事实的必要手段和必经阶段

证据分析是行政执法过程中的关键环节，也是行政执法证据制度的基础和核心部分。通过证据分析，可以鉴别证据的真伪，去伪存真，以保证采用的证据具有客观真实性；可以确定证据的相关性及其证明力大小，排除无关的证据材料，发挥与行政执法有关证据应有的证明作用。只有通过对行政执法证据的分析，才能运用证据对行政执法事实作出正确认定，才能确保证据的确实充分，使行政执法最终作出的具体行政行为建立在可靠的事实基础之上，为正确适用法律奠定坚实基础，从而完成行政执法的任务。①

（2）证据分析是行政执法监督的重要途径和重要环节

执法主体外部的行政执法监督检查内容包括执法主体的证据收集与证据

---

① 参见交通运输部政策法规司组织编写：《交通运输行政执法证据收集与运用》，北京：人民交通出版社 2012 年版，第 147-148 页。

分析。例如，2020年8月5日，水利部印发《水行政执法监督检查办法（试行）》，对地方水行政主管部门、负有行使水行政执法职责的机构履行法定执法职责情况依法开展执法监督检查作出了细致的制度安排。水行政执法监督检查内容，包括行政检查开展情况、对违反水法规的行为依法实施行政处罚和行政强制情况、执法队伍建设和管理情况等。重点检查是否存在执法不作为、乱作为等问题。水行政执法监督检查通过“查、认、改、罚”等环节开展工作。该文件所附《水行政执法监督检查发现问题严重程度分类表》把实施水行政处罚未全面公正客观调查、收集有关证据，主要证据不足，认定事实不清的；调查结束后，未就案件事实、证据，处罚依据和处罚金额等提出书面报告的等作为执法中存在的问题。据此，执法主体未依法分析证据是错误的。当然，执法监督主体认定执法机关存在问题或者违法犯罪，同样也是依靠证据及证据分析的。

（3）证据分析有利于保障行政执法相对人的合法权益

毫无疑问，授益性行政执法行为中，证据分析有利于确认并保障相对人的合法权益，如《行政许可法》第2条指出，行政许可是指行政机关根据公民、法人或者其他组织的申请，经依法审查，准予其从事特定活动的行为。行政许可机关依法审查什么？表面看是审查公民、法人或者其他组织的申请是否符合法定的许可条件或者标准。其实就是审查申请人提交的证实自己符合法定条件或者标准的证据材料。这种对申请人所提交证明材料的审查，显然是证据分析。行政许可程序中的听证，更是一种完备的证据提交、证据质证和证据认证活动，其中的证据分析是贯穿始终的。在负担性行政执法行为中，证据分析同样是保障相对人合法权益的重要方式，例如《行政强制法》第23条规定，行政机关不得查封、扣押与违法行为无关的场所、设施或者财物；不得查封、扣押公民个人及其所扶养家属的生活必需品。据此，认定相关场所、设施或者财物与违法行为无关，确认属于生活必需品，都有利于相对人。同理，这种认定或者确认，也是离不开证据和证据分析的。

二、行政执法证据分析的原则

行政执法证据分析的原则，就是进行证据分析时必须坚守的一些基本要求。这些基本要求保障着证据分析工作的合法性及有效性。

1. 全面分析原则

原《价格行政处罚证据规定》第 34 条仅仅要求政府价格主管部门应当对证据进行全面审查，确定证据与案件事实之间的证明关系，准确认定案件事实。此条文中没有提及客观与公正，并不意味着客观与公正不重要，而是全面原则可以涵盖。

行政执法证据分析的全面原则，具体包括如下要求：（1）证据提出（提交）主体与证据来源的全面；（2）法定证据种类上的全面；（3）证据分类上的全面；（4）证据数量上的全面；（5）证据属性上的全面；（6）证据功能上的全面；（7）证据运用过程的全面。

2. 客观分析原则

证据分析的客观原则要求行政执法相关人员在分析证据时，按照证据的本来面目去考察，不加个人主观偏见。[①] 有学者指出，“环境行政执法证据的审查判断是环境行政执法人员的一种思维活动”。[②] 既然是主观思维，是人的认识活动和精神活动，那么就会产生主观主义的风险，诸如偏见、错误，甚至主观擅断。为了防止出现证据分析时出现各种主观风险，必须坚持客观分析的原则。

---

① 中国社会科学院语言研究所词典编辑室编：《现代汉语词典》（第七版），北京：商务印书馆 2016 年版，第 741 页。

② 曹晓凡著：《环境行政执法证据的收集与运用》，北京：中国民主法制出版社 2015 年版，第 82 页。

3. 公正分析原则

公正的字面含义就是指公平正直，处理事情合情合理，没有偏私、没有偏袒。[①] 行政执法程序中之所以应当公正分析证据，是因为一方面，证据分析兹事体大，事关案件事实认定以及相应的法律适用；另一方面，证据分析是执法人员的主观思维活动，具体人员的素质和修养至为重要。

4. 分析说理原则

《行政处罚法》第 5 条第 1 款要求行政处罚应当遵循公开原则；《行政许可法》第 5 条第 1 款也要求设定和实施行政许可，应当遵循公开原则。所谓公开，与“秘密”相对而称，就是指不加隐蔽，坦然面对大家，使得人人皆知的意思。[②] 行政执法程序中的公开，包括事由或者案由的公开、法定条件和程序的公开、电子技术监控设备设置地点的公开、证据资料和事实认定的公开、听证公开、法律依据的公开、认定或者决定的理由公开、结果及文书的公开、救济渠道的公开。证据分析时的说理，是在证据审查判断及相应的事实认定上的公开原则的显著体现。说理就是一种公开方式，“心证公开”，是将证据分析、研判、鉴别的各种观点及其理由告知当事人、利害关系人、其他审核人员，以及社会大众。分析说理是围绕证据属性是否具备来开展的，首先需要明确证据属性的有无及大小强弱；其次就要对这种分析时提出的观点进行必要的论证与反驳，交代肯定或者否定的理由。

5. 听取当事人意见原则

当事人和其他参与人有权对案件证据发表意见。行政执法人员，尤其是

---

① 中国社会科学院语言研究所词典编辑室编：《现代汉语词典》（第七版），北京：商务印书馆 2016 年版，第 452、453 页。

② 中国社会科学院语言研究所词典编辑室编：《现代汉语词典》（第七版），北京：商务印书馆 2016 年版，第 451、899 页。

证据分析人员应当认真听取、合理采纳。《江苏省行政程序规定》第 58 条指出，作为行政执法决定依据的证据应当查证属实。当事人有权对作为定案依据的证据发表意见，提出异议。行政执法机关及其证据分析人员可以听取相对人的口头意见或者书面意见，也可以听取本人意见或者听取代理人的意见。

6. 自由心证原则

《环境行政处罚证据指南》第 5. 1. 2 条要求，案件审查人员应当依据法律、法规和规章规定，运用专门知识、逻辑推理和工作经验，对取得的所有证据进行全面、客观和公正的分析判断，确定证据材料与待证事实间的证明关系，排除不具有关联性的证据材料，准确认定案件事实。这一规定，体现了证据分析时的自由心证原则。

自由心证原则要求：对于证据的分析、评价、判断，法律不作预先的规定，悉由证据审核人员自由判断，自主形成内心确信，即不受干扰地，基于经验、理性和良心，在自己的内心生成确信的证据分析结论与事实认定结果。现代自由心证是在传统自由心证的基础上，增设了防止其弊端的内在限制与外部制约：[①] 自由心证的内在限制要求行政执法人员分析证据、认定事实时，不得违背经验法则和论理法则。自由心证的外部制约是指证据分析人员主观因素之外的制度设计，包括但不限于：构建科学规范的行政执法程序；实行案件集体讨论制度、法制审核制度和听证制度；强化公开原则；推行行政执法文书说理制度和告知制度；规定必要且适度的证据评价法则。

三、行政执法证据分析的内容

综合行政执法证据法规范文件的相关规定，如《海事行政执法证据管理规定》第 35 条、《交通运输行政执法程序规定》第 46 条、《证券期货违法行为行政处罚办法》第 18 条，对单一证据的分析内容应当包括三个层面：第一

① 参见卞建林主编：《证据法学》，北京：高等教育出版社 2020 年版，第 69-71 页。

层次，证据资格的有无和证明力的大小强弱；第二层次，证据的合法性、真实性和关联性；第三层次，影响证据合法性、真实性和关联性的各种行为、环节和状态。对全案证据的分析内容包括完整性和充分性。

1. 证据资格和证明力的分析

通俗地说，证据分析就是检查、核对证据并对其证据能力和证明力作出肯定或者否定的判断。[①] 确实如此，行政执法证据分析的首要目标，就是解决已经收集到的证据有无证据资格，能不能用；证明力大小强弱，有多大用。必须强调一点，证据能力和证明力是分先后或者说是分层的，“在现代证据法理论中，对证据材料的审查判断一般都遵循分层的思维，即首先审查该证据材料是否可以作为证据使用，然后再审查该证据与案件事实之间的证明关系”。[②]

（1）证据资格的有无。只有针对单一证据，才有证据资格分析的必要。证据资格的分析，是一种有无判断，非此即彼，不存在大小强弱的模糊空间。本着最大程度允许证据进入执法程序的原则，对于证据资格一般都是从反面限制的角度加以规定，凡没有被限制的事实或者材料，都当然具备证据资格。或者，正面原则性规定允许的几项要素或者条件；反面具体列举不允许的若干情形。例如原《价格行政处罚证据规定》第 33 条对收集的单个证据材料提出了真实性、合法性和关联性的审核要求，属于正面规定，比较抽象、原则。但是，第 39 条却较为详细地指出，下列证据材料不能作为认定案件事实的依据：严重违反法定程序收集的材料；以偷拍、偷录、窃听等手段获取的侵害他人合法权益的材料；以利诱、欺诈、胁迫、暴力等不正当手段获取的材料；经技术处理而无法辨明真伪的材料；不具备真实性、合法性和关联性的其他材料。

对于证据资格的具体分析路径，有学者指出，对证据能力的认证属于形

---

① 戴泽军著：《审查判断证据》，北京：中国人民公安大学出版社 2010 年版，第 11 页。

② 卞建林主编：《证据法学》，北京：高等教育出版社 2020 年版，第 193 页。

式要件的认定，涉及证据合法性。判断某项事物是否具有证据能力，主要是从法律角度进行判断，根据法律的规定，判断是否具有适合性，即主要是考虑证据的合法性。不过，该论者也指出，关联性（又称相关性），也是证据能力判断的一项标准，这是因为某一证据材料要成为认定待证事实的证据，该证据材料必须与待证事实有关联，否则便没有证据资格。[①] 据此，该论者是把合法性、关联性作为分析证据资格的基本要素和标准的。也有学者指出，一个具有证据能力的证据，必须具备客观性、关联性和合法性三个标准。[②] 这就把证据资格分析的路径落实在客观性、关联性和合法性三项属性上了。基于证据关联性、客观性也影响着证据证明力的判断，所以需要细分什么样的关联性、什么样的客观性决定着单一证据的证据资格。相应地，也有细分什么样的关联性、什么样的客观性决定着证据的证明力。影响证据资格的关联性是形式关联，影响证据资格的客观性是形式客观。有学者指出，在传统的三属性概念体系中，客观性既包括证据能力的范畴（证据具有一种客观的形式），也包括证明力的范畴（证据本身的真实性程度）；关联性也是如此，既包括证据能力的范畴（证据是否具有一定的证明性），也包括证明力的范畴（考察证据与案件事实之间具有多强的关联程度）。[③]

（2）证明力的大小强弱。“对证据能力的审查评断主要是针对单个证据而言的，对证明力的审查评断则不仅针对单个证据，而且要针对一组证据乃至全案证据。”[④] 证明力分析主要是概率判断，强调证明力的大小强弱。具备证据资格的证据，或多或少都有一定的证明力。绝对没有证明力的证据是极为罕见的。所以，通常分析证据的证明力不考虑有无问题，而是考量其证明力大小强弱。证明力是证据在“复制出”或者“恢复出”过去案件事实上所具

---

① 详见李红枫著：《行政处罚证据原理研究》，北京：中国政法大学出版社 2013 年版，第 205-212 页。

② 详见戴泽军著：《审查判断证据》，北京：中国人民公安大学出版社 2010 年版，第 28-30 页；何家弘、刘品新著：《证据法学》，北京：法律出版社 2019 年版，第 116-122 页。

③ 参见卞建林主编：《证据法学》，北京：高等教育出版社 2020 年版，第 194 页。

④ 何家弘、刘品新著：《证据法学》，北京：法律出版社 2019 年版，第 411 页。

有的功效。证据证明力的大小强弱，取决于它在多大程度上留存着过去案件事实的信息，留存的是不是案件中的信息，这些信息是否真实可靠。如果说证据资格分析是针对证据信息的物品载体（物）或者活体载体（人）来研判其是否为信息的信宿（信息归宿），进而确定其是否具有证据资格，那么，证明力分析则是直接针对信息载体中的信息而开展的研判活动，是分析信息自身是否真实可靠，信源（信息源泉）和信道（传送信息通道）是否真实、清晰、完整。①

对于证据证明力的分析路径，有学者提出，证明力涉及客观性标准和关联性，也涉及合法性。证据具有客观性并与案件待证事实具有关联性，它就具有一定的证明力。一个证据具有证明力，是由于它具备客观性和关联性，进而正确反映案件事实。如果没有合法性，证据的客观性和关联性就失去了法律保障，离开法律的规定去审查判断证据，都不能得出证据是否具有证明力及其证明力的大小的结论。所以证明力判断涉及合法性。② 这是把证明力分析路径与证据客观性、关联性、合法性相结合的学术主张。也有学者主张证据证明力分析只涉及客观性和关联性，认为在我国证据法中，证据的证明力取决于证据同案件事实的客观、内在联系及其联系的紧密程度。在行政处罚程序中，对证据材料证明力的认定，实际上是对证据材料本身是否具有客观性、与行政违法事实是否具有关联性的确认。③ 这是证据证明力分析的两项指标说，强调通过客观性、关联性的考量来分析证明力。具体而言，是内容客观性和实质关联性决定着证据的证明力。

2. 合法性、客观性和关联性的分析

证据的合法性、客观性和关联性是在行政执法程序中进行证据分析的第

---

① 参见何家弘、刘品新著：《证据法学》，北京：法律出版社 2019 年版，第 47-49 页。

② 详见戴泽军著：《审查判断证据》，北京：中国人民公安大学出版社 2010 年版，第 30-31 页。

③ 详见李红枫著：《行政处罚证据原理研究》，北京：中国政法大学出版社 2013 年版，第 205-210 页。

二层要素，也是承上启下的核心指标。证据“三性”的分析路径是：通过考察证据生成、提交、收集、流转运用时的相关行为、环节与状态来认定其合法性、客观性和关联性。例如，原《文化市场行政处罚案件证据规则（试行）》第27条就要求执法部门应当对证据的客观性、关联性及合法性进行审查，并重点审查以下方面：证据的来源是否可靠，证据的形式和内容是否存在影响真实性的瑕疵；证据与拟证明的事实之间是否存在法律上的客观联系；证据之间是否能相互印证、支持和说明；证据之间、证据与拟证明事实之间、证据与情理之间是否存在不能解释、无法解决的矛盾；取证的方式和取证过程是否符合法律法规的规定。这些都是足以影响证据“三性”的行为、环节和状态。类似这种具体分析要素的明确规定，在行政执法证据法规范文件中还是比较多见的。

（1）证据合法性分析要点

“就证据本身而言，因为是证明案件的事实，就无所谓合法性的问题，只有真实性的问题。合法性是对行政执法人员来说的，是指行政执法人员在收集证据时是否依照法律的要求和法律规定的形式进行收集和固定，是否具备法律手续与符合法律程序。”① 如何分析证据的合法性？《环境行政处罚证据指南》第5.2.3条指出，证据的合法性审查主要认定证据是否符合法定形式、是否按照法律要求和法定程序取得，重点从下列方面判断：执法人员资格和数量；执法程序；收集证据的时间、方式和手段；证据形式；是否存在影响证据效力的因素。

（2）证据真实性分析要点

《交通运输行政执法程序规定》第48条要求审查证据的真实性，应当审查下列事项：证据形成的原因；发现证据时的客观环境；证据是否为原件、原物，复制件、复制品与原件、原物是否相符；提供证据的人或者证人与当事人是否具有利害关系；影响证据真实性的其他因素。该条还强调，单个证

① 华晨泓、刘玉江等编著：《行政执法证据的收集与运用》，南京：江苏科学技术出版社2007年版，第113页。

据的部分内容不真实的，不真实部分不得采信。毫无疑问，这些要素列举，侧重于证据的内容真实。凡内容真实的证据，首先是客观存在、真正成立的。没有客观的形式，真实的内容何以依附呢？所以，举重以明轻，侧重规定内容真实的分析因素。当然，在行政执法证据分析的实务中，也不能忽视研判证据是否客观存在、真正成立。只有在此形式客观已经具备的基础上，分析研判内容真实才有可能，才有意义。

（3）证据关联性分析要点

《海事行政执法证据管理规定》第 38 条要求，审查证据的关联性，应当审查下列事项：证据证明的对象是否与案件程序性事实或实体性事实有本质的内在联系，以及关联程度的大小；证据所证明的事实对案件主要情节和案件性质的影响程度大小；证据之间是否相互印证，形成证据链；所形成的证据链能否印证案件的法律事实。

3. 完整性和充分性的分析

证据的完整性和充分性，主要是全案证据分析时的考量因素，亦可用于分析一组证据。《海事行政执法证据管理规定》第 35 条强调，审查证据时，应当审查证据的合法性、真实性、关联性，审核证据的完整性、协调性、充分性，并判断证据有无证明力以及证明力的大小。这是为数不多的突出完整性和充分性的条文，对证据“三性”要求审查，对完整性和充分性要求审核，对证明力要求判断，其中的逻辑思路值得关注。

（1）证据的完整性

证据的完整性是指全部证据整体和谐，相互印证，彼此之间没有矛盾冲突。全案证据完整性的正向表现为：各证据信息内容彼此印证、相互佐证；反向表现则为：不存在矛盾冲突，或者矛盾冲突能够得到合理解释与排除。《海事行政执法证据管理规定》第 35 条所提及的协调性比较形象地说明了全案证据之间没有矛盾和相互印证的状况。

（2）证据的充分性

证据的充分性是指全部证据所留存的案件信息足以将过去发生的案件事实揭示出来。证据充分性的正向表现为：各证据信息内容推得出案件待证事实；反向表现为：所有合理怀疑（得不出事实结论的疑问）能够被合理排除。因此，全案证据具备充分性，其实就是案件证明或者查明标准的达到。所以，《医疗保障行政处罚程序暂行规定》第 38 条第 3 项则直接规定法制审核的主要内容之一是案件事实是否清楚、证据是否充分。事实清楚、证据充分是行政执法查明案件事实的基本标准，是一体两面的表达。事实清楚靠的是证据充分；证据充分，则案件事实必然清楚，否则不能称之为证据充分。

证据充分的具体分析研判，文字表述一般使用“足以”一词，全案证据足以将过去发生的案件事实原原本本地“恢复”出来，就达到了证据充分。例如，《环境行政处罚证据指南》第 5. 2. 5 条把证据是否充分、证据是否足以认定案件事实，并列作为证据综合审查的重点判断事项。《海事行政执法证据管理规定》第 39 条则强调，证据不足以认定案件事实的，应当在作出海事行政执法决定之前进行补充调查，排除案件事实存在的其他可能性，或者对没有证据证明的部分事实不予认定。《交通运输行政执法程序规定》第 50 条指出，当事人对违法事实无异议，视听资料、电子数据足以认定案件事实的，视听资料、电子数据可以替代询问笔录、现场笔录，必要时，对视听资料、电子数据的关键内容和相应时间段等作文字说明。

四、行政执法证据分析的方法

对于单一证据而言，第一层次意义上的证据分析方法有文义分析、逻辑分析（含经验分析）和科学分析；对于全案证据（含一组证据）来说，其分析方法只能是逻辑分析（含经验分析）。

1. 文义分析

文义分析是通过对字、词、句、符号、图形图像及上下文语境的研判来探知证据中所包含的案件事实信息。文义分析方法主要适用于书证、视听资料、电子数据和各种笔录。

（1）语词分析

语词分析亦称概念分析，是对书证中的字、词含义和范围所进行的一种分析方法。从逻辑的角度讲，语词分析可以采取内涵解析法、外延划分法、合理解释法等具体方法。除非法律法规有明确解释，语词分析应当优先选择普通含义和通常范围，其次考量专业含义和专用范围。

（2）语句分析

语句分析也称判断分析或者命题分析，是指对书证中的语句含义以及段落含义所进行分析的方法。段落是由语句（句子）或者句群组成的，有的段落只有一句，称为独句段；更多的段落是由多个句子或者句群组成，称为多句段。所以，语句分析包括句子分析和段落分析。例如，某地公安机关在处理一起伤害案件时，委托法医对受害人的伤情程度进行鉴定。法医鉴定报告中的结论性意见是："建议按轻伤处理。"法医建议按轻伤处理，这是一句话，也是一项判断或者命题。问题是这一命题如何解读？听取法医的建议，按照轻伤处理，则案件性质变成了刑事伤害，受害人可以提起刑事自诉，亦可以作为公诉案件处理。不听取法医的建议，不按照轻伤处理，则案件性质就是治安案件和民事赔偿。听取与不听取都不违法，因为法医只是建议。所谓建议，只是向他人提出自己的主张和观点，并不具有当然的拘束力。[①] 法医鉴定后，作出某项建议结论或者意见，其实是不妥当的。因为法医鉴定证据的有效性之一就是结论明确。而建议按轻伤处理是一种不明确的意见，按照与不按照都可以。通过这一语句的分析，应当排除这一鉴定意见的证据资格。因为这一语句显示出鉴定意见不具有明确性。

（3）符号图形图像分析

传统书证的意思表示工具除了文字外，还有符号和图形。现代数据电文、

① 中国社会科学院语言研究所词典编辑室编：《现代汉语词典》（第七版），北京：商务印书馆2016年版，第641页。

音像视听证据，文字、图形、图像也是其表示工具和形式。对视听资料和电子数据进行证据分析时，文义分析也是一种基本的方法。此时的文义分析不能拘泥于传统文字，而应当包括符号、图形、图像等事实载体或者记录工具。例如，一段无人机跟踪拍摄的渣土车抛洒遗留固体废弃物视频，经过图像分析，辨认车牌号，道路路名，道路上渣土遗留痕迹，就可以认定一起违法遗留固体废弃物的案件事实，其中人物、时间、地点、过程、结果等事实要素都可以通过文义分析而作出准确的判断。

2. 逻辑分析

逻辑分析是适用于所有证据种类和证据分类的分析方法，也是既适用于单一证据分析，又适用于全案证据（含一组证据）分析的方法。之所以如此，是因为案件事实认定既是一个思维过程，又是一个“思想产品”。事实认定的本质，是事实认定者运用证据进行经验推论，在头脑中再现、重现或者重建过去事实的认识过程。[①] 这一认识过程、思维过程的前提基础是调查取证，核心是证据分析。无论是证据调查，还是证据分析，都离不开逻辑思维方法的运用。

（1）形式逻辑的方法

《环境行政处罚证据指南》第 5. 1. 2 条要求案件审查人员应当依据法律、法规和规章规定，运用专门知识、逻辑推理和工作经验，对取得的所有证据进行全面、客观和公正的分析判断，确定证据材料与待证事实间的证明关系，排除不具有关联性的证据材料，准确认定案件事实。证据分析时运行的形式逻辑推理包括但不限于演绎分析、归纳分析和类比分析。演绎方法、归纳方法和类推方法被美国著名法理学家博登海默合称为分析推理。[②]

归纳法在对个别事物或者现象进行判断时，首先，需要观察、实验等考

---

① 张保生主编：《证据法学》（第二版），北京：中国政法大学出版社 2014 年版，第 40 页。

② ［美］E. 博登海默著：《法理学——法哲学及其方法》，邓正来、姬敬武译，北京：华夏出版社 1987 年版，第 471 页。

察、研究方法来感知、认识研判对象，积累经验材料。其次，对通过观察，实验等方法得到的经验材料，需要经过加工整理，才能形成科学的结论。整理经验材料的方法有比较、归类、分析与综合以及抽象与概括等。归纳法与演绎法两者互为条件、相互渗透，在证据分析时应当综合运用。作为演绎出发点的一般性知识往往是由归纳得到的，归纳为演绎准备了大前提。归纳也离不开演绎的指导，如果没有演绎的一般性原理作为指导，归纳就缺乏明确的目的。同时，演绎也为归纳提供了应当遵循的逻辑原则。归纳和演绎在一定条件下可以互相转化，相互过渡。执法人员正是在归纳与演绎的交替转化中，思维不断得到深化和发展，不断获得对证据、对案件事实的本质认识。[①]在证明方法的体系中，演绎证明法和归纳证明法都属于直接证明。[②]

（2）经验分析

《环境行政处罚证据指南》第 5. 1. 2 条要求，案件审查人员应当依据法律、法规和规章规定，运用专门知识、逻辑推理和工作经验，对取得的所有证据进行全面、客观和公正的分析判断，确定证据材料与待证事实间的证明关系，排除不具有关联性的证据材料，准确认定案件事实。在这里，逻辑推理和工作经验都是证据分析的具体方法。经验与逻辑的关系非常密切，归纳推理的个别考量及其共性积累，其实就是一个经验过程。经验的通常解释就是指由实践得来的知识或者技能。[③] 作为证据分析方法的经验，是指能够上升为经验法则的那些经验。换言之，经验分析所运用的是经验法则，是那些能够上升为具有拘束力的规则的经验。从内容上说，经验法则或者具有法则功能的经验，是人们大量生活经验的积累，是对生活经验的归纳和抽象。从形式上说，经验法则是一般人或者一定范围内的人所共有的知识，不是个别人所特有的特殊经验。从范围上说，经验法则涉及广泛、数量无限，包括自然

---

① 参见江伟主编：《证据法学》，北京：法律出版社 1999 年版，第 305 页。

② 参见何家弘、刘品新著：《证据法学》，北京：法律出版社 2019 年版，第 274-275 页。

③ 中国社会科学院语言研究所词典编辑室编：《现代汉语词典》（第七版），北京：商务印书馆 2016 年版，第 686 页。

法则、伦理法则、数学法则、社会常理、交易习惯、惯例、社会道义、专门行业法则等。从性质上说，经验法则属于为社会公众所普遍接受的确定性知识，具有一定的客观性，可以成为推理的大前提。虽然它不是法律规则，但类似于法律规则，是一种有拘束力的规律、规则、法度。从结论上说，经验法则是不完全归纳的产物，因而具有或然性。有些经验法则并不是事物间内在联系的必然反映，通常是事物间高度盖然性联系的反映，是一种按照归纳法所得出的判断和结论。这就意味着，尽管经验法则具有客观性，但以其为大前提得出的结论也可能是不正确的，甚至是错误的，并不具有绝对的真实性。①

（3）逻辑规律与证据分析

在对证据进行逻辑分析时，也需要遵循基本的逻辑规律。例如，同一律的基本内容是：在同一思维过程中，任何一个思想与其自身是同一的。同一律要求每个词项（概念）、命题（判断）在同一思维过程中必须具有确定的内容，保持思维的确定性；否则，就会犯“偷换概念”和“偷换论题”等逻辑错误。同一律的逻辑公式是：“A 是 A”或者“A 等于 A”。② 运用同一律分析证据，可以发现证据是否具有确定性，是否存在概念混淆、命题偷换或者转换等问题。例如，在一起行政执法监督检查中，执法监督检查人员发现某份《行政处罚决定书》（行政执法行为合法规范的证据之一）针对张三的违法建筑行为作出处罚。该文书的抬头（受文主体）写的是“张三”，一个自然人。但文书正文中却反复出现“你（们）”，这就违反了同一律。处罚对象是一个人，叙事和说理时却出现“你（们）”，你们是指二人以上。如此一来，违法行为人不具有同一性。尽管可能是文书格式提前印制、实际使用时有所疏忽而未划去“们”，但呈现出来的错误就是违背同一律。这一错误足以证实该行政执法机关及其工作人员工作的不规范、不严谨、不细致。

① 参见戴泽军著：《审查判断证据》，北京：中国人民公安大学出版社 2010 年版，第 69 页。

② 夏征农、陈至立主编：《辞海》（第六版彩图本，第三册），上海：上海辞书出版社 2009 年版，第 2275 页。

（4）辩证逻辑的方法

辩证逻辑（dialectical logic）是指唯物辩证法的逻辑职能和作为逻辑学的辩证法。它研究反映客观世界的辩证发展过程的人类思维的形态，亦即关于辩证思维的形式、规律和方法的科学。19 世纪 40 年代马克思主义哲学产生后，有了科学的辩证逻辑。证据分析时运用辩证逻辑的方法主要是矛盾分析、综合分析和具体分析，在这些分析实务中，始终贯穿着论点的论证与反驳。

对立统一规律，亦称“矛盾规律”“对立面的统一和斗争规律”，是自然界、社会和思维发展的普遍规律。矛盾分析法是指运用矛盾的观点观察、分析事物内部的各个方面及其运动的状况，以达到认识客观事物的方法。它是定性分析的方法。运用这一方法，必须坚持对立统一的观点，从统一中看到对立，从对立中看到统一。运用矛盾分析法应当遵循如下要求：同一性和斗争性相结合；内因和外因相结合；共性与个性、普遍性和特殊性相结合；两点论和重点论相统一。在行政执法案件中，证据矛盾也是一种常态，所以相关规范性文件要求审查分析时关注矛盾，如原《文化市场行政处罚案件证据规则（试行）》第 27 条就把证据之间、证据与拟证明事实之间、证据与情理之间是否存在不能解释、无法解决的矛盾作为重点审查的事项。对于行政执法证据而言，证人证言自身的前后矛盾、证人证言之间的矛盾、言词证据与实物证据的矛盾、本证与反证的对立、当事人提交证据与执法人员收集证据的对立等情形都有可能存在。在证据分析时，应当对矛盾着的证据予以全面、客观的分析。发现矛盾，分析矛盾产生的原因，才能进一步提出补充收集证据的意见。如果通过证据补充不能实现排除矛盾的目的，则矛盾的证据不能作为定案的根据。分析证据时，若回避矛盾，随意取舍证据，必然会犯错误。

（5）证据分析时的论证与反驳

形式逻辑的推理分析，辩证逻辑的矛盾分析等方法，其实就是一个论证与反驳的思维活动与思维过程。法律适用中的逻辑问题，就是法律逻辑问题，其核心是法律推理，而法律推理不过是法律论证的工具与技术。法律推理作为工具和技术，其功能主要是用来论证法律处理意见或者分析结论的正当性。[①] 以概念为媒介、以判断为依据的法律推理过程，就是论证与反驳的思维过程。证据分析亦是一种推理论证，无论是单一证据的分析结论，还是全案证据的分析结论，以及案件事实的认定结论，都是推理论证的论点。证据分析要么是从论据得出论点的过程（从前提得出结论），要么是以论据佐证论点的过程（树立论点后再寻找论据），这都是法律论证。

论证的方法有直接论证、间接论证；演绎论证、归纳论证等。直接论证是直接用论据确定论题的真实性的论证，即从已有的论据中，按照推理规则，直接推出论题的真实性。[②] 演绎论证与归纳论证都是直接论证。全案证据的综合分析，尤其是要素证明法，采用的就是归纳论证。例如，原《常见文化市场行政处罚案件执法取证指引（试行）》选取了10个比较常见的行政处罚案件类型，其中的“取证要点”就是案件待证事实，也就是证据所要证明的事实要素，是归纳论证需要明确的论题（结论）；“主要证据”和“辅助证据”则是归纳论证的论据。包括证据法在内的所有法律适用，总体上是个三段论演绎论证，法律法规是大前提（一般的、抽象的、普遍适用的规范命题），案件事实是小前提（具体的事实命题），结论就是处理意见或者分析结论（具体的性质判断）。但是，其中小前提的建立，常用的又是归纳推理，众多证据在分别论证出案件事实的部分要素的基础上，完整、充分地“恢复”出事实整体。

间接论证指由确定相关命题之假来确定论题之真的论证，包括反证法和选言论证。[③] 例如，在一起人身伤害的治安案件中，“被害人”谎称骨折了。办案人员通过让其做动作、持重等实验，证实其陈述为虚假。这一实验验证

---

① 参见雍琦主编：《法律适用中的逻辑》，北京：中国政法大学出版社2002年版，第8、21页。

② 夏征农、陈至立主编：《辞海》（第六版彩图本，第四册），上海：上海辞书出版社2009年版，第2939页。

③ 夏征农、陈至立主编：《辞海》（第六版彩图本，第二册），上海：上海辞书出版社2009年版，第1070页。

“被害人陈述”的方法就是反证法。其思维过程可表示如下：①

【求证】“被害人”没有骨折（命题 A）

【证明】假设“被害人”骨折了（设非 A 真）；

“被害人”真的骨折，则不能自如地活动，不能持重（非 A→B）；

实验证实，“被害人”活动自如，顺利持重（证实或者已知 B 假）；

所以，“被害人”骨折是假的（非 A 为假，根据假言推理否定式）。

【证成】所以，“被害人”没有骨折（A 为真，根据排中律）。

3. 科学分析

对案件事实和证据中的专门性问题，尤其是解读分析各类物证、对证据进行鉴真，应当采取科学鉴定及类似的分析方法。所谓科学分析，是指采用超越常识和经验的专门知识、专业技能、专用设备来分析证据的方法。狭义的科学分析方法就是指鉴定，而广义的科学分析则包括实验、检测、检验、检疫、评估、认定、认证、辨认、分解、比对等与鉴定类似的科学探知与研判活动。对证据进行科学分析的基础学科为法庭科学，包括但不限于医学、物理学、化学和生物学的知识原理与技术手段。

本章典型案例

14-1：证据的文义分析

某地某营业近三十年的老字号，在其经营场所内外及所销售的产品包装袋上，皆印有或者标识“最好”“最优”“最香”“最有特色”“最高端”等顶级词汇，作为宣传广告用语。后被当地市场监督管理局认定为违反 2021 年 4 月 29 日修正的《广告法》第 9 条第 3 项规定。依据《广告法》第 57 条第 1 项规定，责令该商店停止发布使用顶级词汇的广告，并处人民币 20 万元的罚款（后经两次行政诉讼，法院将罚款数额变更为 10 万元）。

---

① 案例及推导公式参见刘金友主编：《证据理论与实务》，北京：法律出版社 1992 年版，第 276 页。

本案中，市场监督管理部门认定当事人的违法事实，就是使用了文义分析的方法。当事人使用“最好”“最优”“最香”“最有特色”“最高端”等词汇作广告宣传，有书证（包装袋上文字、商店内外文字）证实。这些词汇与《广告法》第9条第3项所指出的“最高级”“最佳”等用语具有高度的一致性。虽然，当事人回避了《广告法》中的“国家级”“最高级”“最佳”等词汇，但是，“最好”“最优”与“最佳”的文义是一致的；“最高端”与“最高级”的文义是一致的。因此，行政执法机关认定事实并无错误。

14-2：证人证言不合常识和经验，不具有可信性

在一起交通肇事案件的查处过程中，某交警支队与目击证人制作了一份《谈话笔录》。《谈话笔录》中有下列语句：“我没有什么文化，不会开车，就在路边卖水果。”“我的水果摊离大路大概有15米。”“我看见一辆车牌号为×××××××的红色轿车呼呼地开过去，在远处撞倒了在斑马线上过路的老太。这个车子的速度至少80码。”

把这几句话整合起来分析，不得不让人怀疑这位证人证言的真实性。因为一位没有文化、不会开车、离主干道15米远的小摊贩，能够在瞬间看清并记住车牌号，并且判断出车速不少于80码。这是不符合常识和经验的，违背事理和情理。看见汽车颜色、开得很快、撞倒人，都是可能的。距离15米远，如果车速真的达到80码以上，一位路边做小生意的人，怎么可能看清牌照号码？没有开过汽车的人，凭什么判断车速不少于80码？如果只看最后一句，一般不会怀疑证言的真实性。但是，把前面两句与最后一句结合起来，证人证言的真实性就值得怀疑了。

14-3：证据不充分，结论推不出

某日，有两名村民向某县城管综合执法局举报，称某某牌照的渣土车在他们村旁边的公路边倾倒了一车建筑垃圾，要求依法查处。接报后，城管局渣土车执法中队调取了该牌照渣土车的GPS（全球定位系统，Global Positioning System）行车轨迹，发现举报群众所陈述的时间段，该渣土车确实经过了这一路段，且在举报群众所在村有停留情形。举报群众所述现场也确实有一堆建筑垃圾。鉴于该渣土车司机拒绝接受调查。城管局渣土车中队拟决定对该车司机予以行政处罚。案件提交法制审核部门时，被否定了。法制审核人员认为根据现有证据不足以认定该牌照渣土车司法实施了随意倾倒固体废弃物的违法行为。

本案法制审核人员对证据的分析是正确的，仅凭两名证人证言（目击）、现场痕迹（有垃圾）、渣土车 GPS 行车轨迹（经过该线路并停留），尚不足以推断出该司机真的在此处倾倒了垃圾。GPS 轨迹仅能反映车辆经过并停留，但是否装载了垃圾、是否在举报者所陈述地点倾倒，并不能证实。现场有垃圾，也不能必然肯定是该渣土车所卸载。目击证人证言，需要查证其客观真实性。目击证人证言虽然是直接证据，但自身也需要查证属实。现场垃圾与 GPS 轨迹并不能证实证人证言的客观性，充其量只能说明证人证言所述事实有可能性。本案需要进一步查证该渣土车出门后有无装载建筑垃圾，在何处装载，何时装载，又卸载于何处，何时卸载，村民举报地点的建筑垃圾与渣土车装卸的建筑垃圾有无同一性。

本章复习思考题

1. 简述证据分析的各项原则。
2. 简述对证据资格和证明力的分析。
3. 简述对证据合法性、关联性和客观性的分析。
4. 简述证据分析的方法。

第十五章　行政执法证据整理与提交

本章概要

证据整理是指行政执法主体在证据分析基础上对所收集或者制作生成的证据所进行的取舍、归类与编排工作。行政执法证据整理应坚持最大保留原则，可采用各种整理方法。行政执法程序中，提交证据时应遵守最佳证据规则和即时提交规则。对于妨碍证据应用的行为可以责令提出证据以及适用证明妨碍推定规则。在证据数量众多、案情复杂等情形下，行政执法程序亦可适用证据交换制度。证据整理与提交的表现形式是证据目录。编制证据目录应当全面、规范，简洁明了。

一、行政执法证据整理

原《价格行政处罚证据规定》第33条要求执法人员应当对收集的证据材料进行审核，确保证据的真实性、合法性和关联性，并及时整理和补充收集相关证据材料。

1. 行政执法证据整理的概念

整理，作为动词，是指使相关事物或者事务变得有条理、有秩序。[①] 如果

① 中国社会科学院语言研究所词典编辑室编：《现代汉语词典》（第七版），北京：商务印书馆2016年版，第1669页。

事物或者事务本来没有任何的条理或者秩序，整理则使得它们“从无到有”，变得有条理、有秩序。如果事物或者事务本来已经有一定的条理或者秩序，则整理会使得它们更加有条理或者有秩序，“从有到优”。

证据整理是指行政执法主体在证据分析基础上对所收集或者制作生成的证据所进行的取舍、归类与编排工作。从行政执法案卷的角度来看，证据整理也可以理解为：行政执法机关案件承办机构或者人员将已经收集的证据在审查、判断基础上，依据有关法律、法规和规章的规定，将证据按一定的规则组合成有机联系的卷宗以供案件审查、审核和审理的专门活动。[①] 行政执法证据经过调查取证阶段和调查取证活动，通常情形不会仅仅只有一份、一种证据。只有存在两个及两个以上的证据，便有一个秩序和条理的问题。条理和秩序，强调先后顺序、各自站位、主次功能。其实，在调查取证工作中，分析已有证据、查找潜在证据、列明需求证据，都离不开一定程度的证据整理工作。调查取证结束后，证据分析与事实认定、法制审核、听证质证、立卷归档等阶段，证据整理也存在其中。

证据整理主要包括证据取舍和证据归类与编排两项具体工作。

（1）证据取舍

证据取舍就是选取有用的证据加以保留，对于无用的证据加以舍弃。如何取舍？还得依据证据的合法性、关联性和真实性作出选择。简言之，证据舍弃就是非法证据排除、无关证据放弃、虚假证据抛弃。例如，《行政处罚法》第 46 条第 3 款指出，以非法手段取得的证据，不得作为认定案件事实的根据。既然非法证据必然会被排除，那在证据分析与证据整理时就应当主动加以摈弃。再如，《交通运输行政执法程序规定》第 33 条要求，不得收集与案件无关的材料，因此，发现无关证据也应当加以摈弃。又如，《消防救援机构办理行政案件程序规定》第 72 条第 2 项规定，被进行技术处理而无法辨明真伪的证据材料不能作为定案的根据。对此真伪难辨的证据，同样需要考虑

① 参见华晨泓、刘玉江等编著：《行政执法证据的收集与运用》，南京：江苏科学技术出版社 2007 年版，第 89 页。

予以摈弃。

证据取舍时应当坚持最大保留原则，即最大程度地留存可以使用的证据而不轻易加以摈弃。该原则的正向要求是：最大程度扩张调查取证范围；尽量收集更多的证据。这一点主要体现在调查取证阶段的证据整理。通过对已有证据的整理，进行最大范围的扩张思考，贯彻应取尽取、能取则取的精神调查收集证据。该原则的反向要求是：最小范围地排除证据；尽量保留更多的证据，尽可能在合法的前提下扩张证据的使用范围。这一点着重在证据分析阶段予以贯彻。

（2）证据归类与编排

经过证据整理时的取舍，对于留下的证据，还需要进一步予以归类与编排，使其有条理、有秩序。为了使案件待证事实（证明对象）与证据（证明手段）能够清晰、有序地对应呈现出来，就需要对证据进行归类和编排：哪些证据是用以证明违法行为事实的，哪些证据是证明行为情节轻重的，哪些证据是证明裁量情节的。证明裁量情节的证据，还可以归类为应当考量的和可以考量的；从重的和从轻、减轻、免除的；等等。经过这样的归类与编排，证据运用程序中的各类主体才能便捷高效地认知和判断证据。

2. 行政执法证据整理的意义

通常而言，凡是需要提交、运用证据就应当整理证据。凡是需要整理证据的情形或者场合，证据整理工作的意义就会存在。重点考量，证据整理的核心价值有如下三项：

（1）证据整理是调查取证工作的重要一环

原《价格行政处罚证据规定》第33条要求，执法人员应当对收集的证据材料进行审核，确保证据的真实性、合法性和关联性，并及时整理和补充收集相关证据材料。该条说明了证据整理在调查取证工作中的地位，取证—整理（含分析）—再取证，是行政执法证据调查的常见工作形态。在这一过程中，证据整理暨证据分析，起着承前启后的重要作用。

（2）证据整理是提交证据、使用证据的基础

证据是证明案件待证事实的工具或者手段，证据工具或者手段的运用需要有序编排，需要针对待证事实及其构成要素加以铺陈，证据整理是必不可少的工作基础。《公安机关办理行政案件程序规定》第 64 条要求对报案人、控告人、举报人、扭送人、投案人提供的有关证据材料、物品等加以登记，出具接受证据清单，并妥善保管。这就是审查立案时的证据整理工作。有学者指出，公安机关在受理相关的报案时，在对证据材料、物品等加以登记的同时，应当制作接受证据材料清单。接受证据材料清单一式三份，写明证据材料的编号、名称、数量、特征等，由证据提交人、办案人（接受人）签名，注明接受时间，加盖办案（受案）单位公章。一份由办案（受案）单位留存附卷，一份交给证据提交人，一份连同接受的证据交公安机关的保管人员妥善保管。[①]《中国银保监会行政处罚办法》第 43 条要求，调查人员应当制作证据目录，包括证据材料的序号、名称、证明目的、证据来源、证据形式、页码等。这是调查工作结束后、案件暨证据材料移送相关机构和领导审查分析前的证据整理工作。制作证据目录与制作接收材料清单一样，都体现着制作者的主观能动性。清单或者目录的事项，具体填写时离不开证据整理，甚至最简单的编号或者序号，即证据的先后位置安排，也需要考量案件待证事实及其具体构成要素、证据证明力的主次差异、证据之间的彼此印证程度等因素才能准确、规范确立。

（3）证据整理是行政执法工作总结归档的核心事务

《山西省行政执法条例》第 23 条规定，行政执法机关应当根据档案管理有关规定制作行政执法案卷，将办理完毕的行政执法事项的调查记录、证据、文书和审核签批等材料以及记录行政执法过程的音像资料等，编目装订、立卷归档、妥善管理。《邮政行政执法监督办法》第 16 条要求，邮政管理部门应当依法收集、整理行政处罚、行政强制、行政许可等行政执法行为的检查

① 徐伟红、高文英主编：《公安机关办理行政案件程序规定理解与适用：条文解读、案例分析、最新修改提示与执法风险提示》，北京：中国法制出版社 2020 年版，第 154 页。

记录、证据材料、执法文书并立卷、归档，按照档案管理规定实行集中统一管理。显然，总结归档工作的前置事项就是证据材料和办案文书的整理。只有整理了办案中形成的文书、收集的证据，才能形成卷宗，才可以立卷归档。立卷归档的主要工作事项就是整理、装订（立卷）；移交保管（归档）。其中立卷时对文书材料、证据材料的整理最为紧要。整理时的材料取舍和排列，都是重要事项。

3. 行政执法证据整理的方法

行政执法证据整理的方法，是指依据什么标准进行证据整理。这些整理的依归，既是取舍的标准，又是归类和编排的标准。原《文化市场行政处罚案件证据规则（试行）》第 15 条规定，在文化市场行政处罚案卷中，执法人员应当对收集的证据进行分类编号，对证据材料的来源、证明对象和内容作简要说明，注明收集日期并签名。这就提示我们，证据来源、证明对象、证据内容或者证明力等，都可以作为证据整理的标准。

（1）按照事实发展的时间顺序整理

这是一种纵向的，以证明对象为标准的证据整理方法，符合事实发展的自然历程。任何法律事实，无论是事件还是行为，都有其产生、变更、消灭，或者启动、实施、终结的历史进程。例如，《行政处罚法》第 47 条要求行政机关以文字、音像等形式，对执法活动予以全过程记录。该条文中指出的执法程序主要有启动、调查取证、审核、决定、送达、执行等步骤。证据整理也可以按照这一时间顺序来编排证据。

①当事人行为事实的时间顺序。当事人行为事实的时间顺序体现为行为的产生、持续或者变更、终止三大环节，这在事实构成要素分析方法中常常被称为行为过程。行为的产生即指行为“从无到有”地出现，如违法建筑物的砌建、聚众斗殴的召集人员准备工具等。《行政处罚法》第 36 条第 2 款规定行政处罚时效时指出，两年或者五年期限从违法行为发生之日起计算。这个发生，就是指违法行为的产生。行为的终止就是当事人行为的结束，例如

假冒名酒的制作完成、盗版图书的印制成功等。最能体现行为事实时间顺序的是行为的持续或者变更。根据《行政处罚法》第 36 条第 2 款的规定，行为的持续包括行为在时间上的连续或者继续状态。2005 年 10 月 26 日，《国务院法制办公室对湖北省人民政府法制办公室〈关于如何确认违法行为连续或继续状态的请示〉的复函》（国法函〔2005〕442 号）指出，违法行为的连续状态，是指当事人基于同一个违法故意，连续实施数个独立的行政违法行为，并触犯同一个行政处罚规定的情形。而违法行为的继续状态，则是指行为人的一个违法行为发生之后，该行为及其造成的不法状态一直处于不间断的持续状态。违法行为的连续状态在本质上是数个独立的违法行为，彼此时间上有间隔，如驾驶人连续闯多个红灯；违法行为的继续状态本质上是一个违法行为，处于不间断的持续状态，如违法建筑建成后一直持续存在。① 在最基本的语义学上，持续是指延续不断；连续是指一个接一个；继续是指连下去、延长下去、不间断。连续与继续的区别还是很明显的。② 行为的变更包括主体数量的变化、客体或者对象的变化、手段或者方式方法的变化等情形。

②行政执法办案事实的时间顺序。行政执法办案事实也有时间顺序，主要体现为立案、办案、结案三大环节。例如《公安机关办理行政案件程序规定》第七章第二节“受案”；第七章第八节“办案协作”；第十四章“案件终结”，就体现了公安机关办理行政案件的基本程序是立案、办案、结案三个步骤。以行政执法办案程序为纵向脉络，编排证据及案件卷宗，应当是比较普遍的做法。例如，《上海市城管行政处罚案卷管理规定》第 9 条第 2 项就要求案件材料整理后，一般程序案卷按照执法办案流程的时间先后顺序排列（档案管理部门另有规定的从其规定）。第 7 条规定，行政处罚一般程序案件归档材料包括：

---

① 参见江必新、夏道虎主编：《中华人民共和国行政处罚法条文解读与法律适用》，北京：中国法制出版社 2021 年版，第 124 页。

② 中国社会科学院语言研究所词典编辑室编：《现代汉语词典》（第七版），北京：商务印书馆 2016 年版，第 175、619、808 页。

第一，立案材料。包括投诉信函、投诉受理记录、案件移送函、立案审批表等。

第二，调查取证材料。包括现场检查笔录、现场照片、责令改正通知书、询问笔录、证人证言、协助调查材料、鉴定材料、身份证明等。

第三，审查决定材料。包括案件调查终结审批表、行政处罚事先（听证）告知书、陈述申辩笔录、听证笔录、重大行政处罚决定集体讨论记录、行政处罚决定书等。

第四，处罚执行材料。包括罚款收据、执行情况记录、行政决定履行催告书、强制执行决定书、结案审批表等。

当事人提起行政复议或者行政诉讼形成的文件材料，可合并入原案卷保管，或另立卷保管。

（2）按照卷宗归档要求整理

整理提交证据与生成案件卷宗具有天然的联系，甚至在相当程度上可以说两者是一回事。有学者明确指出，提供证据就是把已经收集的证据在审查判断的基础上，依据有关法律、法规和规章的规定，按照一定的规则组合成有机联系的卷宗，以供案件审理审核、行政复议、行政诉讼所使用的专门活动。[①] 这表明提交证据就是整理证据形成卷宗。与此相应，形成卷宗也就是整理证据。例如，2012 年 7 月 16 日印发的《环境行政处罚案卷评查指南》（环办〔2012〕98 号）第 2. 1 条就指出，行政处罚案卷（简称案卷）是指环保部门按照《行政处罚法》等法律、法规、规章的规定和档案管理的要求，将行政处罚实施过程中收集的证据、制作的文书等材料进行整理归档而形成的卷宗材料。所以，卷宗归档的要求完全可以作为证据整理的方法。卷宗的卷面要求完全可以作为证据编排的依据。如《环境行政处罚案卷评查指南》（环办〔2012〕98 号）附三《卷面评查评分标准》所确立的卷面评查项目就是办案的证据类型和所发文书种类，前后包括 16 项（类）材料，如调查询问笔录

---

① 参见华晨泓、刘玉江等编著：《行政执法证据的收集与运用》，南京：江苏科学技术出版社 2007 年版，第 89 页。

等。这些材料可以说全部都是认定实体事实的证据和行政执法办案程序证据。这些项目和先后顺序，都是整理编排时应当遵循的标准。

二、行政执法证据提交

行政执法程序中的证据提交，主要是内部不同部门之间为了审核审理案件、举行听证而转移证据的行为，大致包括调查取证人员向主管负责人提交、执法调查部门向案件审核审理部门提交、调查取证人员在听证会上代表行政机关向当事人提交、行政机关向上级监督机关提交、行政执法机关向公安机关提交等。在行政执法程序中提交证据，应当遵循相应的规则，针对每一种证据的证据属性完成口头或者书面的论证。

1. 行政执法证据提交的基本规则

（1）证据提交时的最佳证据规则及其例外

简单地说，提交证据时的最佳证据规则要求提出在案件事实中就存在的实物和人员，并且以最原始、最直接的方式呈现，除鉴定意见和现场勘查笔录外，通常情况下不允许提交案件结束后出现的人员和生成的各种材料，尤其是经过流转环节的证据。

①书证提交的最佳证据规则：原件优先；复制件必须依法提供。

②物证提交的最佳证据规则：原物优先；复制品、照片、录像必须依法提供。

③人证提交的最佳证据规则：当面言词陈述优先；书面陈述、转呈陈述必须依法进行。

④视听资料和电子数据提交的最佳证据规则：本体或者原始载体优先；复制件必须依法提供。

⑤鉴定意见提交的最佳证据规则：出具书面报告，并且当面言词回答质询。

上述规则并不妨碍根据实际情况采用其他变通的提交方式，如对不动产证据、案件现场就应当且只能提供诸如图表、照片、音视频等替代证据或者示意证据，不可能把现场搬至行政执法机关办公室或者听证会召开之场所。对此类物证存有合理疑问时，可以共同勘验原物或本体。

替代证据主要是指代替原件、原物、原始载体的“二手证据”，它们在原件、原物、原始载体的缺失可以得到解释或者有合理理由时，被允许提出。经过核对无误，等同于原件、原物、原始载体。替代证据主要包括复制件、复制品、音像或者书面证言和当事人陈述、照片、视频摄像等。示意证据是用以说明、解释、验证原件、原物、原始载体之证据信息的材料、物品和活动，如交通事故现场示意图、卷帙浩繁资料之摘要、物证灭失或者难以获致时的类似物品、实验及其笔录等。示意证据无论如何都不能替代原件、原物、原始载体，它们只是帮助人们认知、理解和掌握原件、原物、原始载体的证据信息。

（2）即时提交规则及其例外

即时提交规则是提交证据时应当遵守的时间（时限）要求，其含义是行政执法主体及其相应的工作人员应当在法定程序确立的和办案实际需要的期间内完成证据整理与提交工作。

整理与提交证据是行政执法程序中的重要活动，事关证据运用和事实认定的活动，需要遵守时序和时限的要求。关于时序，《行政处罚法》第 57 条第 1 款规定，调查终结，行政机关负责人应当对调查结果进行审查。表明调查取证在前、审查决定在后。第 58 条规定，对于一些重大疑难复杂案件，在行政机关负责人作出行政处罚决定之前，应当由从事行政处罚决定法制审核的人员进行法制审核。表明法制审核在前、作出处罚决定在后。关于时限，《行政处罚法》第 60 条规定，除非法律、法规和规章另有规定，行政机关应当自行政处罚案件立案之日起九十日内作出行政处罚决定。这九十日的期限，包括调查取证、证据整理、证据提交、召开听证会、证据分析暨事实认定。

时限作为一段时间过程，其例外无非是提前或者延后（延期）。提前情形并无超出时限要求，某种意义上讲还在时限之内。而延后（延期）则是不受时限束缚、突破时限要求，故为例外。2020年8月7日修订的《行政执法机关移送涉嫌犯罪案件的规定》（国务院令第730号）第12条规定，行政执法机关对公安机关决定立案的案件，应当自接到立案通知书之日起三日内将涉案物品以及与案件有关的其他材料移交公安机关，并办结交接手续；法律、行政法规另有规定的，依照其规定。这里“法律、行政法规另有规定”就是指提交证据材料的时限的例外。例如2017年1月25日，原环境保护部、公安部、最高人民检察院印发的《环境保护行政执法与刑事司法衔接工作办法》（环环监〔2017〕17号）第10条第1款要求环保部门应当自接到公安机关立案通知书之日起3日内将涉案物品以及与案件有关的其他材料移交公安机关，并办理交接手续。但是，该条第2款又允许对处置费用清单随附处置合同、缴费凭证等作为犯罪获利的证据，及时补充移送公安机关。这里允许补送的、涉及犯罪获利的费用清单、处置合同、缴费凭证等证据，肯定不在三日时限内，否则就不能称之为“补充移送”。所谓补充移送，就是第二次、第三次移送。第一次移送证据应在三日内。第二次、第三次就未必了，具体时限也没有明确规定，只是要求及时。及时补充移送，应当是指获得这些费用清单、处置合同、缴费凭证等证据后，不拖延，马上、立刻提交给公安机关。①

2. 行政执法中的证明妨碍

（1）证明妨碍行为

证明妨碍，又称“证明妨害”“妨碍他人证明”“证明受阻”“举证妨碍”，是指通过作为或者不作为的形式阻碍他人对事实主张的证明。为了彰显程序正义，公平合理地认定案件事实，对于证明妨碍行为，一般都会作出对妨碍人不利的推定，是为证明妨碍推定规则。证明妨碍行为包括但不限于：

①掌控证据材料而故意隐匿不予提交。《治安管理处罚法》第60条规定，隐藏、转移行政执法机关依法扣押、查封、冻结的财物的；隐匿证据，影响

---

① 参见中国社会科学院语言研究所词典编辑室编：《现代汉语词典》（第七版），北京：商务印书馆2016年版，第607页。

行政执法机关依法办案的，处五日以上十日以下拘留，并处 200 元以上 500 元以下罚款。《消防救援机构办理行政案件程序规定》第 51 条第 1 款也强调，调查询问时，应当告知被询问人必须如实提供证据、证言和隐匿证据应负的法律责任。可见在行政执法程序中，各种隐匿证据、拒不提供证据的情形不在少数。掌控证据材料而故意隐匿不交是典型的证明妨碍行为。拒绝提供鉴定、核查的基础资料，也属于故意隐匿行为。例如，对文书形式真实产生疑问，或者纸面所示之署名人直接否认，行政机关决定实施笔迹鉴定，需要该纸面所示之署名人提供书写笔迹材料，倘该纸面所示之署名人拒绝提供亲笔书写笔迹以供比对鉴定，即构成显著的证明妨碍。

②故意毁损证据材料。《公安机关办理行政案件程序规定》第 28 条第 1 款规定，公安机关向有关单位和个人收集、调取证据时，应当告知其毁灭证据应当承担的法律责任。

③故意涂改、变造证据材料。《公安机关办理行政案件程序规定》第 28 条第 1 款规定，公安机关向有关单位和个人收集、调取证据时，应当告知其必须如实提供证据，并告知其伪造证据应当承担的法律责任。

④威胁、阻挠他人提交证据、证人作证。《行政处罚法》第 55 条第 2 款规定，当事人或者有关人员应当如实回答询问，并协助调查或者检查，不得拒绝或者阻挠。《海关办理行政处罚案件程序规定》第 30 条第 3 款指出，当事人或者有关人员对海关调查或者检查应当予以协助和配合，不得拒绝或者阻挠。拒绝是证明妨碍人自己不提交证据，而阻挠，尤其是用威胁的方式阻挠他人提交证据、证人作证，则是对第三方或者证人提交证据或者证言的妨碍。

⑤提交伪造、虚假的证据或者证言。《治安管理处罚法》第 60 条第 2 项规定，伪造证据或者提供虚假证言，影响行政执法机关依法办案的，处五日以上十日以下拘留，并处 200 元以上 500 元以下罚款。《海关办理行政处罚案件程序规定》第 31 条指出，执法人员查问违法嫌疑人、询问证人应当告知其作伪证应当承担的法律责任。违法嫌疑人、证人应当如实陈述、提供证据。

（2）证明妨碍推定规则

证明妨碍推定规则是基于公平、诚信原则，符合经验法则的一种证据证明力暨案件事实认定规则。该规则的基本内容是：在确证具有证明妨碍之情形时，应当作出对妨碍人或者妨碍人意图维护的人不利的事实认定，以使妨碍证明的目的不能实现，从而彰显诚实信用、公平合理的基本法律价值。规范性文件规定证明妨碍推定具有经验上的合理性，因为它符合逻辑上的一种事物发展的常态情理。任何理智正常的普通人都会知晓，妨碍人之所以要隐匿、毁损、涂改对另一方有利的证据，或者故意提供对另一方不利的伪造证据、虚假证言，以及威胁、引诱、阻挠他人提供对另一方有利的证据，意味着这些证据所具有的证明价值或者事实信息之分量显著不利于妨碍人或者其意图维护的人。于此等情形之下，如果不作出不利于妨碍人及其意图维护的人的事实认定，则等于鼓励不诚信的行为，扼杀善良诚信者的合法权益。

（3）责令提出证据

责令提出证据与证明妨碍推定规则有相当大的重合关系。所谓责令提出证据，是指行政执法机关依据申请或者职权，命令相关证据持有人、保管人、占有人等交出证据的专门行为。对于当事人而言，责令提出证据属于被动举证。

责令提出证据的条件包括：①有优势证据证明某一案件关键证据在某一主体控制下；②控制证据的主体无正当理由拒不提交；③对待证事实负有举证责任的另一方主体提出申请，或者行政执法主体依据职权作出命令。

证据控制人拒绝提交证据的，按照证明妨碍制度予以处置。证据控制者为案件当事人或者利害关系人的，作出对其不利的事实认定，并可追究行政责任甚至刑事责任。证据控制者非属案件当事人或者利害关系人的，作出对申请人有利的事实认定，并可对控制者予以行政处罚或者追究刑事责任。

三、行政执法证据交换

对于案情比较复杂或者证据数量较多的案件，行政执法主体可以组织相关人员在证据整理前后向对方出示或者交换证据，并将交换证据的情况用文字或者音像记录在卷。

1. 证据交换的价值

行政执法程序中的证据交换，不同于一般意义上的证据交换，它主要存在于听证程序中并且常常是行政机关单方承担证据开示责任，所以未必有真正的“相互交换”。然而，虽然不具有“相互交换”的形式，却可以在行政机关开示证据后，部分达到证据交换的结果。证据交换主持人将行政机关提供证据的情况记录在卷。在之后的听证程序中，听证主持人对行政相对人无异议的证据作必要的说明后，就可以作为认定案件事实的证据，不再纳入质证辩论的范围。对于行政相对人有异议的事实和证据，则组织规范的质证与辩论。①

要而言之，在行政执法程序中，特别是听证程序中建立证据交换制度，其重大价值在于：

（1）保障行政相对人的程序权利，体现行政执法程序公正的价值

《行政处罚法》第 44 条规定，行政机关在作出行政处罚决定之前，应当告知当事人拟作出的行政处罚内容及事实、理由、依据。这一制度安排彰显的是程序正义，是对行政相对人程序权利的保障。告知当事人处罚事实及理由，在相当程度上就是证据开示。第 45 条规定，当事人有权进行陈述和申辩，提出相应的事实、理由和证据，行政机关应当进行复核。这意味着当事人也可能将他们掌握的证据披露给行政执法机关。这种披露，是当事人的程序权利。

（2）减少听证程序中质证辩论的客体范围，提高行政执法的效率

《行政许可法》第 48 条第 1 款第 4 项规定，举行行政许可听证会时，审查该行政许可申请的工作人员应当提供审查意见的证据、理由；申请人、利

① 参见李红枫著：《行政处罚证据原理研究》，北京：中国政法大学出版社 2013 年版，第 156-157 页。

害关系人可以提出证据，并进行申辩和质证。这意味着在行政许可听证程序中，行政机关、行政许可申请人、行政许可利害关系人都可能提出证据，且各自提出的证据都需要交由对方或者第三方质证，发表质证意见并展开辩论。如果案情复杂或者证据众多，听证主持人可以通过听证会前的证据交换程序，征求各方对彼此证据的意见，确立无异议证据和有异议证据，减少听证质证辩论时的证据范围，提高听证会的效率。

（3）有助于案件实体问题的解决，减少行政复议、行政诉讼的出现概率

证据交换是把己方证据开示予对方，获得对方的意见，这是一种保障对方参与执法程序的重大机制。参与、知情及相应的意见交涉，是正当法律程序的基本特征之一。没有参与、知情与意见交涉，就不能算正当法律程序。有学者指出，现代行政程序的核心是参与。只有亲身参与行政程序，获知与行政行为相关的事实、理由和依据等信息，当事人才能更好地与行政主体进行交涉，既维护自身合法权益，也知晓、理解行政执法行为的内容与正当性、合理性。如此情形下，当事人更易于接受行政处理决定，减少无谓的甚至是情绪化的行政复议与行政诉讼。①

2. 证据交换的实务操作

（1）证据交换的主持人

行政执法程序中主持证据交换的人，主要有听证主持人、法制审核人员等。在听证会召开之前，如果案情比较复杂或者证据数量较多，则听证主持人完全可以组织证据交换或者证据开示。

（2）证据交换的场所和次数

行政执法程序中的证据交换，一般以一次为限。如果当事人在证据交换中提出了重大理由，或者足以影响案件事实认定的证据，行政机关复核后，依据复核情况和新的证据信息，亦可组织第二次证据交换活动。

---

① 参见江必新、夏道虎主编：《中华人民共和国行政处罚法条文解读与法律适用》，北京：中国法制出版社2021年版，第150页。

为了便于证据的保管、提出、收回，行政执法程序中的证据交换，一般应当在行政执法机关内实施。

（3）证据交换的记录

无论是普通程序中基于保障当事人知情权而实施的证据交换，还是听证程序中基于提供程序效率而实施的证据交换，都应当对其过程及其结果加以记录。该记录可以采用文字或者音像的手段完成。

证据交换记录的重点事项是明确哪些是无异议的证据，哪些是有异议的证据。此外，所有参与证据交换的人员，包括但不限于行政执法人员、当事人及其代理人，都应当在纸面笔录上签名或者按捺指印。

四、行政执法证据目录编制

行政执法程序中，证据整理与证据提交的形式要件就是编制证据目录。例如，《中国银保监会行政处罚办法》第 43 条就明确要求调查人员应当制作证据目录，包括证据材料的序号、名称、证明目的、证据来源、证据形式、页码等。

1. 证据目录的概念

目录，通常的语义是指“按一定次序开列出来以供查考的事物名目”。[①]即将两个以上事物的名称等要素逐一有序地编排、表示出来，以供简便快速地了解、查找、考核。证据目录，是指按照一定的次序和表达要素将全案证据予以概略式开列以供查考的专用法律文书。《中国银保监会行政处罚办法》第 43 条明确使用了“证据目录”这一名称。也有法律文件称之为“证据清单”，如《公安机关办理行政案件程序规定》第 64 条。“证据清单”与“证据目录”是一种文书的两种名称。因为证据清单从编制项目上讲，也需要写明证据材料的编号、名称、数量、特征等；从形式上讲，也需要交代提交人、

① 中国社会科学院语言研究所词典编辑室编：《现代汉语词典》（第七版），北京：商务印书馆 2016 年版，第 928 页。

提交时间及签名、盖章；从数量上讲，一般也是一式多份，提交人、接受或者保管人、案卷各执或者各留一份。[①] 所以，证据清单与证据目录实质上并无任何差异，两者是一回事。

2. 证据目录与卷宗目录的异同

许多行政执法规范性文件都将证据目录与案卷目录并做一处加以规定，如《山西省行政执法条例》第23条。证据目录与卷宗目录二者之间既有相同点，也有不同点。

（1）证据目录与卷宗目录的相同点

二者的基本功能是相同的，都是证据或者文据材料的有序编排与表达。

（2）证据目录与卷宗目录的不同点

第一，编制目的不同。卷宗目录的编制目的就是便于检索、查阅；而证据目录的编制目的还有证据资格和证明力的说明与表达。

第二，构成要素不同。卷宗目录的构成要素比较简单，仅仅有序号、文件名称、页码；而证据目录的构成要素一般应有序号（编号）、证据名称、证据来源、证明对象（证明目的）、证据内容、是否为原件原物、份数、页数，备注等。

3. 证据目录的组成

行政执法证据目录究竟应由哪些项目组成，至今尚未见统一规定，实务中应当根据如下两点加以确立：其一，证据目录也是法律文书，应有其必要构成事项；其二，证据目录编制的目的是揭示和表达证据资格和证明价值，通过哪些项目才能实现这一目的。有鉴于此，作为编排证据、概略展示证据资格和证明价值的法律文书，行政执法《证据目录》应当包括下列项目：

---

① 参见徐伟红、高文英主编：《公安机关办理行政案件程序规定理解与适用：条文解读、案例分析、最新修改提示与执法风险提示》，北京：中国法制出版社2020年版，第154页。

（1）证据目录标题和案号；

（2）证据分类编号/序号；

（3）证据名称；

（4）证据来源；

（5）证据拟证明的待证事实/证明目的；

（6）证据包含的信息内容；

（7）证据件数、份数与页数/页码；

（8）是否原件、原物/证据形式；

（9）备注信息；

（10）编制主体名称、签名或者印章；

（11）编制日期或者提交日期。

其中，第1项为证据目录的首部，交代证据目录作为一种法律文书的名称和案件的案号；第2项至第9项为证据目录的正文，在排序的基础上，围绕影响证据资格和证明力的合法性、关联性和真实性及其核心要素逐项表达；第10项和第11项为尾部，交代编制或者提交主体及日期。

4. 证据目录的表达

（1）证据目录的标题可以简单表述为“证据目录”，也可详细表述为“案由+证明目录”，如张三违法搭建强制拆除案证据目录。案由由行为主体和案件性质共同构成。行为人数众多、案件性质不同时，可以择一显著者加以表达，如李四等人破坏道路设施行政处罚案证据目录。案件性质就是行政执法行为的具体类型，诸如行政处罚、行政强制、行政征收、行政许可等。

（2）案号的传统表达方法由中文汉字、阿拉伯数字及括号组成。案号应当依据相应的法律法规和办案实际加以表达，一般由立案年度、执法主体代字、案件性质或者类型代字、案件顺序号等构成。现代数字化管理模式下，也有全部由阿拉伯数字组成的案号。

（3）证据分类编号用阿拉伯数字连续表示，如1、2、3等。一种或者一份证据使用一个证据分类编号。禁止两种或者两份以上证据合用一个证据分类编号。证据分组时，各组编号使用“第一组”、中文序数“一”或者“（一）”加以表达。

（4）证据名称可以最简便地直接选用法律法规中的表达，如当事人陈述、书证、物证、视听资料、电子数据、证人证言、鉴定意见、勘验笔录或者现场笔录。证据名称亦可结合具体案件情况，使用规划许可证、书面合同、协议书等，表示是书证类；照片、示意图表示是物证类；微信聊天表示是电子数据类；调查询问笔录表示是证人证言类；等等。

（5）证据来源说明证据的形式关联性、形式客观性、主体及过程合法性等证据属性事项。证据来源包括下列三种情形：

①证据的最初生成，如对于许可证照，可表述为某年某月某日某行政机关核发；对于音视频资料，可表述为某年某月某日某人摄录；对于证人证言，可表述为某证人于某年某月某日某时目击，等等。

②对于复制件、复制品，证据来源主要是指证据原件、原物的存在或者保管处所、机关，如对老旧房屋产权证书的来源，可表述为某年某月某日复制于某机关部门之档案室，等等。

③证据的获取过程，即证据最初来自什么地点和什么人，如对于物证，可表述为某年某月某日某人在某现场勘查时获得；对于证言笔录，可表述为某年某月某日某证人在某处谈话作成；等等。

（6）证明对象是该证据能够实现的证明目的、拟证明的某一项或者某几项案件待证事实要件。交代证明对象主要是说明该证据的实质关联性。证据拟证明的待证事实要件，在证据目录中可以简写为证明对象或者待证事实。在具体案件中，证明对象可以表述为宏观的某某法律关系，亦可表述为微观的法律关系八要素：主体、客体、内容；产生、变更、消灭；行为、事件。

（7）证据信息内容说明证据的内容客观性、过程合法性、实质关联性等证据属性。证据信息内容在证据目录中可以简写为证据内容。证据内容是指证据中所包含的案件事实信息。在证据目录中表达证据内容需要高度概括，提纲挈领，不宜啰唆，更不能将证据内容照抄一遍，否则一方面不符合目录的简便要求，另一方面也混淆了书面证据目录与举证言词说明的关系，如某证人证言的证据内容可表述为证人看见李四殴打了张三；某照片的证据内容可表述为拍摄了王五于某时某处占道经营；等等。

（8）证据件数、份数与页数/页码，是对证据数量的特定化交代，以备查验证据是否完整。页数或者页码，主要用于表示书证的数量。件数和份数，可以表示其他证据的数量。例如，《询问笔录》，可以写成：1 份，5 页。再如，物证，可以写成：3 件。还有书证复印件，可以写成：3 份，各 2 页。

（9）是否原件、原物或者证据形式，主要说明证据的合法性、客观性，体现举证时的最佳证据规则和举证的实质要求。如果是原件、原物、原始载体，就写成原件、原物、原始载体；如果不是则写成复印件、复制品、照片、影像等。

（10）备注主要交代证据的现存处所，以及原件、原物、原始载体在何处，可以核查等，也是说明证据的合法性、客观性。如居民身份证作为证据，收集的只能是复印件，可以在备注栏填写：原件为当事人本人保留。

（11）证据目录编制主体与提交主体通常情况下具有同一性。因为提交证据的人，才需要整理证据、编制证据目录。行政执法主体编制的证据目录，其编制主体交代应当使用规范的单位全称，不得使用简便称谓。编制主体全称应当加盖单位行政公章，不得没有公章或者使用非行政公章。

（12）通常情形下，证据目录的编制日期即为提交日期。注明的编制日期可以提前或者等同于提交日期，但不能迟于提交日期。

本章典型案例

15-1：行政听证时不出示证据，行政处罚被法院判决撤销

在一起柴油槽罐车挂靠甲公司经营，到私人维修点维修车辆，其间发生罐体爆炸，导致一人死亡、二人受伤的安全事故中，当地区安全生产监督管理局于事故发生当年 10 月 10 日立案查处，于 10 月 28 日向甲公司送达《行政

处罚告知书》和《听证告知书》，并告知给予行政处罚的事实、理由和依据。11月10日，区安全生产监督管理局组织进行了听证，但未对所采用的各项证据进行出示和质证。11月18日区安全生产监督管理局组织了集体讨论，于次年3月26日作出了行政处罚决定，决定对甲公司处以19万元的罚款。甲公司不服，于6月25日提起行政诉讼。

受案法院审理查明：区安全生产监督管理局作出行政处罚决定所依据的询问调查笔录和勘验材料等证据是事故发生当年10月10日立案前调查收集的，且在组织听证时，未将勘验笔录及收集的证据材料进行出示和质证。虽然区安全生产监督管理局认定的事故客观存在，但作出处罚决定时的听证程序不符合2009年8月27日修正的《行政处罚法》第42条关于听证时举证、质证的规定，故依法判决撤销。

本案警示行政执法机关：在行政执法程序中，必须依法进行证据整理与证据提交工作，尤其是在行政执法听证程序中，必须举证、质证。另外，在行政复议和行政诉讼中，也需要整理、提交证据。

15-2：**依法适用证明妨碍推定规则，海事执法部门责令肇事船主交代船舶自沉地点**

某日，某个体运输船只将某市某航道上的渡江大桥桥墩撞坏。随后，该肇事船主迅速逃离现场并将肇事船舶自沉于河道上游之某大型湖泊，以逃避行政执法。海事执法部门在听取目击证人证言（证实是什么船舶肇事撞坏了桥墩）、调阅大桥附近视频监控（完整摄录了该船舶肇事的过程），请求上游航道协助查看肇事船舶有无通过（肇事船舶并没有通过而是消失不见了）后，依法责令该肇事船主交代详细的船舶自沉地点，并且明确告知，倘有违背，就会作出对其不利的事实认定。

本案中肇事船舶撞坏桥墩，有可能是故意为之，更可能是因水流湍急等复杂环境兼操作不当而过失导致。但是，船主将肇事船舶自沉于湖泊，显然是妨碍海事执法部门的调查取证及案件事实认定。在有相当的证据已经证明肇事船舶的情形下，海事部门责令其交代详细的自沉地点（提交出肇事船舶），否则将作出对船主不利的事实认定，是依法适用证明妨碍推定规则的合法行为。

15-3：一起行政处罚案的证据目录

在一起查处“乱倒汽车修理垃圾行政处罚案”中，将全部证据材料编制《证据目录》如下：

某汽修厂乱倒垃圾行政处罚案证据目录

案号：××××××202002001

<table>
<tr><th>序号</th><th>证据名称</th><th>证据来源</th><th>证明对象</th><th>证据内容</th><th>是否为原件原物</th><th>份数页数</th><th>备注</th></tr>
<tr><td>1</td><td>营业执照副本</td><td>2014年5月8日，某县工商局核发</td><td>违法行为责任人</td><td>某汽修厂为个人独资企业，经营范围是汽车修理</td><td>复印件</td><td>1份，1页</td><td>原件由该厂留存</td></tr>
<tr><td>2</td><td>居民身份证</td><td>2002年12月3日，某县公安局核发</td><td>违法行为具体实施人</td><td>张三，男，1953年生，某县某乡某村某组某号</td><td>复印件</td><td>1份，1页</td><td>原件由张三留存</td></tr>
<tr><td>3</td><td>现场巡查视频资料</td><td rowspan="2">2020年1月11日10时许，本局执法人员皮五、赵六，协管员李九日常巡查时摄录</td><td rowspan="2">乱倒汽修垃圾的违法事实（结果/现状）</td><td rowspan="2">县郊某乡某村某大桥某国道边有10平方米左右的汽修垃圾</td><td>原件/存储卡</td><td>1份</td><td>可播放显示</td></tr>
<tr><td>4</td><td>现场巡查照片</td><td>原件/纸质</td><td>1份，2页</td><td>内存卡备查</td></tr>
<tr><td>5</td><td>现场蹲守视频资料</td><td rowspan="3">2020年1月15日，18：20至18：40，本局皮五、赵六，协管员周十蹲守现场时摄录；勘查现场时制作</td><td rowspan="3">乱倒汽修垃圾的违法事实（过程、结果/现状）</td><td rowspan="3">张三骑三轮车从远处（汽修厂）满载汽修垃圾，倾倒于县郊某乡某村某大桥某国道边</td><td>原件/存储卡</td><td>1份</td><td>可播放显示</td></tr>
<tr><td>6</td><td>现场照片</td><td>原件/纸质</td><td>1份，4页</td><td>内存卡备查</td></tr>
<tr><td>7</td><td>现场勘查笔录</td><td>原件</td><td>1份，3页</td><td></td></tr>
</table>

续表

序号	证据名称	证据来源	证明对象	证据内容	是否为原件原物	份数页数	备注
8	询问笔录（张三）	2020 年 1 月 15 日，18：40 至 20：00，本局皮五、赵六对张三、李四询问调查制作	乱倒汽修垃圾的违法事实（主体、持续时间、倾倒地点）	张三承认受汽修厂厂长李四指派，将垃圾倾倒于案发现场，持续一月有余	原件	1 份，2 页	
9	询问笔录（李四）			李四承认安排张三将本厂汽修垃圾倾倒于案发现场，愿意自行清理	原件	1 份，4 页	

某县综合行政执法局
2020 年 1 月 20 日

本章复习思考题

1. 简述证据整理的概念、意义和工作原则。
2. 简述证据提交的基本规则及其例外。
3. 简述行政执法证据交换概念和实务操作事项。
4. 简述证据目录的组成及各项目的具体表达。

第十六章　行政执法听证程序与质证

本章概要

听证制度是司法化程度最高的一项行政程序制度，听证程序给行政执法中的证据质证提供了一个规范的平台，依赖听证质证过的证据作出的事实认定也会更加接近于客观真相。我国行政处罚和行政许可中的听证程序，主要内容包括听证原则、听证范围、听证程序主体及其权利义务、听证步骤、听证笔录和听证报告等方面。听证步骤可以分为启动、准备和举行三大环节。举行听证时的重点事项是举证与质证。

一、行政执法听证程序概述

1. 听证与听证程序的概念

听证作为一项专门活动，其适用范围非常广泛，诸如司法听证、检察听证、立法听证、行政执法听证等。具体到行政法领域，听证主要包括行政立法听证和行政执法听证。行政执法听证主要包括行政许可听证和行政处罚听证。[①]

听证程序，亦称听证制度、听证或者听证会，是行政执法程序中正式的

① 《湖南省行政程序规定》（湖南省人民政府令第 222 号）第六章把行政听证分为行政决策听证会和行政执法听证会。

陈述申辩程序，是指行政机关在作出行政处罚或者行政许可决定之前听取有关当事人的陈述和申辩，由听证程序参加人就有关问题相互进行质问、辩论和反驳，从而查明事实的过程。我国行政处罚和行政许可中的听证程序，主要内容包括听证原则、听证范围、听证程序主体及其权利义务、听证步骤、听证笔录和听证报告等。

听证程序与法制审核制度具有非常密切的关系。法制审核需要审查分析证据；对证据进行法制审核可以采用听证会的形式。根据《行政许可法》、《行政处罚法》以及《国务院办公厅关于全面推行行政执法公示制度执法全过程记录制度重大执法决定法制审核制度的指导意见》的规定，对证据运用和事实认定的法制审核有两条路径：案卷审查、听证会。《市场监督管理行政处罚程序规定》第 50 条第 2 款指出，对于直接关系当事人或者第三人重大权益，需要经过听证程序的案件，应当在听证程序结束后进行法制审核。可见，听证程序是法制审核的前置程序和必要路径。

2. 行政执法听证原则

行政执法听证活动作为行政执法程序中的一项制度、行为和步骤，当然应该遵循所有行政执法的基本原则。但是，对于执法程序中的听证，许多规范文件还是规定了若干原则要求。例如，《市场监督管理行政处罚听证办法》第 3 条和《河南省行政处罚听证办法》第 3 条第 1 款都规定，行政处罚听证应当遵循公开、公正、效率的原则，保障和便利当事人依法行使陈述权和申辩权。其实，听证程序最应当遵守的原则是合法听证原则。只要合法，公开、公正和效率就能实现。

合法听证原则是针对“违法听证”或者“不依法听证”而提出的要求。该原则着重强调依法确立听证事项范围；依法确立听证主体及其权利和义务；依法实施听证程序步骤。从行政执法机关的角度讲，依法听证既保障了行政执法机关的听证组织权力，又限制或者控制着这一职权的滥用或者不用。从行政执法相对人的角度讲，依法听证既强调保护相对人的权益又要求其遵守法定义务。

3. 行政执法听证范围

根据《行政许可法》第46条、第47条，以及《行政处罚法》第63条等行政执法证据法规范文件的规定，在行政许可和行政处罚程序中，具有下列情形之一的重大案件，行政执法主体在作出事实认定和行政执法决定之前应当举行听证：

（1）行政执法事项属于法律、法规、规章规定应当举行听证的，如重大行政许可事项，重大行政处罚事项等。

（2）行政执法事项属于行政执法主体依法应当告知听证权利的，在告知权利后，当事人、利害关系人申请听证的。

（3）行政执法主体认为有必要举行听证的其他情形。

4. 听证主体

听证主体是指听证程序中的各类机关组织或者人员，相关规章和地方规定提及的听证主体有：听证组织机构（行政执法机关及其法制机构或者其他机构）；听证人员（听证主持人、听证员和记录员）；听证参加人（当事人及其代理人、第三人、办案人员、证人、翻译人员、鉴定人、勘验人以及其他有关人员）。

二、行政执法听证启动与准备

根据《行政许可法》第48条和《行政处罚法》第64条，行政执法听证步骤总体上可以分为三大阶段，即听证的启动（告知、申请和受理）、听证的准备、听证的实施（举行）。

1. 听证的启动

听证的告知、申请和受理，是听证程序的第一环节，为听证的启动阶段。

（1）听证的告知

《行政处罚法》第63条第1款要求，在法定应当听证的情形下，行政机关应当告知当事人有要求听证的权利。《行政许可法》第47条第1款要求，行政许可直接涉及申请人与他人之间重大利益关系的，行政机关在作出行政许可决定前，应当告知申请人、利害关系人享有要求听证的权利。可见，告知当事人（申请人）和利害关系人有权要求听证，是行政执法机关的法定义务。

行政执法机关告知听证权利，应当采用书面形式。当事人同意并签订确认书的，行政执法机关可以采用传真、电子邮件等方式，将告知书送达当事人。例如《江苏省行政处罚听证程序规定》第17条就明确要求，行政机关对适用听证程序的行政处罚案件，应当在作出行政处罚决定前，书面告知当事人有要求听证的权利以及提出听证要求的方式、期限和听证机关。

（2）听证的申请

《行政许可法》第47条第1款要求行政许可申请人、利害关系人，应当在被告知听证权利之日起五日内提出听证申请。《行政处罚法》第64条第1项也规定，当事人要求听证的，应当在行政机关告知后五日内提出。这样行政执法的申请听证期限皆为五日内。

当事人提出听证申请的方式，可以是口头，也可以是书面或者书面形式的变通。《河南省行政处罚听证办法》第17条规定，当事人要求听证的，可以在告知书送达回证上签署提出听证申请的意见，也可以自收到告知书之日起五日内提出；逾期未提出的，视为放弃听证权利。当事人应当按照告知书载明的方式和渠道提出听证申请，以邮寄方式提出听证要求的，以寄出的邮戳日期为准；以传真、电子邮件等方式提出的，以传真、电子邮件等到达行政执法机关特定系统的日期为准；以口头形式提出的，行政执法机关应当作好记录，并由当事人签字确认。这一规定既允许当事人口头提出听证申请，又肯定书面申请；既允许提交传统的书面文书，又允许采取传真、电子邮件等数据电文；既允许独立文书的提交，又认可当事人在告知书送达回证上的申请意见。

（3）听证的受理

凡是符合听证范围和条件且在法定期限内提出的听证申请，行政执法机关都应当受理。《行政许可法》第 47 条第 1 款规定，行政许可申请人、利害关系人在被告知听证权利之日起五日内提出听证申请的，行政机关应当在二十日内组织听证。《行政处罚法》第 63 条第 1 款也规定，当事人要求听证的，行政机关应当组织听证。毫无疑问，这些规定表明只要有合法的听证申请，都应当受理并组织实施。

受理听证申请有无期限要求？对此相关规范文件有明示和推定两种表达形式。《公安机关办理行政案件程序规定》第 135 条明确要求，公安机关收到听证申请后，应当在二日内决定是否受理。认为听证申请人的要求不符合听证条件，决定不予受理的，应当制作不予受理听证通知书，告知听证申请人。逾期不通知听证申请人的，视为受理。这是明确的关于受理期限的规定。《江苏省行政处罚听证程序规定》第 19 条规定，当事人提出听证要求的，行政机关应当受理。当事人在规定期限内提出听证要求且属于听证范围的，行政机关应当组织听证；提出听证要求超过期限或者不属于听证范围的，行政机关应当在收到听证要求之日起三个工作日内书面告知当事人不予听证。因不可抗力或者当事人有正当理由超过期限提出听证要求的除外。据此规定，可以推定出受理期限为三个工作日内。

2. 听证的准备

听证的准备是指受理听证申请后、实际举行听证前的各项工作事项。这些事项对于听证的顺利举行具有重要意义。

（1）听证人员的确立与阅卷准备

《市场监督管理行政处罚听证办法》第 18 条强调，市场监督管理部门应当自收到当事人要求听证的申请之日起三个工作日内，确定听证主持人。第 19 条要求，办案人员应当自确定听证主持人之日起三个工作日内，将案件材料移交听证主持人，由听证主持人审阅案件材料，准备听证提纲。

行政执法机关在确立听证主持人时，应当考虑其专业技能，慎重选择。听证主持人应当具备相应的法律知识和专业知识且经过政府法制部门统一组织培训。《湖南省行政程序规定》第 131 条就指出过，听证主持人应当具备相应的法律知识和专业知识。听证主持人应当经政府法制部门统一组织培训。听证主持人由行政机关负责人指定。行政机关直接参与行政决策方案制订的人员不得担任该行政决策听证主持人。行政机关调查人员不得担任该行政执法听证主持人。

《行政许可法》第 48 条第 1 款第 3 项指出，行政机关应当指定审查该行政许可申请的工作人员以外的人员为听证主持人。申请人、利害关系人认为主持人与该行政许可事项有直接利害关系的，有权申请回避。《行政处罚法》第 64 条第 4 项规定，听证由行政机关指定的非本案调查人员主持。当事人认为主持人与本案有直接利害关系的，有权申请回避。

（2）听证方式和时间、地点的确立

《河南省行政处罚听证办法》第 21 条第 1 款要求，听证主持人应当自接到案件调查人员移交的案件材料之日起三日内确定听证的时间、地点和方式。听证的方式包括公开听证与不公开听证。根据《行政许可法》第 48 条第 1 款第 2 项和《行政处罚法》第 64 条第 3 项的规定，行政许可的听证一律公开；行政处罚的听证，除涉及国家秘密、商业秘密或者个人隐私依法予以保密外，听证公开举行。《江苏省行政处罚听证程序规定》第 20 条第 1 款指出，公开听证的案件，行政机关应在举行听证的三个工作日前，公告案由、时间、地点、方式。

作为听证准备工作的听证时间确立，应当受行政执法办案期限的限制，肯定不能逾越行政执法办案期限。有些规范文件还特别对举行听证的时间作出专门的限制性要求，如《海关行政许可听证办法》第 20 条就明确指出，海关行政许可申请人或者利害关系人依法提出听证申请的，海关应当在收到《听证申请书》之日起二十日内组织听证。第 15 条规定，海关依职权决定听证的，应当在听证公告期届满之日起二十日内组织听证。

听证地点一般都是在行政执法机关内部。当然，对此法律法规并无强制性规定。根据本案实际情况，在具备听证条件的其他地点进行也是可以的。但是，应当最大程度地降低当事人前往该地点参加听证的交通、食宿费用，不宜过于偏远。

（3）听证时间、地点等事项的通知

《行政许可法》第 48 条第 1 款第 1 项要求，行政机关应当于举行听证的七日前将举行听证的时间、地点通知申请人、利害关系人，必要时予以公告。《行政处罚法》第 64 条第 2 项也规定，行政机关应当在举行听证的七日前，通知当事人及有关人员听证的时间、地点。提前七日通知，是便于当事人（申请人）、利害关系人早做准备。

必须强调一点，听证时间、地点的通知应当使用书面形式，且通知内容不限于时间、地点两项。例如，《市场监督管理行政处罚听证办法》第 20 条规定，听证主持人应当自接到办案人员移交的案件材料之日起五个工作日内确定听证的时间、地点，并应当于举行听证的七个工作日前将听证通知书送达当事人。听证通知书中应当载明听证时间、听证地点及听证主持人、听证员、记录员、翻译人员的姓名，并告知当事人有申请回避的权利。第三人参加听证的，听证主持人应当在举行听证的七个工作日前将听证的时间、地点通知第三人。第 21 条还要求听证主持人应当于举行听证的七个工作日前将听证的时间、地点通知办案人员，并退回案件材料。听证通知的对象也不限于当事人，还包括第三人（利害关系人）、代理人、行政执法办案人员、证人、鉴定人、勘验人、翻译人等其他参加人。

（4）证据交换

证据交换不是听证准备的必要事项。对于案情比较复杂或者证据数量较多的案件，可以在举行听证之前实施证据交换。还有学者提出，应当建立质证前的证据展示制度，给予相对人和利害关系人以阅卷权。因为按照政务公开的要求，行政机关的所有执法文书、取得的证据在质证前都应当向当事人公开，其目的既是帮助当事人了解行政机关作出决定的事实和理由，以便其更充分地行使质证权，也可以督促行政机关更加全面、严谨地做好取证工作。[①] 证据展示与证据交换，本质目的是一致的。

三、行政执法听证实施与质证

1. 听证的举行

听证的举行就是指在行政执法机关确立的日期，各方主体集中一处，展开实际的听证活动。以行政处罚案件为例，具体实施听证，按下列程序进行：[②]

（1）听证记录员或者书记员查明听证参加人是否到场，宣布听证会场纪律。

（2）听证主持人宣布听证开始，核对听证参加人，宣布案由，宣布听证主持人、听证员、记录员、翻译人员名单，告知听证参加人在听证中的权利义务，询问当事人是否提出回避申请，处理回避申请；对不公开听证的行政案件，宣布不公开听证的理由。

（3）案件调查人员提出案件事项或者当事人违法事实、逐一或者分组出示证据，说明拟作出的行政许可或者行政处罚的内容及法律依据。

（4）当事人或者其委托代理人对案件的事实、证据、适用的法律等进行陈述、申辩和质证，可以当场向听证会提交新的证据、要求重新鉴定，也可以在听证会后三日内向听证机关补交证据。

（5）第三人进行陈述、质证，提交证据。

（6）听证主持人、听证员就案件的有关问题向案件调查人员、当事人、

---

① 姬亚平著：《国家治理现代化视角下的行政证据研究》，北京：北京大学出版社 2021 年版，第 194 页。

② 参见邱爱民著：《行政执法证据收集与运用规则研究》，北京：知识产权出版社 2022 年版，第 326-327 页。

第三人、证人、鉴定人、勘验人等询问。

（7）案件调查人员，当事人、第三人或者其委托代理人相互提问、质证和辩论。

（8）案件调查人员，当事人、第三人或者其委托代理人作最后陈述。

（9）听证主持人宣布听证结束。听证笔录交当事人和案件调查人员审核无误后签字、按捺指印或者盖章。

上述听证程序可以分为预备阶段（1—2）；正式阶段（3—8）；结束阶段（9）。预备阶段又分为记录员的预备事项和主持人的预备事项。正式阶段由听证对抗双方作为主角，可以划分为：执法方提出主张和举证；当事人、第三人陈述、申辩和质证，以及举证；主持人、听证员补充发问；对抗方相互提问、质证和辩论；对抗方各自最后陈述等具体环节。

在实际举行听证时，应当将举证与质证紧密联系，不宜分离。换言之，在办案人员提出事实主张后，应当由办案人员逐一或者分组举证；然后就应当让当事人、第三人进行质证。反之，在当事人、第三人陈述事实主张并举证后，随即就应当让办案人员质证。举证和质证应当紧密结合。例如《湖南省行政程序规定》第 142 条就规定，听证会按照下列步骤进行：主持人宣布听证会开始；记录员查明当事人、利害关系人和调查人员是否到会，并宣布听证会的内容和纪律；调查人员、当事人、利害关系人依次发言；出示证据，进行质证；调查人员、当事人、利害关系人对争议的事实进行辩论；调查人员、当事人、利害关系人依次最后陈述意见。这里“出示证据，进行质证”是完整的一项听证环节，强调一方举证、另一方质证的紧密性、顺序性、关联性和整体性。这种规定是科学可取的。此外，如《黑龙江省行政执法程序规定》第 26 条第 1 款第 4 项也是将举证（出示证据）和质证一并规定的。《公安机关办理行政案件程序规定》第 142 条规定，听证开始后，首先由办案人民警察提出听证申请人违法的事实、证据和法律依据及行政处罚意见。第 143 条针对举证特别强调，办案人民警察提出证据时，应当向听证会出示。对证人证言、鉴定意见、勘验笔录和其他作为证据的文书，应当当场宣读。随后第 144 条就规定，听证申请人可以就办案人民警察提出的违法事实、证据和法律依据以及行政处罚意见进行陈述、申辩和质证，并可以提出新的证据。第三人可以陈述事实，提出新的证据。这也体现了举证、质证的整体性。

在听证实务程序中，证据提交与质证的具体形态可以分为一证一举一质（单一听证）；分组举证、质证（分段听证）；全部举证、质证（全部听证）三种类型。

2. 听证程序中的质证

（1）质证的概念和功能

在行政执法证据法规范文件中，“质证”一词基本上都是出现在听证程序中，如《行政许可法》仅在第 48 条第 1 款听证程序中出现过一次，《行政处罚法》，也是在第 64 条听证程序中出现一次。因此，行政执法听证程序中的质证，是指听证对抗方在听证主持人的主持下，针对对方所提交证据的证据资格和证明力进行的询问、辨认、质疑和反驳、否定等活动。质证的目的在于反驳、否定对方证据的证据资格和证明力。质证不限于当事人对行政执法机关提交证据的询问、辨认和质疑，也包括当事人、利害关系人提供证据后，行政执法机关办案人员对这些证据的询问、辨认和质疑。例如《江苏省行政处罚听证程序规定》第 15 条第 2 款就明确指出，在举行听证时，案件调查人员提出当事人违法的事实、证据和行政处罚建议以及法律依据，进行质证和陈述。①

质证制度是连接取证、举证和认证（审查认定）之间的纽带，取证、举证是质证的前提，没有这两个环节，质证也就无从谈起；而质证活动是认证

---

① 从更广泛的意义上说，纵使没有听证程序，也存在质证的情形。例如，《行政处罚法》第 44 条要求，行政机关在作出行政处罚决定之前，应当告知当事人拟作出的行政处罚内容及事实、理由、依据。第 45 条规定，当事人有权进行陈述和申辩。这里就包含着当事人对行政机关定案证据的质证分析。第 45 条还要求，行政机关对当事人提出的事实、理由和证据，应当进行复核。这里包含着行政机关对当事人提交证据的质证分析。

的必要途径和方法，为认证服务。[①] 对于质证的功能，可以从程序与实体两个角度加以认知。从程序性角度来看，质证为当事人（相对人、申请人、第三人等）提供在行政程序过程中对可能影响自身权利的证据进行质疑、辩驳的机会。从实体性角度看，质证是行政程序证据认证的基础。行政决定是基于经过质证的证据从而认定的事实作出，未经质证的证据不得作为行政行为的基础。行政决定的作出者在直接主持质证过程中，其认证行为必须考量相对人的质证意见，其心证过程会直接受到质证中当事人和调查人员对于证据所发表的意见的影响，使其不得滥用裁量权或者因为偏袒而考量不相关的因素。所以，质证的法律效力在于合理地影响行政执法机关心证的过程。[②]

（2）质证主体

质证主体是指有权参与证据质证并对证据资格和证明力发表肯定或者否定意见及其理由的主体。对于质证主体的认知，必须破除只有行政相对人才是质证主体的狭隘认识。在行政执法程序，特别是听证程序中，任何对已方证据表达肯定意见、对他方证据表达否定意见的人，都是质证主体。但是，行政执法程序中，参与证据分析、案件讨论时发表不同意见的人，不是质证主体。听证主持人、法制审核人员、案件决定人员，也不能成为质证主体。基于行政效率和程序正义，质证主体的确立，应当强调其法益的相关性和程序的对抗性。

①当事人（申请人、第三人）及其代理人。《行政许可法》第 48 条第 1 款第 4 项规定，行政许可申请人和利害关系人享有质证权；《行政处罚法》第 64 条第 7 项规定，当事人享有质证权。所以，案件当事人或者申请人、利害关系人，属于质证主体、当然主体。对于听证程序而言，他们统称为听证申请人。听证申请人质证的客体主要是行政执法机关调查收集并提交出来的各种证据。

---

① 李红枫著：《行政处罚证据原理研究》，北京：中国政法大学出版社 2013 年版，第 161 页。

② 陈峰、张杰著：《法治理念下的行政程序证据制度研究》，北京：经济管理出版社 2017 年版，第 161 页。

《行政处罚法》第 64 条第 5 项规定，当事人可以亲自参加听证，也可以委托一至二人代理。这表明接受当事人委托担任代理人的自然人，也是质证的主体。他们在当事人授权范围内，以当事人的名义，辅助当事人展开质证工作。此外，第三人也可以委托代理人帮助自己实施质证活动。例如，《市场监督管理行政处罚听证办法》第 15 条第 1 款就指出，当事人、第三人可以委托一至二人代为参加听证。

②行政执法办案人员。行政执法办案人员，如行政许可审查人员、行政处罚调查人员，是不是质证主体，相关法典没有明确规定。但是，规章和其他规范性文件有所强调，例如，《广播电视行政处罚听证规则》第 10 条规定，案件调查人员是指广播电视行政部门负责行政处罚案件调查取证并参加听证的执法人员。在听证过程中，案件调查人员陈述当事人违法的事实、证据、拟作出的行政处罚决定及其法律依据，并同当事人进行质证、辩论。第 17 条第 7 项还特别强调，具体听证时，当事人及其代理人、第三人及其代理人、案件调查人员相互质证、辩论。《江苏省行政处罚听证程序规定》第 21 条第 1 款第 7 项也指出，在听证主持人组织下，案件调查人员、当事人可以进行互相提问、质证和辩论。这些规定都是赋予行政执法办案人员质证的权利。行政执法办案人员质证的客体是当事人、第三人在听证程序中提交的各种证据。

③专家辅助人。在听证程序中，是否需要引入专家辅助人制度，没有明确的法律规定。有学者曾经指出，对于电子证据的质证，可以建立辅助的专家证人制度，允许相对人和行政调查人员通过专家证人的协助来实施质证行为。通过拥有电子数据系统和信息工作专业知识的证人（辅助人）到场，对电子证据的真实性进行说明、质疑与辩驳。专家意见可以适用对鉴定人的质证规则。[①] 其实，不限于电子数据的质证，任何涉及专门性问题的质证活动，都应当允许质证对抗方委托专家辅助人参与质证。

---

① 参见王维民编著：《行政程序证据制度研究》，北京：中国言实出版社 2014 年版，第 191 页。

（3）质证客体

质证客体，亦称质证对象、质证的范围，是指在听证程序中各质证主体从事质证行为所指向的客体。有一种观点主张，从行政效率和相对人权利保障平衡考量，质证的范围应限定在与查明案件主要事实有关的证据上。对于何为证明主要案件事实的证据，即主要证据，听证主持人有自由裁量权，凭借其对案件信息的了解和内心已形成的初步确认，决定质证的具体范围、某一具体证据是否属于质证范围等。质证范围的确定，是属于质证主持人裁量的范围。[①] 这种观点非常错误，并不可取。听证主持人没有这种自由裁量权去决定哪一（些）证据可以纳入质证范围、哪一（些）证据无须纳入质证范围。规范性文件要求所有证据都需要查证属实；所有与定案有关的证据都应当经过质证。例如，《河南省行政处罚听证办法》第 27 条第 2 款就强调指出，所有与认定案件事实相关的证据都应当在听证时出示并经质证；未经质证的证据不得作为处罚的依据。所以，质证客体包括但不限于在证据交换时、在听证会上出示的任一证据。听证会后出现的补充证据、新证据，也需要质证。

（4）质证的内容与路径

质证的内容与路径，是指对质证客体进行肯定或者否定时的基本要点，以及对这些要点事项进行论证与反驳的思维过程。通过证据合法性、真实性、关联性的肯定与否定，来论证证据资格的有无及证明力的大小强弱，就是质证的基本路径。

①证据三特征决定证据的两要素。不管在哪一种法律程序中，质证活动的内容都可以界定为：通过对证据的真实性、关联性和合法性的分析，来说明、质疑、辩驳证据或者证据材料的证据资格和证明力的有无及大小。[②] 所以，证据的三特征（合法性、关联性和真实性）决定着证据的两要素（证据资格、证明力）。在听证程序中，任何一方对对方证据的破坏或者否定，都需要遵循这种路径。任何一方对自己证据的维护或者肯定，同样也是这种路径。

---

① 王维民编著：《行政程序证据制度研究》，北京：中国言实出版社 2014 年版，第 168-169 页。

② 李红枫著：《行政处罚证据原理研究》，北京：中国政法大学出版社 2013 年版，第 165 页。

具体来说，合法性、形式关联性和形式真实性决定证据资格；内容真实性和实质关联性影响证明力。任何证据，只要同时具备了合法性、形式关联性和形式真实性，肯定具有证据资格。相反，欠缺合法性、形式关联性和形式真实性，无论是一项还是数项，都没有证据资格。任何具有证据资格的证据，同时具备了内容真实性和实质关联性，也就具有了证明力。相反，欠缺内容真实性和实质关联性，无论是一项还是两项，都没有证明力。具有证明力的证据，根据其真实内容的范围和实质关联的程度，其证明力有大小强弱之不同。

②证据生成、收集、保全、提交等行为、环节和状态决定证据三特征。证据的三特征，具体而言，证据的合法性、形式关联性、形式真实性、内容真实性和实质关联性，不是凭空具有的，它们是由相关证据的生成、收集、保全、提交等行为、环节和状态所决定的。例如，《行政处罚法》第46条第3款指出，以非法手段取得的证据，不得作为认定案件事实的根据。因此，纵使证据本身具有真实性和关联性，但是由于收集的手段违背了法律规定，欠缺合法性，该证据也不能作为定案根据。在听证程序中具体质证此类证据时，其逻辑论证路径是：该证据的调查收集手段非法（行为不合法），所以该证据没有合法性；因为该证据欠缺合法性，所以该证据没有证据资格，应当在行政执法程序中加以排除。

（5）质证的方法

质证的方法侧重指破坏或者否定对方证据的证据资格与证明力时所采用的具体手段或者形式。有学者指出，直接质证和交叉质证是质证活动中最常用的两种质证方式。所谓直接质证，是指在听证程序中，由传唤证人作证的一方当事人对自己的证人进行第一次发问。所谓交叉质证，是指在听证程序中，由一方当事人对另一方当事人传唤的证人进行发问。交叉质证这种民主对抗的方式也适用于其他证据如物证、书证等。[①] 基于直接、言词原则和质证

---

① 参见姬亚平著：《国家治理现代化视角下的行政证据研究》，北京：北京大学出版社2021年版，第192页。

本身的对抗性，交叉质证的基本模态确实适用于所有证据的质证。在听证程序的实务中，不同类型的证据，质证方法略有不同。

①对人证的交叉询问。当事人、证人、利害关系人、鉴定人等出席听证会，当面陈述所作所为（当事人）、所闻所见（证人）、所受所遇（被害人）、所思所想（鉴定人）时，举证方式是直接询问（主询问），质证方式是交叉询问。但是，这些人员不出席听证会，仅仅提供书面材料时，则只能依照书证的质证方法进行质证。

我国现行行政执法听证程序中的询问及交叉询问，实行的是混合式交叉询问，即除了听证对抗方彼此之间、彼此对各自提交的证人等人员之间进行交叉询问外，听证主持人和听证员也可以对当事人、证人等进行补充性发问。例如，《农业行政处罚程序规定》第 66 条第 2 项至第 4 项关于听证具体程序的规定指出，案件调查人员提出当事人的违法事实、出示证据；然后，当事人或者其委托代理人对案件的事实、证据等进行质证；接下来，听证主持人就案件的有关问题向当事人、案件调查人员、证人询问。具体到人证质证环节而言，其实就是主询问—反询问—再主询问—再反询问—主持人补充询问的过程。

②对实物证据的辨认与查阅、查勘。对于传统的实物证据（物证、书证）进行质证的主要方法是辨认、查阅和查勘。但是，对于到会参加听证的书证或者物证的制作人、发现人、见证人、保管人、提交人、调取人等，可以参照交叉询问证人的方法予以质询。

③对音像视频资料的辨认与查看。对音像视频资料进行质证的主要方式是辨认并且当场播放或者显示，在观看和听取后发表质证意见。如果视听资料和电子数据的制作人、保管人、提交人、调取人等到会参见听证，则可以参照交叉询问证人的方法对这些人员予以质询。

④质证意见的表达方式。质证意见作为一种自然人的意思表示，可以采用口头或者书面的形式加以表达。行为推定或者默示一般不能作为表达质证意见的方式。因此，任一质证主体及其法定代理人或者委托代理人，都可以

用口头或者书面的形式表达质证意见。

言词质证就是用口头语表达意见。根据2000年10月31日发布的《国家通用语言文字法》第2条、第3条等条文的规定，在行政执法听证程序中，口头语应当使用普通话。因为普通话是法定的、国家通用语言。此外，根据2018年3月11日修正的《宪法》第4条第4款规定，各民族都有使用和发展自己的语言文字的自由。因此，在少数民族聚居或者多民族共同居住的地区，应当使用当地通用的语言进行质证。对于不通晓当地通用语言文字的当事人，应当为他们提供翻译。基于保护残疾人合法权益的需要，对于聋哑人，应当允许其使用手语（哑语）。听证程序中应当提供手语翻译。除此之外，质证意见的表达不允许使用俚语方言、俗语黑话。对于外国人参加听证质证，也应当使用我国普通话。《公安机关办理行政案件程序规定》第241条特别指出，办理涉外行政案件，应当使用中华人民共和国通用的语言文字。对不通晓我国语言文字的，公安机关应当为其提供翻译；当事人通晓我国语言文字，不需要他人翻译的，应当出具书面声明。经县级以上公安机关负责人批准，外国籍当事人可以自己聘请翻译，翻译费由其个人承担。

有学者指出，在短时限的行政行为中，以及非正式裁决程序时，允许存在书面质证。书面质证是指当事人以书面形式向行政决定者表达其对行政程序证据的质疑和意见，提供相应证据证明的行为。在我国的行政实务中，相对人的质证权多数是以书面的形式实现。书面质证应当向最后行政决定的工作人员提交。书面质证中，如果一方对对方提出的证据的真实性、关联性或者合法性等质疑，否认证据的证明力，决定者不能有效地认定时，可以要求另一方就相关问题以书面说明的形式回答。决定者在充分审查双方意见后认定行政程序证据的效力。① 其实，除了这些情形外，在正式的听证程序中，一方因言词表达障碍等原因而书面提交质证意见的，听证主持人或者行政执法机关负责人在听取对方意见后，可以作出接受的决定。换言之，在听证程序

① 参见王维民编著：《行政程序证据制度研究》，北京：中国言实出版社2014年版，第177-178页。

中，对于个别特殊情形下的书面质证意见之表达，应持开放态度。

四、行政执法听证笔录与听证报告

根据《行政许可法》第48条第1款第5项和《行政处罚法》第64条第8项的规定，听证应当制作笔录。此外，一些规范文件还要求在听证笔录外另行制作听证报告。因此，听证笔录的完善与听证报告的制作，应当是听证程序的最后活动。

1. 听证笔录

有学者指出，听证笔录是行政机关对听证过程所进行的书面记录。① 在电子音像技术日益发达与普及的今天，听证笔录还包括电子音像形式。例如，《河南省行政处罚听证办法》第30条就强调指出，听证应当制作笔录，可以同时采用录像、视频监控等方式进行音像记录。听证笔录应当载明听证时间、地点、方式、案由，听证人员、听证参加人姓名，各方意见以及其他需要载明的事项。

《行政许可法》第48条第2款规定，行政机关应当根据听证笔录，作出行政许可决定。《行政处罚法》第65条强调听证结束后，行政机关应当根据听证笔录，依法作出相应的处理决定。这就在部分行政执法案件中（适用听证程序的案件），把"以事实为根据，以法律为准绳"的原则转换成了"以听证笔录为依据"。立法之所以作出如此规定，是由听证的事项和核心内容所决定的。因为听证就是听取事实、证据和法律适用事项。有学者指出，听证程序是行政机关调查案件事实的方式之一。听证笔录作为听证活动的完整记录，能够全面、准确地呈现行政机关提出的行政相对人违法的事实、证据和行政处罚建议，以及行政相对人提出的陈述、申辩意见、质证意见等内容。行政机关作出后续行政决定时，应当对听证程序中是否采纳证据、是否采纳

---

① 李红枫著：《行政处罚证据原理研究》，北京：中国政法大学出版社2013年版，第65页。

行政相对人的陈述申辩、查明事实等相关情况作出说明，根据听证笔录的内容作出行政决定。行政机关不应采纳未经听证程序而由调查机关任意提交的事实和证据作为行政处罚的根据。①

《消防救援机构办理行政案件程序规定》第 108 条规定，记录员应当将举行听证的情况记入听证笔录。听证笔录应当载明下列内容：

（1）案由；

（2）听证的时间、地点和方式；

（3）听证人员和听证参加人的身份情况；

（4）承办人员陈述的事实、证据和法律依据以及行政处罚意见；

（5）听证申请人或者其代理人的陈述和申辩；

（6）第三人陈述的事实和理由；

（7）承办人员、听证申请人或者其代理人、第三人辩论与质证的内容；

（8）证人陈述的事实；

（9）听证申请人、第三人、承办人员的最后陈述意见；

（10）其他事项。

听证笔录经听证参加人审核无误或者补正后，由听证参加人当场签名或者盖章；拒绝签名或者盖章的，在听证笔录中注明情况。

听证笔录经听证主持人审阅后，由听证主持人、听证员和记录员签名。

2. 听证报告书

听证报告书，亦称听证报告或者听证意见报告书，如《黑龙江省行政执法程序规定》第 27 条规定，听证主持人应当在听证结束后三日内形成听证意见报告书，连同听证笔录提交行政执法单位。行政执法单位应当根据听证情况作出行政执法决定。

《听证报告书》不是行政执法法典要求的文书，而是属于规章及其他规范

---

① 江必新、夏道虎主编：《中华人民共和国行政处罚法条文解读与法律适用》，北京：中国法制出版社 2021 年版，第 218–219 页。

性文件要求的文书。所谓听证报告书，是在听证程序结束后，听证主持人向行政机关负责人汇报案件听证情况及提出自己对案件的处理意见或者建议的一种报告文书。听证报告书属于程序证据、内部建议或者内部工作文书。因此，听证当事人等无权查阅。[①]

《公安机关办理行政案件程序规定》第 153 条规定，听证结束后，听证主持人应当写出听证报告书，连同听证笔录一并报送公安机关负责人。

听证报告书应当包括下列内容：

（1）案由；

（2）听证人员和听证参加人的基本情况；

（3）听证的时间、地点和方式；

（4）听证会的基本情况；

（5）案件事实；

（6）处理意见和建议。

本章典型案例

16-1：听证程序中，对证人证言的举证与质证（鉴定人、勘验人到场言词作证亦同）

主持人：请调查人员出示本案的证据。

执法人员：主持人，下面申请证人王五到场作证。本案发生时，王五是现场目击证人，耳闻目睹了案件的整个过程。

主持人：允许。请证人王五到场作证。

（证人王五到达听证会现场。主持人核对其身份，告知其作为证人的权利义务以及做伪证的法律责任，要求其签署如实作证保证书。）

主持人：下面由调查人员询问证人。

执法人员：（询问证人。先宏观后微观。不得诱导。）

---

① 参见徐伟红、高文英主编：《公安机关办理行政案件程序规定理解与适用：条文解读、案例分析、最新修改提示与执法风险提示》，北京：中国法制出版社 2020 年版，第 298-299 页。

证人：(逐一如实回答。)

(必须坚持一问一答。不得一下子提出若干问题，然后由证人一起回答。以下要求相同。)

主持人：下面由听证申请人（当事人）向证人发问。

当事人（听证申请人）或者代理人：(询问证人。从质证角度发问。)

证人：(逐一如实回答。)

主持人：下面由第三人（利害关系人）向证人发问。

第三人（利害关系人）或者代理人：(询问证人。)

证人：(逐一如实回答。)

主持人：主持人有几个问题需要向证人发问。

主持人：(询问证人。补充性发问，不要重复。)

证人：(逐一如实回答。)

主持人：各方有没有什么问题需要继续询问证人的。

(各方如果有，照前面步骤实施。如果没有，则该证人证言的举证、质证工作结束。)

主持人：请证人退场休息。等待听证会结束后，证人需要在听证笔录上签字确认。

16-2：听证程序中，对书证的举证与质证（出示各种笔录、鉴定意见书亦同）

主持人：请调查人员继续出示证据。

执法人员：下面出示本案当事人的机动车驾驶证。该驾驶证由某某公安局交通警察支队于2010年2月8日出具，驾驶人姓名为本案当事人，有效期限至2020年2月8日，准驾车型为C1。出示该书证的目的是证明本案当事人原驾驶证已经注销，继续开车属于无证驾驶车辆，应当对2021年6月28日发生的交通事故负全部责任。

主持人：将该驾驶证交由听证申请人（当事人）查验，发表质证意见。

听证申请人（当事人）或者代理人：(查看后）没有异议，记载属实。

主持人：将该驾驶证交由第三人（利害关系人）查验，发表质证意见。

第三人（利害关系人）或者代理人：（查看后）没有异议。

听证主持人：该机动车驾驶证可以作为本案定案根据。

16-3：听证程序中，对物证或者替代证据、示意证据的举证与质证

主持人：请调查人员继续出示证据。

执法人员：下面出示案发现场照片5张。该5张照片是案件发生后，我单位执法人员赵六、周八到达现场后拍摄，这些照片反映了两车相撞的基本情况。本案当事人驾驶的车辆由南向北、逾越道路中分线超车，逆向撞击由北向南、正常行驶的第三人车辆，致发生交通事故。第三人车辆前引擎盖被撞击扭曲变形，车身前面挡板被撞脱落，前排安全气囊打开。

主持人：将该5张照片交由听证申请人（当事人）查验，发表质证意见。

听证申请人（当事人）或者代理人：（查看后）车子是我的，出交通事故也是事实。但是，这些照片上没有拍摄时间，不知道是哪天拍摄的，不能作为证据。

主持人：请本局调查人员解释照片上为什么没有拍摄时间。

执法人员：照片上虽然没有显示拍摄时间，但是当事人驾驶的车辆在近一年内就出过一次事故，即2021年6月28日这次事故。此外，本案还有现场视频监控证据、目击证人证言佐证。所以，照片上没有时间不影响对案件事实的反映。

主持人：听证申请人（当事人）有无补充质证意见。

听证申请人（当事人）或者代理人：没有。

主持人：将该5张照片交由第三人（利害关系人）查验，发表质证意见。

第三人（利害关系人）或者代理人：（查看后）没有异议，情况属实。

听证主持人：该5张照片可以作为本案定案根据。

16-4：听证程序中，对监控视频信息的举证与质证（其他音像电子证据亦同）

主持人：请调查人员继续出示证据。

执法人员：下面出示案发现场交警视频监控摄录信息，请允许在线展示和回放。

主持人：听证申请人（当事人）是否同意在线回放案发时的视频监控录像。

听证申请人（当事人）或者代理人：同意。

主持人：第三人（利害关系人）是否同意在线回放案发时的视频监控录像。

第三人（利害关系人）或者代理人：同意。

主持人：请调查人员进入交警视频监控系统，回放案发时现场视频监控录像，各位注意认真观看。

执法人员：（进入交警视频监控系统，回放案发时的现场视频监控录像。）

主持人：听证申请人（当事人）发表质证意见。

听证申请人（当事人）或者代理人：没有异议。

主持人：第三人（利害关系人）发表质证意见。

第三人（利害关系人）或者代理人：没有异议。

主持人：该案发现场相关时段的视频监控录像，可以作为本案定案根据。

16-5：质证时利用矛盾律破坏证人证言

在一起治安案件中，被害人提供一位木工作为证人。该木工陈述其在800米远的屋顶上，看见两人在河塘边打架斗殴，违法嫌疑人殴打了被害人。违法嫌疑人的代理律师经过现场勘查，发现在800米远的屋顶上，任何人怎么样都不可能用肉眼看见河塘边所谓打架的地方。公安机关最终把该证人证言排除在定案证据之外。代理律师和公安机关证据分析时运用的是矛盾律。因为，如果证人所述位置与距离为真，那么看见则必假（实际是这么远的距离及屋顶那个位置，不可能看见）；如果证人所述看见为真，那么位置与距离必假（证人所述的感知条件不真实，证言基础虚假）。这两个事项不可能同时为真，只能其中之一为真，甚至两个同时为假。不管是其中之一为真，还是两个都假，该证人证言都不具有可信性。

本章复习思考题

1. 简述行政执法听证程序的基本原则。
2. 简述行政执法听证程序的实务步骤。
3. 简述听证程序中质证制度的构成要素。
4. 简述听证笔录与听证报告的内涵与必要记载事项。

行政执法证据法规范文件要目

（截至2022年12月31日）

一、政策文件

1.《中共中央关于全面深化改革若干重大问题的决定》（2013年11月12日中国共产党第十八届中央委员会第三次全体会议通过）；

2.《中共中央关于全面推进依法治国若干重大问题的决定》（2014年10月23日中国共产党第十八届中央委员会第四次全体会议通过）；

3.《中共中央关于坚持和完善中国特色社会主义制度 推进国家治理体系和治理能力现代化若干重大问题的决定》（2019年10月31日中国共产党第十九届中央委员会第四次全体会议通过）；

4.《法治政府建设实施纲要（2021—2025年）》（中共中央、国务院2021年8月11日印发并实施）；

5.《市县法治政府建设示范指标体系（2021年版）》（中央依法治国办公室2021年8月27日修订）；

6.《中共中央、国务院关于深入推进城市执法体制改革 改进城市管理工作的指导意见》（2015年12月24日，中发〔2015〕37号）；

7.《深化党和国家机构改革方案》（中共中央印发，2018年3月21日公布）；

8.《中共中央办公厅、国务院办公厅关于深化文化市场综合行政执法改革的指导意见》（中办发〔2018〕59号）；

9.《中共中央办公厅、国务院办公厅关于深化农业综合行政执法改革的指导意见》（中办发〔2018〕61 号）；

10.《中共中央办公厅、国务院办公厅关于深化市场监管综合行政执法改革的指导意见》（中办发〔2018〕62 号）；

11.《中共中央办公厅、国务院办公厅关于深化交通运输综合行政执法改革的指导意见》（中办发〔2018〕63 号）；

12.《中共中央办公厅、国务院办公厅关于深化生态环境保护综合行政执法改革的指导意见》（中办发〔2018〕64 号）；

13.《行政执法类公务员管理规定（试行）》（中共中央办公厅、国务院办公厅 2016 年 7 月 8 日发布）；

14.《行政执法类公务员培训办法（试行）》（2021 年 8 月 25 日中共中央组织部制定，2021 年 9 月 17 日发布）。

二、法律文件

1.《中华人民共和国宪法》（2018 年 3 月 11 日修正）；

2.《中华人民共和国国务院组织法》（1982 年 12 月 10 日）；

3.《中华人民共和国地方各级人民代表大会和地方各级人民政府组织法》（2022 年 3 月 11 日修正）；

4.《中华人民共和国立法法》（2023 年 3 月 13 日修正）；

5.《中华人民共和国行政处罚法》（2021 年 1 月 22 日修订）；

6.《中华人民共和国治安管理处罚法》（2012 年 10 月 26 日修正）；

7.《中华人民共和国行政强制法》（2011 年 6 月 30 日）；

8.《中华人民共和国行政许可法》（2019 年 4 月 23 日修正）；

9.《中华人民共和国行政复议法》（2017 年 9 月 1 日第二次修正）；

10.《中华人民共和国行政诉讼法》（2017 年 6 月 27 日第二次修正）。

三、行政法规和规范性文件

1.《国务院行政机构设置和编制管理条例》（1997 年 8 月 3 日）；

2.《地方各级人民政府机构设置和编制管理条例》（2007 年 2 月 24 日）；

3.《国务院关于进一步推进相对集中行政处罚权工作的决定》（2002 年 8

月22日，国发〔2002〕17号）；

4.《中华人民共和国行政复议法实施条例》（2007年5月29日）；

5.《中华人民共和国道路交通安全法实施条例》（2017年10月7日修订）；

6.《医疗纠纷预防和处理条例》（2018年7月31日）；

7.《国务院办公厅关于全面推行行政执法公示制度执法全过程记录制度重大执法决定法制审核制度的指导意见》（国办发〔2018〕118号，2018年12月5日）；

8.《价格违法行为行政处罚规定》（2010年12月4日第三次修订，国务院令第585号）。

四、部门规章

1.《农业综合行政执法管理办法》（2022年11月22日，农业农村部2022年第9号令发布）；

2.《粮食流通行政执法办法》（2022年11月23日，国家发展和改革委员会令第53号公布）；

3.《中国人民银行执法检查程序规定》（2022年4月14日，中国人民银行令〔2022〕第2号）；

4.《中国人民银行行政处罚程序规定》（2022年4月14日，中国人民银行令〔2022〕第3号）；

5.《住房和城乡建设行政处罚程序规定》（2022年3月10日，住建部令第55号）；

6.《农业行政处罚程序规定》（2021年12月21日，农业农村部2021年第4号令）；

7.《广播电视行政处罚程序规定》（2021年12月10日，国家广播电视总局令第11号）；

8.《社会组织登记管理机关行政处罚程序规定》（2021年9月14日，民政部令第68号）；

9.《中华人民共和国海上海事行政处罚规定》（2021 年 9 月 1 日，交通运输部令 2021 年第 27 号）；

10.《中华人民共和国内河海事行政处罚规定》（2022 年 9 月 26 日，交通运输部令 2022 年第 28 号第四次修正）；

11.《证券期货违法行为行政处罚办法》（2021 年 7 月 14 日，中国证券监督管理委员会令第 186 号）；

12.《税务稽查案件办理程序规定》（2021 年 7 月 12 日，国家税务总局令第 52 号）；

13.《市场监督管理行政处罚程序规定》（2022 年 9 月 29 日，国家市场监督管理总局令第 61 号第二次修正）；

14.《市场监督管理行政处罚听证办法》（2021 年 7 月 2 日，国家市场监督管理总局令第 42 号）；

15.《交通运输行政执法程序规定》（2021 年 6 月 30 日，交通运输部令 2021 年第 6 号）；

16.《中华人民共和国海关办理行政处罚案件程序规定》（2021 年 6 月 15 日，海关总署第 250 号令）；

17.《医疗保障行政处罚程序暂行规定》（2021 年 6 月 11 日，国家医疗保障局令第 4 号）；

18.《公安机关办理行政案件程序规定》（2020 年 8 月 6 日，公安部令第 160 号第三次修正）；

19.《中国银保监会行政处罚办法》（2020 年 6 月 15 日，中国银行保险监督管理委员会令 2020 年第 8 号）；

20.《邮政行政执法监督办法》（2021 年 7 月 9 日，交通运输部令 2021 年第 8 号修正）；

21.《道路交通事故处理程序规》（2017 年 7 月 22 日，公安部令第 146 号）；

22.《城市管理执法办法》（2017 年 1 月 24 日，住房和城乡建设部令第 34 号）；

23.《司法鉴定程序通则》(2016 年 3 月 2 日，司法部令第 132 号)；

24.《专利行政执法办法》(2015 年 5 月 29 日，国家知识产权局令第 71 号)；

25.《安全生产违法行为行政处罚办法》(2015 年 4 月 2 日国家安全监管总局令第 77 号修正)；

26.《环境保护主管部门实施查封、扣押办法》(2014 年 12 月 19 日，环境保护部令第 29 号)；

27.《国土资源行政处罚办法》(2014 年 5 月 7 日，国土资源部令第 60 号)；

28.《文化市场综合行政执法管理办法》(2011 年 12 月 19 日，文化部令第 52 号)；

29.《中国证券监督管理委员会冻结、查封实施办法》(2020 年 3 月 20 日，中国证券监督管理委员会令第 166 号修正)；

30.《反价格垄断行政执法程序规定》(2010 年 12 月 29 日，国家发展和改革委员会令第 8 号，2019 年国家发展和改革委员会令第 28 号废止，仍具制度史意义和学术价值)；

31.《环境行政处罚办法》(2010 年 1 月 19 日，环境保护部令第 8 号)；

32.《出入境检验检疫查封、扣押管理规定》(2018 年 4 月 28 日，国家海关总署令第 238 号修正)；

33.《中华人民共和国海关行政许可听证办法》(2018 年 5 月 29 日，海关总署令第 240 号修正)；

34.《中华人民共和国国家审计准则》(2010 年 9 月 1 日，审计署令第 8 号)；

35.《卫生行政处罚程序》(1997 年 6 月 19 日卫生部令第 53 号，2006 年 2 月 13 日修改)。

五、部门规范性文件

1.《广播电视行政处罚听证规则》(2021 年 12 月 10 日，广电发〔2021〕72 号)；

2.《消防救援机构办理行政案件程序规定》(2021 年 10 月 15 日，应急〔2021〕77 号)；

3.《消防行政法律文书式样》(2021 年 10 月 15 日，应急〔2021〕77 号)；

4.《市场监督管理行政处罚文书格式范本》(2021 年修订版)(2021 年 7 月 21 日，国市监法发〔2021〕42 号)；

5.《交通运输行政执法文书式样》(2021 年 6 月 30 日)；

6.《国家版权局关于进一步做好著作权行政执法证据审查和认定工作的通知》(2020 年 11 月 15 日)；

7.《城市管理行政执法文书示范文本（试行）》(2020 年 9 月 17 日，建办督函〔2020〕484 号)；

8.《住房和城乡建设系统行政处罚案卷评查工作指南》(2020 年 5 月 13 日，建办法函〔2020〕233 号)；

9.《科研失信行为调查处理规则》 (2022 年 8 月 25 日，国科发监〔2022〕221 号)；

10.《城市管理执法行为规范》(2018 年 9 月 5 日，建督〔2018〕77 号)；

11.《全国城市管理执法队伍“强基础、转作风、树形象”三年行动方案》(2018 年 4 月 16 日，建督〔2018〕37 号)；

12.《住房城乡建设部关于严格规范城市管理执法行为严肃执法纪律的通知》(2018 年 2 月 11 日，建督〔2018〕23 号)；

13.《公安机关鉴定规则》(2017 年 2 月 16 日，公通字〔2017〕6 号)；

14.《安全生产执法程序规定》(2016 年 7 月 15 日，国家安全监管总局安监总政法〔2016〕72 号)；

15.《海事行政执法证据管理规定》(2014 年 3 月 7 日，部海事局海政法〔2014〕141 号)；

16.《价格行政处罚案件审理审查规则》(2013 年 9 月 30 日，发改价监〔2013〕1950 号，2019 年国家发展和改革委员会令第 24 号废止，仍具制度史意义和学术价值)；

17.《价格行政处罚证据规定》 (2013 年 4 月 9 日，发改价监〔2013〕716 号，2019 年国家发展和改革委员会令第 24 号废止，仍具制度史意义和学术价值)；

18.《文化市场行政处罚案件证据规则（试行）》及《常见文化市场行政处罚案件执法取证指引（试行）》(2012年9月24日，文市发〔2012〕34号，2019年8月19日《文化和旅游部关于行政规范性文件清理结果的公告》废止，仍具制度史意义和学术价值)；

19.《文化市场综合行政执法人员行为规范》(2012年5月23日，办市发〔2012〕11号)；

20.《环境行政处罚证据指南》(2011年5月30日，环办〔2011〕66号)；

21.《海洋行政执法调查取证工作规则》(2009年1月12日，国海办字〔2009〕22号)；

22.《财政部门证据先行登记保存办法》 (2005年11月4日，财监〔2005〕103号)；

23.《公安机关电子数据鉴定规则》(2005年3月23日，公信安〔2005〕281号)。

六、司法解释和规范性文件

1.《最高人民法院关于适用〈中华人民共和国行政诉讼法〉的解释》(2018年2月6日，法释〔2018〕1号)；

2.《最高人民法院关于行政诉讼证据若干问题的规定》(2002年7月24日，法释〔2002〕21号)；

3.《最高人民法院关于审理证券行政处罚案件证据若干问题的座谈会纪要》(2011年7月13日，法〔2011〕225号)；

4.《最高人民法院行政审判庭〈关于行政诉讼证据若干问题的规定〉的起草说明》(2001年11月6日)。

七、地方性法规

1.《江苏省行政程序条例》(2022年7月29日江苏省第十三届人民代表大会常务委员会第三十一次会议通过)；

2.《浙江省综合行政执法条例》(2021年11月25日浙江省第十三届人

民代表大会常务委员会第三十二次会议通过）；

3.《四川省交通运输综合行政执法条例》（2021 年 9 月 29 日四川省第十三届人民代表大会常务委员会第三十次会议通过）；

4.《上海市城市管理综合行政执法条例》（2021 年 7 月 29 日上海市第十五届人民代表大会常务委员会第三十三次会议第三次修正）；

5.《广西壮族自治区城市管理综合执法条例》（2021 年 7 月 28 日广西壮族自治区第十三届人民代表大会常务委员会第二十四次会议通过）；

6.《西安市城市管理综合行政执法条例》（2020 年 11 月 26 日陕西省第十三届人民代表大会常务委员会第二十三次会议第二次修正）；

7.《六安市城市管理行政执法条例》（2020 年 9 月 26 日六安市第五届人民代表大会常务委员会第二十一次会议通过，2020 年 11 月 13 日安徽省第十三届人民代表大会常务委员会第二十二次会议批准）；

8.《内蒙古自治区基层综合行政执法条例》（2020 年 7 月 23 日内蒙古自治区第十三届人民代表大会常务委员会第二十一次会议通过）；

9.《甘肃省建设行政执法条例》（2020 年 6 月 11 日甘肃省第十三届人民代表大会常务委员会第十七次会议修订）；

10.《辽宁省行政执法条例》（2020 年 3 月 30 日辽宁省第十三届人民代表大会常务委员会第十七次会议第二次修正）；

11.《福建省行政执法条例》（2019 年 7 月 26 日福建省第十三届人民代表大会常务委员会第十一次会议通过）；

12.《山西省行政执法条例》（2019 年 7 月 31 日山西省第十三届人民代表大会常务委员会第十二次会议修订）；

13.《石家庄市城市管理综合执法条例》（2019 年 4 月 28 日石家庄市第十四届人民代表大会常务委员会第十九次会议通过，2019 年 5 月 30 日河北省第十三届人民代表大会常务委员会第十次会议批准）；

14.《陕西省城市管理综合执法条例》（2018 年 11 月 30 日陕西省第十三届人民代表大会常务委员会第八次会议通过）；

15.《成都市城市管理综合行政执法条例》（2017 年 6 月 22 日成都市第十六届人民代表大会常务委员会第三十四次会议通过，2017 年 9 月 22 日四川省第十二届人民代表大会常务委员会第三十六次会议批准）；

16.《湖南省城市综合管理条例》（2017 年 5 月 27 日湖南省第十二届人民代表大会常务委员会第三十次会议通过）；

17.《海口市城市管理综合行政执法条例》（2016 年 12 月 30 日海口市第十六届人民代表大会常务委员会第一次会议通过，2017 年 1 月 19 日海南省第五届人民代表大会常务委员会第二十五次会议批准）；

18.《河南省行政执法条例》（2016 年 3 月 29 日河南省第十二届人民代表大会常务委员会第二十次会议通过）；

19.《湖北省行政执法条例》（2015 年 9 月 23 日湖北省第十二届人民代表大会常务委员会第十七次会议修正）；

20.《合肥市城市管理条例》（2014 年 10 月 31 日合肥市第十五届人民代表大会常务委员会第 13 次会议通过，2014 年 11 月 20 日安徽省第十二届人民代表大会常务委员会第 15 次会议批准）；

21.《昆明市城市管理综合行政执法条例》（2012 年 12 月 28 日经昆明市第十三届人民代表大会常务委员会第十四次会议审议通过，2013 年 3 月 28 日云南省第十二届人民代表大会常务委员会第二次会议批准）；

22.《四川省城市管理综合行政执法条例》（2012 年 11 月 30 日四川省第十一届人民代表大会常务委员会第三十四次会议通过）；

23.《南昌市城市管理条例》（2012 年 10 月 30 日南昌市第十四届人民代表大会常务委员会第九次会议通过，2012 年 11 月 30 日江西省第十一届人民代表大会常务委员会第三十四次会议批准）；

24.《广东省行政执法队伍管理条例》（2012 年 7 月 26 日广东省第十一届人民代表大会常务委员会第三十五次会议修正）；

25.《长沙市城市管理条例》（2012 年 4 月 26 日长沙市十三届人大常委会第四十次会议修改，2012 年 5 月 31 日湖南省十一届人大常委会第二十九次会议批准）；

26.《乌鲁木齐市城市管理行政综合执法条例》（2010 年 11 月 23 日由乌鲁木齐市十四届人民代表大会常务委员会第二十七次会议通过，2011 年 3 月 25 日经新疆维吾尔自治区第十一届人民代表大会常务委员会第二十六次会议批准）。

八、地方政府规章

1.《河南省行政处罚听证办法》（2021 年 10 月 11 日，河南省人民政府令第 204 号）；

2.《江苏省文化市场综合行政执法管理办法》（2020 年 8 月 12 日，江苏省人民政府令第 136 号）；

3.《黑龙江省行政执法程序规定》（2019 年 1 月 16 日，黑龙江省人民政府令第 1 号）；

4.《湖南省行政执法人员和行政执法辅助人员管理办法》（2017 年 3 月 3 日，湖南省人民政府令第 280 号）；

5.《汕头市行政程序规定》（2016 年 12 月 3 日，汕头市人民政府令第 172 号）；

6.《浙江省行政程序办法》（2016 年 10 月 1 日，浙江省人民政府令第 348 号）；

7.《上海市城市管理行政执法条例实施办法》（2015 年 11 月 30 日，上海市人民政府令第 37 号）；

8.《宁夏回族自治区行政程序规定》（2015 年 1 月 10 日，宁夏回族自治区人民政府令第 73 号）；

9.《江苏省行政程序规定》（2015 年 1 月 6 日，江苏省人民政府令第 100 号）；

10.《山东省行政程序规定》（2011 年 6 月 22 日，山东省人民政府令第 238 号）；

11.《辽宁省行政执法程序规定》（2011 年 1 月 20 日，辽宁省人民政府令第 253 号）；

12.《重庆市行政执法基本规范（试行）》（2008 年 7 月 22 日，重庆市人民政府令第 218 号）；

13.《湖南省行政程序规定》（2008 年 4 月 17 日，湖南省人民政府令第 222 号公布，2018 年 7 月 10 日湖南省人民政府令第 289 号修正）。

九、地方规范性文件

1.《河北省行政执法辅助人员管理办法》（2021 年 11 月 5 日，河北省司法厅行政执法协调监督处）；

2.《江苏省行政处罚听证程序规定》（2021 年 10 月 25 日，苏政发〔2021〕68 号）；

3.《安徽省行政执法证据收集与运用指引（试行）》（安徽省推进依法行政工作领导小组办公室，皖府法领办〔2021〕13 号）；

4.《厦门市城市管理行政执法程序规定》（2021 年 10 月 1 日，厦门市城市管理行政执法局）；

5.《上海市城市管理综合行政执法程序规定》（2021 年 7 月 2 日，上海市城市管理行政执法局，沪城管规〔2021〕1 号）；

6.《山东省行政执法案卷管理办法》（2020 年 10 月 26 日，山东省司法厅、山东省档案局联合印发）；

7.《江苏省行政执法证据收集与运用指引（试行）》（江苏省全面推进依法行政工作领导小组办公室，苏依法办〔2020〕8 号）；

8.《湖北省城市管理执法行为规范细则》（2019 年 4 月 1 日，湖北省住建厅）；

9.《上海市城管执法调查取证规则》（2018 年 10 月 23 日，上海市城市管理行政执法局，沪城管规〔2018〕4 号）；

10.《贵阳市综合行政执法办法》（2017 年 12 月 17 日公布）；

11.《宁夏回族自治区行政执法辅助人员管理办法》（2017 年 12 月 4 日，宁政办发〔2017〕203 号）；

12.《海南省行政执法规则》（2016 年 10 月 17 日，琼府〔2016〕95 号）；

13.《中共浙江省委浙江省人民政府关于深入推进城市执法体制改革改进城市管理工作的实施意见》(2016 年 9 月 26 日，浙委发〔2016〕30 号)；

14.《云南省行政处罚程序规范》(2015 年 12 月 31 日，云府发〔2015〕63 号)；

15.《酒泉市行政程序规定（试行）》（2012 年 11 月 16 日，酒政发〔2012〕182 号)；

16.《青海省海北藏族自治州行政程序规定》（2012 年发布试行规定、2014 年 1 月 1 日正式施行)。

参考文献暨课外阅读书目

一、理论著作类

[1] 邱爱民. 行政执法证据收集与运用规则研究 [M]. 北京：知识产权出版社，2022.

[2] 邱爱民. 科学证据基础理论研究 [M]. 北京：知识产权出版社，2013.

[3] 邱爱民. 实物证据鉴真制度研究 [M]. 北京：知识产权出版社，2012.

[4] 姬亚平. 国家治理现代化视角下的行政证据研究 [M]. 北京：北京大学出版社，2021.

[5] 姬亚平. 行政证据制度建构研究 [M]. 北京：中国政法大学出版社，2015.

[6] 陈峰，张杰. 法治理念下的行政程序证据制度研究 [M]. 北京：经济管理出版社，2017.

[7] 王维民. 行政程序证据制度研究 [M]. 北京：中国言实出版社，2014.

[8] 刘玉民. 行政证据收集、举证、审查 [M]. 北京：中国民主法制出版社，2014.

[9] 沈志先. 行政证据规则应用 [M]. 北京：法律出版社，2012.

[10] 上海市城管执法培训教材编委会. 城管执法证据收集与运用 [M]. 北京：人民法院出版社，2017.

[11] 曹晓凡. 环境行政执法证据的收集与运用 [M]. 北京：中国民主法制出版社，2015.

[12] 交通运输部政策法规司. 交通运输行政执法证据收集与运用 [M]. 北京：人民交通出版社，2012.

[13] 杨继勇，曹永胜. 交通运输行政执法的证据、程序和文书制作实务 [M]. 北京：人民交通出版社，2017.

[14] 华晨泓，刘玉江. 行政执法证据的收集与运用 [M]. 南京：江苏科学技术出版社，2007.

[15] 刘鹏，李春林. 质量技术监督行政执法调查询问 [M]. 南京：江苏科学技术出版社，2007.

[16] 徐继敏. 行政证据通论 [M]. 北京：法律出版社，2004.

[17] 徐继敏. 行政证据制度研究 [M]. 北京：中国法制出版社，2006.

[18] 徐继敏. 行政证据学基本问题研究 [M]. 成都：四川大学出版社，2010.

[19] 徐继敏. 行政程序证据规则研究 [M]. 北京：中国政法大学出版社，2010.

[20] 徐继敏. 行政程序证据规则与案例 [M]. 北京：法律出版社，2011.

[21] 李红枫. 行政处罚证据原理研究 [M]. 北京：中国政法大学出版社，2013.

[22] 董晓慧. 工商行政处罚证据收集与适用 [M]. 北京：中国工商出版社，2014.

[23] 何家弘. 证据调查 [M]. 北京：法律出版社，1997.

[24] 何家弘. 证据调查实用教程 [M]. 北京：中国人民大学出版社，2000.

[25] 何家弘. 证据调查 [M]. 2 版. 北京：中国人民大学出版社，2005.

［26］马丽霞．现场勘查［M］．北京：中国检察出版社，2010.

［27］王万华．中华人民共和国行政执法程序条例（建议稿）及立法理由［M］．北京：中国人民公安大学出版社出版，2016.

［28］邱丹．行政案卷排他性规则研究［M］．广州：广东人民出版社，2011.

［29］卞建林．证据法学［M］．北京：高等教育出版社，2020.

［30］何家弘，刘品新．证据法学［M］．北京：法律出版社，2019.

［31］陈光中．证据法学［M］．4 版．北京：法律出版社，2019.

［32］张保生．证据法学［M］．3 版．北京：中国政法大学出版社，2018.

［33］樊崇义．证据法学［M］．6 版．北京：法律出版社，2017.

［34］刘静坤．证据审查规则与分析方法：原理、规范、实例［M］．北京：法律出版社，2018.

［35］应松年．外国行政程序法汇编［M］．北京：中国法制出版社，2004.

［36］张兴祥，等．外国行政程序法研究［M］．北京：中国法制出版社，2010.

［37］王万华．中国行政程序法典试拟稿及立法理由［M］．北京：中国法制出版社，2010.

［38］王万华．中国行政程序法立法研究［M］．北京：中国法制出版社，2005 年.

［39］关保英．行政程序法典汇编（上下）［M］．济南：山东人民出版社，2017.

［40］姜明安，等．行政程序法典化研究［M］．北京：法律出版社，2016.

［41］姜明安．行政法［M］．北京：北京大学出版社，2017.

［42］罗豪才，湛中乐．行政法学［M］．4 版．北京：北京大学出版

社，2016.

［43］周佑勇．行政法原论［M］．3版．北京：北京大学出版社，2018.

［44］徐伟红，高文英．公安机关办理行政案件程序规定理解与适用：条文解读、案例分析、最新修改提示与执法风险提示［M］．北京：中国法制出版社，2020.

［45］袁雪石．中华人民共和国行政处罚法释义［M］．北京：中国法制出版社，2021.

［46］江必新，夏道虎．中华人民共和国行政处罚法条文解读与法律适用［M］．北京：中国法制出版社，2021.

［47］［英］戴维·M. 沃克．牛津法律大辞典［M］．李双元，等，译．北京：法律出版社，2003.

［48］Bryan A. Garner：Black's Law Dictionary［M］．9th Ed. US：WEST/A Thomson Reuters business，2009.

［49］薛波．元照英美法词典［M］．北京：法律出版社，2003.

二、案例汇编类

［1］司法部行政执法协调监督局．全国行政执法典型案例·第一辑［M］．北京：中国法制出版社，2021.

［2］王红建．从典型案例看行政机关在行政诉讼中败诉风险的防范［M］．北京：法律出版社，2019.

［3］陈鹤．行政法与行政诉讼法精编案例教程［M］．2版．武汉：华中科技大学出版社，2019.

［4］李媛辉．林业行政执法案例教程［M］．北京：中国林业出版社，2019.

［5］国家林业和草原局生态保护修复司．林业有害生物防治检疫执法案例评析［M］．北京：中国林业出版社，2019.

［6］张华．证据法学原理与案例课堂［M］．北京：中国政法大学出版社，2019.

[7] 农业农村部法规司，农业农村部管理干部学院．农业执法案例汇编［M］．北京：法律出版社，2019.

[8] 广州市文化市场综合行政执法总队．文化市场典型案例选编·第一辑［M］．广州：广东人民出版社，2018.

[9] 王灵波．行政法案例分析教程［M］．北京：中国政法大学出版社，2017.

[10]《公共资源交易市场执法案例精编》编委会．公共资源交易市场执法案例精编［M］．合肥：安徽大学出版社，2017.

[11] 李卫华，张衍海．动物卫生监督执法案例示范与评析［M］．北京：中国农业出版社，2017.

[12] 公安部消防局警官培训基地．消防监督执法案例评析［M］．北京：中国人民公安大学出版社，2017.

[13] 赵廷配，陈锐．卫生计生监督执法案例评析汇编［M］．北京：中国协和医科大学出版社，2016.

[14] 张效羽．行政执法典型败诉案例剖析［M］．北京：国家行政学院出版社，2014.

[15] 刘强．行政执法实务及案例解析［M］．北京：研究出版社，2013.

[16] 邢全福．动物防疫行政执法与案例分析［M］．北京：中国农业出版社，2008.

[17] 交通部公路司．道路运输行政执法典型案例评析［M］．北京：人民交通出版社，2007.

图书在版编目（CIP）数据

行政执法证据法学 / 邱爱民著 . —北京：中国法制出版社，2023. 5

ISBN 978-7-5216-3397-9

Ⅰ . ①行… Ⅱ . ①邱… Ⅲ . ①行政执法-证据-研究-中国 Ⅳ . ①D922. 11

中国国家版本馆 CIP 数据核字（2023）第 059866 号

责任编辑：秦智贤（qinzhixian@ zgfzs. com）　　封面设计：杨泽江

行政执法证据法学

XINGZHENG ZHIFA ZHENGJU FAXUE

著者/邱爱民

经销/新华书店

印刷/鸿博睿特（天津）印刷科技有限公司

开本/710 毫米×1000 毫米　16 开　　印张/ 23. 25　字数/ 279 千

版次/2023 年 5 月第 1 版　　2023 年 5 月第 1 次印刷

中国法制出版社出版

书号 ISBN 978-7-5216-3397-9　　定价：86. 00 元

北京市西城区西便门西里甲 16 号西便门办公区

邮政编码：100053　　传真：010-63141600

网址：http：//www. zgfzs. com　　**编辑部电话：010-63141798**

市场营销部电话：010-63141612　　**印务部电话：010-63141606**

（如有印装质量问题，请与本社印务部联系。）